슬라브 정치가들이 제시한
오스트리아제국의 존속 방안

슬라브 정치가들이 제시한
오스트리아 제국의 존속 방안

초판 인쇄 · 2016년 2월 18일
초판 발행 · 2016년 2월 28일

지은이 · 김장수
펴낸이 · 한봉숙
펴낸곳 · 푸른사상사

편집 · 지순이, 김선도 | 교정 · 김수란
등록 · 1999년 7월 8일 제2-2876호
주소 · 서울시 중구 충무로 29(초동) 아시아미디어타워 502호
대표전화 · 02) 2268-8706~7 | 팩시밀리 · 02) 2268-8708
이메일 · prun21c@hanmail.net
홈페이지 · http://www.prun21c.com

ⓒ 김장수, 2016
ISBN 979-11-308-0616-7 93920
값 19,000원

이 도서의 국립중앙도서관 출판예정도서목록(CIP)은 서지정보유통지원시스템 홈페이지
(http://seoji.nl.go.kr)와 국가자료공동목록시스템(http://www.nl.go.kr/kolisnet)에서 이용하실
수 있습니다. (CIP제어번호 : CIP2016006868)

슬라브 정치가들이 제시한

오스트리아 제국의
존속 방안

3월혁명(1848) 이후를 중심으로

김 장 수

Slavic Politicians' Plan for Survival and
Dismantling of the Austrian Empire

푸른사상
PRUNSASANG

1740년 오스트리아 위정자로 등극한 마리아 테레지아는 중앙집권화 정책을 본격적으로 추진했고 이 정책은 그녀의 후계자들에 의해 답습되었다. 그러나 이들은 왕국 내 비독일계 민족들에 대한 배려 정책을 등한시하는 등의 중차대한 실수를 저질렀다. 그럼에도 불구하고 빈 정부에 대한 비독일계 민족들의 반발은 미흡한 수준에서 벗어나지 못했는데 그 이유는 이들의 민족운동이 저변으로 확산되지 못했기 때문이다. 그러나 이러한 상황은 3월혁명(1848) 이후 급격한 변화 조짐을 보이기 시작했다. 실제적으로 제국 내 비독일계 민족들인 체코 민족, 슬로바키아 민족, 슬로베니아 민족, 크로아티아 민족, 헝가리 민족, 폴란드 민족, 그리고 이탈리아 민족은 정치체제의 변경과 그것에 따른 제 민족의 법적·사회적 평등을 강력히 요구하기 시작했다. 이 당시 비독일계 민족들의 선각자들과 그들의 추종 세력은 그들 민족이 처한 상황을 정확히 알고 있었다. 따라서 이들은 독일 민족과 그들 민족 간의 관계를 재정립해야 한다는 주장을 펼쳤을 뿐만 아니라 그러한 관점에 대한 빈 정부의 무관심한 태도에 신랄한 비판을 가하는 데도 주저하지 않았다. 또한 이들은 3월의 제 요구, 즉 언론과 집회 및 결사의 자유, 일반 대의 기구의 소집, 배심원제의 도입, 강제 노역 및 농노제의 철폐, 종교의 자유, 그리고 조세제도의 개편 등이 절실히 필요하다고 주장했다. 이에 따라 오스트리아 제국은 독일의 다른 국가들보다 어려운 상황에 놓이게 되었다. 뿐만 아니라 당시 독일의 통합 방안으로 등장한 대독일주의가 프랑크푸르트 국민의회에서 채택될 경우 필연적으로 야기될 오스트리아 제국의 해체 역시 오스트리아 제국의 입지를 크게 위축시키는 요인으로 작용했다. 그러나 이 당시 빈 정부는 이렇게 산적된 국내외적 문제들을 원만히 해결할 능력을 갖추지 못했을 뿐만 아니라 그 해결책 마련에도 매우 소극적이었다.

이 당시 제국 내 슬라브 정치가들, 특히 체코 정치가들은 제국 존속 및 민족문제의 해결 방안으로 친오스트리아슬라브주의를 제시했는데 거기서는 제국 존속을 인정하는 대신 제국 내 제민족의 법적·사회적 평등을 실현시킬 수 있는 연방체제의 도입이 강력히 요구되었다.

1848년 5월 18일부터 활동을 시작한 프랑크푸르트 국민의회는 예상대로 대독일주의 원칙에 따라 오스트리아 제국의 일부를 '신독일'에 편입시키는 절차를 논의하기 시작했다. 이에 따라 제국 내 슬라브 정치가들은 그것에 대한 대비책 마련에 나섰고 프란티셰크 팔라츠키와 이반 쿠쿨레비치-사크신스키를 비롯한 일련의 슬라브 인사들이 그 해결에 필요한 실마리를 제시했다. 이후부터 슬라브 정치가들은 슬라브 민족회의의 개최 필요성을 공식적으로 거론하기 시작했고 그것을 실현시키는 데 필요한 방법을 구체적으로 마련하는 적극성도 보였다. 이러한 과정에서 슬라브 정치가들은 그들 민족을 우선시하려는 태도를 보였고 그것은 이들 간의 의견 대립을 유발시키기도 했다. 또한 프랑크푸르트 국민의회 및 오스트리아 제국 내 독일인들의 반발 역시 민족회의 개최의 걸림돌로 작용했다. 그러나 슬라브 정치가들은 이러한 어려움들을 극복하고 그들의 정치적 관점, 즉 연방체제의 도입을 구체적으로 논의하고 슬라브인들의 단결을 대내외적으로 알릴 최초의 민족회의를 개최했다. 팔라츠키, 샤파르지크, 하브리체크-보로프스키 등이 주도한 슬라브 민족회의는 회의 기간 중 친오스트리아슬라브주의적 입장을 명백히 밝혔다. 아울러 이 민족회의에 참여한 인사들은 빈 정부에 대한 그들의 정치적 요구들을 문서화시켰다. 슬라브 정치가들은 빈 정부가 프랑크푸르트 국민의회의 견해를 수용해서는 안 된다는 견해를 제시했을 뿐만 아니라 제국 내 제 민족의 법적·사회적 동등권을 보장하는 연방체제의 도입도 강력히 요구했다.

슬라브 민족회의가 순조롭게 진행되는 상황에서 돌발변수가 프라하에서 발생했다. 그것은 빈 정부가 추진하던 기존 질서 체제로의 회귀 정책에 대한 반발에서 비롯된 오순절 소요였다. 6월 11일 프라하 대학생 살드코프스키의 주도로 시작된 이 소요에는 대학생들과 노동자 계층, 특히 제빵공들과 인쇄공들이 적극적으로 참여했다. 소요 기간 중 살드코프스키와 그의 추종 세력은 빈 정부의 반자유주의적 정책을 신랄히 비판했다. 아울러 이들은 슬라브 민족회의에서 지향한 친오스트리아슬라브주의를 강력히 비판했을 뿐만 아니라 오스트리아 제국을 해체시켜 독자적인 슬라브 제국을 건설해야 한다는 주장도 펼쳤다. 프라하에서 전개된 상황에 우려를 표명한 빈 정부는 가능한 한 빨리 오순절 소요를 종식시켜야 한다는 판단을 하게 되었고 거기서 무력적인 개입도 불사하겠다는 입장을 밝혔다. 이후 슬라브 민족회의에서 제시된 사안들은 제국 내에서 반혁명 세력이 다시금 우위를 차지함에 따라 관심 대상에서 배제되었다. 그럼에도 불구하고 슬라브 민족회의는 슬라브 민족의 대표들이 공식적으로 한자리에 모여 자신들의 정치적 관점 및 주장을 집약시켰다는 데서 그 의의를 찾을 수 있을 것이다.

1848년 5월 15일 페르디난트 황제에게 제출된 돌격청원서에 따라 같은 해 7월 22일부터 제국의회가 빈에서 활동을 시작했다. 이 제국의회에서 다룰 의제들 중에서 제국의 결속과 효율적 통치의 근간이 될 신헌법 제정은 가장 중요한 안건으로 인식되었다. 그러나 이에 앞서 제국의회는 연방체제와 중앙체제 중에서 어느 것을 오스트리아 제국에 도입시켜야 하나를 결정해야 했는데 그것은 제국 내에서 확산되던 민족문제 때문에 쉽게 해결될 사안이 아니었다. 이미 제국의회가 개원되기 이전부터 슬라브 정치가들과 독일 정치가들은 이 문제로 날카로운 대립을 보이고 있었다. 특히 오스트리아 제국이 3월혁명 이전처럼 독일권에서 주도권을 가져야 한다는 구오스트리아주의자들이 제국의회에 대거 진출하게 됨에 따라 그 동안 우려되었던 문제들도 쟁점화 되기 시작했다. 이 당시 뢰너를 비롯한 구오스트리아주의자들은 제국의회가 열리기 이전부터 제국의회에서 그들 민족의 대표들이 열세적 상황에 놓이게 되리라는 예상을 했을 뿐만 아니라 의회 내에서 다수 세력으로 등장하게 될 슬라브 정치가들의 요구인 연방체제가 제국의회에서 수용될 수밖에 없다는 판단도 했다. 여기서 이들은 이러한 것이 바로 독일 민족의 주도권 상실로 연계된다는 것도 파악했다. 아울러 이들은 오스트리아 제국에 연방체제가 도입될 경우 이 제국의 위상이 독일권에서 크게 위축되거나 또는 배제될 수밖에 없다는 우려도 했다.

그러나 팔라츠키와 샤파르지크를 비롯한 일련의 슬라브 정치가들은 독일 정치가들이 지향한 중앙체제의 효율성을 한마디로 일축하고 오스트리아 제국은 제 민족의 동등권을 보장하는 연방주의 원칙하에서 재탄생해야 하고 앞으로 그것을 관철시키기 위해 제국의회에서 총력을 기울이겠다는 의지도 명백히 밝혔다. 빈과 크렘지어 제국의회에서 팔라츠키는 위에서 언급한 원칙에 따라 헌법 초안을 제시했지만 그러한 것은 독일 정치가들과 빈 정부의 강력한 반대로 수용되지 않았다.

결국 1848년에 시도된 정치적 개혁들은 실패로 끝나게 되었고 그것을 대신하여 소위 신절대주의 체제로 지칭되는 정치체제가 도입되었다. 그러다가 1850년대 말부터 오스트리아 제국에서는 '이중체제'의 도입이 거론되기 시작했고 1866년 오스트리아와 프로이센 간의 형제전쟁에서 오스트리아가 패배함에 따라 이러한 질서 체제의 도입은 보다 구체화되기 시작했다. 이 당시 빈 정부는 오스트리아 제국 내에서 독일인들이 차지하는 비율이 21%에 불과하다는 것과 이러한 소수로 다수의 비독일계 민족을 효율적으로 통치할 수 없다는 사실도 인지했다. 따라서 이들은 통치 과정에서의 동반 민족을 고려하게 되었고 거기서 헝가리 민족을 파트너로 선정했다. 슬라브 정치가들, 특히 체코 정치가들은 이러한 빈 정부의 정책에 대해 반발했고 그것은 이들 정치가들이 그동안

견지했던 친오스트리아슬라브주의를 한시적으로 포기하게 하는 결정적
요인도 되었다. 이 당시 이중체제의 영향을 직접적으로 받게 될 체코 정
치가들은 이중체제로 인해 독일 민족과 헝가리 민족이 제국의 지배 민
족으로 승격될 것이고 이들 민족에 대한 슬라브 민족의 법적·사회적
지위는 상대적으로 격하될 수 있다는 문제점을 지적했다. 더욱이 이들
은 이중체제의 도입으로 헝가리 민족의 지배하에 놓이게 될 라이타 강
동부 지역의 슬라브 민족들, 즉 슬로바키아인, 크로아티아인, 슬로베니
아인, 그리고 루마니아인 들이 취할 행동을 거론했고 그러한 것은 결국
제국 해체를 촉발시키는 요인이 된다는 주장도 펼쳤다. 슬라브 정치가
들의 이러한 반발에도 불구하고 프란츠 요제프 1세는 1867년 3월 15일
오스트리아 제국의 이원화를 공식적으로 선포했고 그것에 따른 효력 발
휘는 1867년 6월 12일부터 시작되었다. 이에 따라 독일 민족과 헝가리
민족은 제국 내에서 지배 민족으로 등장하게 되었고 이들 민족은 자신
들에게 할당된 영역을 아무런 제한 없이 통치하게 되었다. 이후부터 슬
라브 정치가들, 특히 체코 정치가들은 빈 정부와의 타협을 포기하고 오
스트리아 제국이 아닌 다른 세력, 즉 러시아와 프랑스의 지원을 받아 자
신들의 민족적 권리를 쟁취하려고 했으나 가시적인 성과를 거두지는 못
했다.

　1890년대에 접어들면서 마사리크, 카이즐, 그리고 크라마르시 등을
비롯한 일련의 체코 정치가들이 등장했는데 이들은 이전보다 현실적 상
황에 비중을 두는 정치를 펼치려고 했다. 이들 중 카이즐과 크라마르시
는 기존의 능동정치에 현실적 상황을 접목시킨 정치를 지향했다. 여기
서 이들 정치가들은 기존의 보헤미아 국법에 대한 권리 주장보다 제국
내에서 체코 민족의 확고한 지위 확보가 우선시되어야 한다는 입장을
표방했다. 마사리크 역시 현실주의를 강조했는데 그것은 그가 구체코당
과 1870년대 중반에 결성된 신체코당의 중간 역할을 담당할 제3의 정
치 세력을 구축하려고 한 것에서 확인할 수 있다. 따라서 그는 1882년
자신과 정치적 관점을 같이하던 지식인 계층과 더불어 '현실주의 모임'

을 발족시켰다. 여기서 그와 그의 추종 세력은 민족문제에 지나치게 집착하기보다는 경제 및 사회 문제를 우선적으로 해결하고 오스트리아 제국을 연방화하기에 앞서 민주화부터 선행시키는 것을 정치적 목표로 설정했다. 이후부터 마사리크는 체코 문제의 해결 과정에서 현실주의적 원칙들을 적용시키려고 했다. 아울러 그는 체코 민족의 정치적 과제를 휴머니즘적 이상을 지향하던 체코 정신과도 접목시키려고 했다. 1907년부터 1914년까지 현실주의당의 의원으로 활동한 마사리크는 합스부르크 왕조의 정치적 목적을 정확히 파악하는 성과를 거두기도 했다. 여기서 마사리크는 오스트리아 제국으로부터 더 이상 아무것도 기대할 수 없다는 것을 인지했다. 즉 그는 개혁을 위한 모든 제안들이 위정자에 의해 거부되었고 특히 슬라브 민족의 자치권 부여 등은 논의의 대상조차 되지 않는다는 사실에 충격을 받았던 것이다. 실제적으로 이 당시 빈 정부는 민족문제에 대한 어떠한 결정을 내리고 그것을 실행할 능력을 갖추지 못한 무능한 정부였다.

   제1차 세계대전이 발발한 이후 체코 정치가들의 대다수는 빈 정부의 정책을 지지했는데 그것은 이들이 전쟁 기간 중의 협력을 통해 체코 민족의 평등권 확보와 제국의 연방화가 보다 앞당겨질 수 있다는 판단을 했기 때문이다. 그러나 마사리크는 이들과는 전혀 다른 관점을 가지고 있었다. 즉 그는 국내외 정세를 비교적 객관적으로 분석했고 거기서 그는 전쟁이 발발한 이상 오스트리아 제국 내에서 체코 문제를 해결할 수 없다는 것도 인지했던 것이다. 따라서 그는 반합스부르크 항쟁을 통해 체코 문제를 해결해야 한다는 생각을 가지게 되었고 그것을 실천하기 위한 구체적인 방법도 모색했다. 1916년부터 간행되기 시작한 『신유럽』의 창간호에서 마사리크는 당시 진행 중인 전쟁에서 독일인들이 지향하는 것이 바로 중부 유럽에서 자신들의 절대적 우위를 확보하는 것이라 했다. 이 당시 마사리크는 전쟁의 양상을 민족적 대립보다는 정치체제의 대립, 즉 신권정치와 민주정치와의 대립으로 간주 했다. 그는 신권정치를 펼치는 대표적인 국가들로 오스트리아와 독일을 제시했다. 그리고 프랑스와 영국이 올바른 민주정치를 지향하는 국가라는 것이 그의 관점이었다. 여기서 마사리크는 러시아를 이러한 대립적 구도에서 배제시켰는데 그것은 그 자신이 중부 유럽에 대한 러시아의 영향력을 크게 평가하지 않았기 때문이다. 마사리크는 전쟁이 진행되는 과정에서 신권정치 체제는 민주정치 체제로 대체될 것이라는 확신을 가지고 있었다. 그리고 당시 전쟁의 산물로 부각되던 볼셰비키적 또는 파시즘적인 정치체제, 즉 전체주의적 정치체제가 전쟁보다 더 심각하고 파괴적인 후유증을 가져다줄 것이라는 예견도 했다. 마사리크는 자신의 논문에서 기존 질서 체제의 붕괴와 그것을 대신할 새로운 질서 체제, 즉 민주주의 체제의 도입을 '세계혁명'으로 간주했다. 여기서 그는 패전국의 신분으로 전락할 독일과 오스트리아의 향후 처리 방안에 대해서도 거론했다. 그에 따를 경우 연합국은 독일인들이 타 민족에 대한 우위권 주장을 포기하지 않는 한 독일과 오스트리아의 존속을 허용해서는 안 된다는 것이다. 만일 독일인들이 민족 간의 동등권 내지는 민족자결의 원칙을 수용할 경우 이들 역시 새로운 질서 체제하에서 동등하게 살아나갈 수 있다는 것이 마사리크의 입장이었다. 그리고 그는 이러한 세계혁명의 진행 과정에서 체코슬로바키아 공화국도 등장하게 될 것이라는 확신도 피력했다. 여기서 마사리크는 보헤미아 왕국에 포함되었던 지방들과 헝가리의 지배로부터 벗어날 슬로바키아가 통합해야 할 당위성을 도덕적 측면에서 찾고자 했다. 즉 그는 체코슬로바키아 공화국을 한 국가의 건설이 아닌 혁신이란 측면에서 접근하고자 했던 것이다. 마사리크는 이러한 접근을 통해 보헤미아 왕국의 긴 역사뿐만 아니라 향후 등장할 체코슬로바키아의 새롭고, 시대에 부합되는 민주주의적 정치제제도 부각시키려 했던 것이다.

본서에서는 19세기 초반 슬라브 정치가들이 제시한 오스트리아 제국의 존속 방안인 친오스트리아슬라브주의와 그것을 실천시키는 과정을 다루었다. 아울러 이러한 이론을 추종한 인물들이 그들의 관점 내지는 차이점을 조율하여 당시 상황을 극복하려고 하지 않았던 이유들에 대해서도 구체적으로 논의했다. 또한 형제전쟁 이후 빈 정부가 제국 존속 방안으로 도입한 이중체제와 그것에 대한 슬라브 정치가들, 특히 이중체제의 영향을 직접적으로 받게 된 체코 정치가들의 반응 및 대응책에 대해서도 고찰했다. 그와 함께 그러한 것들이 실제적으로 가시적인 효과를 거둘 수 있었는지에 대해서도 거론했다. 마지막으로 오스트리아 제국 내에서 친오스트리아슬라브주의가 더 이상 실현될 수 없다는 것을 인지한 마사리크가 제시한 민족자결권과 그것을 실천시키는 과정에서 나타난 일련의 제 상황에 대해서도 살펴보았다.

어려운 여건에도 불구하고 이 책의 출간을 기꺼이 허락하신 푸른 사상사 한봉숙 대표님과 출판사 관계자 여러분들께 이 자리를 빌려 감사의 말씀을 드린다. 그리고 짧은 기간의 탈고에서 비롯된 문장이나 내용상의 오류는 개정판에서 시정하도록 하겠다.

11

2016년 2월
김 장 수

슬라브 정치가들이 제시한 오스트리아 제국의 존속 방안

4장　이중체제의 도입과
슬라브 정치가들과 독일 정치가들의 대응

5장　제국 존속에 대한 회의론 제기
: 마사리크의 민족자결론

1장

슬라브 정치가들의
제국 존속 방안

\\\ 친오스트리아슬라브주의의 내용과 정립 과정

19세기에 접어들면서부터 제국 내 비독일계 정치가들은 그동안 제국 내에서 등한시되었던 민족문제에 관심을 표명하게 되었고 그 것을 해결할 수 있는 방법에 대해 구체적으로 논의하는 적극성도 보이기 시작했다.[1] 그러나 이들은 해결 방법에 대해서는 의견을 달리

---

1 18세기 말부터 민족주의(Nationalismus)의 영향을 받기 시작한 오스트리아 제국은 점차 어려운 상황에 놓이게 되었는데 그 이유는 이 제국에서 민족운동이 크게 확산되었기 때문이다. 이 당시 제국 내 비독일계 민족의 선각자들은 민족운동을 통해 그들 민족이 처한 상황을 정확히 직시하게 되었다. 따라서 이들은 "독일 민족과 그들 민족 간의 관계를 수평적으로 재정립해야 한다"는 주장을 펼치기 시작했고 그러한 관점에 관심을 보이지 않던 빈 정부에 대해 신랄한 비판을 가하는 데도 주저하지 않았다. 특히 여러 민족이 혼거한 지방에서 전개된 민족운동은 제국을 와해시킬 정도로 격렬했는데, 그중에서도 독일 민족과 체코 민족이 혼거한 보헤미아 지방에서 진행된 민족운동과 그러한 과정에서 부각된 문제점들은 다른 지방에 비해 매우 심각했다. 이 당시 체코 민족이 전개한 민족운동은 제국 내 비독일계 민족들과 마찬가지로 초기, 중기, 그리고 말기 단계를 거쳤다. 이러한 이론을 제시한 인물은 체코의 역사가 흐로흐(M. Hroch)인데 그의 관점에 따를 경우 민족운동이 초기 단계에서 멈추는 경우가 있는 반면 말기 단계까지 성공적으로 진행되는 경우도 있었다는 것이다. 여기서 흐로흐는 네 가지 요소를 민족운동의 성공과 실패를 좌우하는 변수로 제시했는데 그것들을 살펴보면 다음과 같다. 첫째, 미래 민족이 될 만한 충분한 문화적 소질이다. 이것은 곧 언어라든지 집단적으로 기억되는 '민족적 과거' 등 통상 초기 단계에서 성공적으로 부각되는 문화적 자산을 지칭한다. 둘째, 수직적인 사회적 유동성 수준이다. 즉 일정한 교양 계층이 지배 민족에 동화되지 않고 비지배적 민족 집단 내에서 배출되는 수준을 지칭한다. 셋째, 사회적 커뮤니케이션의 수준이다. 즉 문자 해독 능력, 교육, 시장 관계 등의 확산 정도를 말한다. 넷째, 민족적으로 연관된 이해관계의 갈등이다. 즉 자본주의적 산업화의 진척에 따라 신분제적 사회질서가 시민적 평등에 입각한 근대 사회로 변모하는 과정에서 발생하는 계급적 이해관계의 갈등이나 엘리트

했는데 그것은 코슈트(L. Kossuth)를 비롯한 헝가리 정치가들이 헝가리를 오스트리아 제국으로부터 이탈시키려 했지만 제국 내에서 절대다수를 차지하던 슬라브 민족의 정치가들이 그러한 방법에 동의하지 않은 것에서 확인할 수 있다. 이 당시 슬라브 정치가들은 오스트리아 제국의 존속을 인정하고 그것의 반대급부로 민족적 자치권을 부여받으려 했다. 그리고 이러한 방향을 주도한 인물은 오늘날 체코 민족의 국부(otec narodá)로 추앙받고 있는 팔라츠키(F. Palacký)였다. 팔라츠키와 그를 지지한 샤파르지크와 하브리체크-보로프스키 등은 기존의 질서 체제를 인정하고 거기서 민족적 자치권을 획득하려고 했는데 그것이 바로 친오스트리아슬라브주의(Austroslawismus)의 핵심적 내용이라고 하겠다.[2] 그런데 이러한 주의

내부적 갈등이 민족적 대립의 양상과 중첩되어 발생하는 경우를 말한다. M. Hroch, *K. otázce sociální skladby české obrozenecké společnost I*(Dějepis ve škole, 1957).

2 친오스트리아슬라브주의를 취급한 대표적인 저서 및 논문들은 다음과 같다. F. Bohm, *Prag*(München-Zürich, 1988); K. Bosil, *Handbuch der Geschichte der böhmischen Länder*(Stuttgart, 1968); M. Hroch, *Evropská národni hnutí v 19.století Společenské předpoklady vzniku novodobých národů*(Praha, 1986); M. Hroch, *Na prahu národní existence. Touha a skutečnost*(Praha, 1999); R. Melville, *Adel und Revolution in Böhmen*(Mainz, 1998); J. Muk, *Poslední korunovace českého krále roku 1836*(Praha, 1936); F. Prinz, *deutsche Geschichte im Osten. Europas. Böhmen und Mähren*(Berlin, 1996); F. Seibt, *Deutschland und die Tschechen. Geschichte einer Nachbarschaft in der Mitte Europas*(München-Zürich, 1998); H. Sturmberger, *Kaiser Ferdinand und das Problem des Absolutismus*(München, 1957); V. Urfus, *die Ausprägung der Idee des historischen böhmischen Staatsrechts in den sechziger Jahren des 19. Jahrhunderts und der österreichisch-ungarische Dualismus* (Bratislava, 1971); E. Wiskemann, *Czechs and Germans. A study of the struggle in the historic provinces of Bohemia and Moravia*(London-New York, 1967).

를 오스트리아 왕국에서 최초로 제시한 인물은 도브로프스키(J. Do-brovský)였다.[3] 그는 1791년 9월 25일 오스트리아 국왕, 레오폴드 2세(Leopold II, 1790~1792)의 보헤미아 왕위 계승을 축하하면서 오스트리아 왕국에 대한 왕국 내 슬라브 민족의 충성 및 헌신을 강조했다(O stálé věrnosti, kterouž se národ slovanský domu rakouského po všechen čas přidržel).[4] 아울러 그는 체코어가 보헤미아 지방에

---

3 체코 민족운동의 초기 단계에서 주도적 역할을 담당했던 도브로프스키는 체코어의 정화가 반드시 필요하다는 관점을 피력했는데 그것은 체코어가 사회 공용어로서 필요한 문법적 체계를 완전히 상실한 데서 비롯된 것 같다. F. Kleinschmitzová, "Josefa Dobrovského řeč", in: *Listy filologické* 45(1918), pp. 96~99; Z. Šimeček, "Slavista J. Dobrovský a austroslavismus let 1791~1809", in: *Slovanský přehled* 1971/2, pp. 178~179.

4 체코 민족이 주로 살았던 보헤미아(Böhmen) 지방은 지리적 호조건과 경제적 활성화로 인해 항상 주변 국가들의 관심 및 침투 대상으로 부각되곤 했다. 따라서 중부 유럽을 지배하려던 합스부르크 가문이 16세기 초반부터 이 지방에 관심을 가졌던 것 역시 그러한 맥락에서 이해해야 할 것이다. 실제적으로 합스부르크 가문은 16세기 초반부터 러시아 및 독일 기사단의 지원을 받아 폴란드(Poland)를 압박했고 그것은 폴란드가 보헤미아 및 헝가리에서 자신들의 영향력을 포기하게 하는 요인으로도 작용했다. 이에 따라 체코·헝가리 국왕이었던 블라디슬라프 2세(Vladislav II, 1471~1516)는 합스부르크 가문의 영향을 받게 되었고, 야겔로(Jagiello) 왕조(1383~1572)가 가졌던 주도권 역시 같은 가문으로 넘어가게 되었다. 1516년 블라디슬라프 2세가 죽은 후 그의 아들 루드비크(Ludvík, 1516~1526)가 체코·헝가리 국왕으로 등극했는데 이 인물은 헝가리에서 러요시 2세(Lajos II)로 지칭되었다. 그러나 이 인물 역시 그의 부친과 마찬가지로 오스만튀르크의 압박을 효율적으로 방어하지 못했다. 더욱이 루드비크가 1526년 8월 29일 남부 헝가리의 모하치(Moháčs) 전투에서 오스만튀르크군에게 패배함에 따라 체코·헝가리 왕국은 매우 급박한 상황에 놓이게 되었고 그러한 상황은 루드비크가 퇴각 과정에서 목숨을 잃게 됨으로써 더욱 악화되었다. 결국 체코와 헝가리의 야겔로 왕조는 단절되었고 유럽의 많은 군주들은 그 후계자 선정에 지대한 관심을 표명했다. 합스부르크 가문의 페르디난트 1

서 다시 사회 공용어, 즉 학교와 법정에서 사용되어야 한다는 견해
도 밝혔는데 그것은 그가 문화적 측면에서의 자치권 획득을 지향했
기 때문이다.[5] 도브로프스키의 이러한 관점에 대해 보헤미아 지방의
귀족들 역시 지지 의사를 밝혔는데 그 이유는 이들 역시 문화적 측
면에서의 자치권 허용이 필요하다는 인식을 가졌기 때문이다. 이 당
시 보헤미아 귀족들은 빈 정부의 중앙 정책에 매우 비판적이었는데
그 이유는 이 정책으로 그들의 고유 권한들이 박탈 내지는 축소되
었기 때문이다. 점차 이들은 자신들의 고유 권한들을 유지하기 위한

세(Ferdinand I, 1526~1564) 역시 부인 안나(Anna Jagiellonica)가 블라디
슬라프 2세의 딸이었다는 것을 부각시켰는데 그것은 자신도 체코·헝가리
국왕이 될 수 있다는 판단에서 비롯되었다. 지금까지 헝가리 방어에 부담
을 느껴왔던 보헤미아 귀족들 역시 모하치 전투 이후 체코-헝가리 연합 유
지에 회의적인 자세를 보이기 시작했다. 여기서 이들은 1526년 9월 헝가리
와의 결별을 공식적으로 선언하게 되었고 그 이후부터 자신들의 제 권한을
보장해줄 군주 모색에 나섰다. 그리고 이로부터 얼마 안 된 10월 24일 이들
은 페르디난트 1세를 체코 국왕으로 선출했다. 이에 따라 보헤미아 지방은
1526년부터 합스부르크 가문의 지배를 받기 시작했다.

5 이 당시 다른 학자들과 마찬가지로 도브로프스키 역시 보헤미아 귀족들로
부터 재정적 지원을 받았다. 그는 레오폴드 2세와의 대담에서 빈 정부의 중
앙 정책, 특히 문화적 측면에서의 독일화정책에서 비롯되는 문제점들을 지
적했을 뿐만 아니라 그것들의 개선에 필요한 방안들에 대해서도 구체적으
로 언급했다. 그러나 레오폴드 2세가 도브로프스키 건의에 대해 어떠한 반
응을 보였는지는 확인되고 있지 않다. Z. Šimeček, "Slavista J. Dobrobský
a austroslavismus let 1791~1809", pp.181~182; Z.Šimeček, "Studium
českých dejin, slavistika a austroslavismus", in: *Slovanský přehled* 1977/2,
pp.134~135.
　슬로베니아의 코피타르(J. Kopitar) 역시 빈 정부가 문화적 자치권을 보
장한다면 오스트리아 제국의 존속을 인정하겠다는 자세를 보였는데 그러
한 관점은 도브로프스키의 기본적인 관점과 맥을 같이한다고 하겠다. J.
Marn, *Kopitarjeva spomenica*(Ljubljana, 1880), p.132.

방안을 모색했고 거기서 역사라는 학문을 활용하기로 했다. 즉 이들은 역사 속에서 자신들의 권한 유지에 필요한 당위성을 찾고자 했고 그러한 과제를 보헤미아 지식인들, 특히 체코의 지식인들에게 위임시켰다. 이러한 과제를 부여받은 체코의 지식인들은 역사뿐만 아니라 언어 정화에도 관심을 표명했는데 그러한 것들은 문화적 측면에서 지향되었던 자치권 획득의 핵심적 사안들이라 하겠다. 따라서 이들은 자치권 허용에서 파생될 수 있는 이점들을 구체적으로 명시한 청원서를 빈 정부에 제출했다.[6] 이후 도브로프스키는 왕국 내 슬라브 민족들이 결속하기 위해서는 그들 간의 문학적 또는 학술적 교류가 필요하다는 인식을 하게 되었고 그것을 가시화하기 위해 학술잡지도 간행하려고 했다. 이에 따라 1792년 초부터 『슬라빈(Slavin, 슬라브인)』이라는 학술지가 간행되기 시작했고 거기서는 왜 남슬라브 민족들이 오스트리아 왕국에 대해 호감을 가져야 하는가 등이 집중적으로 거론되었다. 아울러 이 학술지는 왕국 이외의 지역에 살고 있는 슬라브인들 역시 오스트리아 왕국의 중요성을 인식해야 한다는 주장을 펼치기도 했다. 여기서 오스트리아 왕국에 대한 슬라브

20

---

6 당시 보헤미아 귀족 사회에서 상당한 영향력을 행사하던 툰(L. Thun)이 청원서 작성에서 주도적 역할을 담당했다. 툰은 청원서에서 다음을 언급했다. "만일 제국 내 슬라브 민족들에게 문화적 자치권을 부여한다면 이들은 오스트리아 제국에게 충성을 서약할 뿐만 아니라 향후 있을 수 있는 러시아와의 전쟁에서도 제국을 적극적으로 지원할 것입니다." V. Žáček, "Recepce a odimítání austroslovanských názorů Leo Thuna, vyslovených v jeho brožuře o české literatuře a jejím ohlasu mezi slovanskými národy", in: *Slavia* 49(1980), p.62

문화적 자치권을 허용해야 한다는 툰의 주장은 1842년에 간행된 『보헤미아 문학의 현재적 상황과 그것의 의미(Über den gegenwärtigen Zustand der böhmischen Literatur und ihre Bedeutung)』에서 다시금 거론되었다.

인들의 자세 변화는 전적으로 왕국의 민족 정책 변화에 달려 있다는 도브로프스키의 전제적 관점이 부각되었는데 그것은 그가 남슬라브 민족들과 국경을 접하고 있는 러시아의 세력 확장이 오스트리아 왕국에 위해적 요소로 작용될 수 있다는 판단과 빈 정부 역시 그러한 상황을 도외시하지 않을 것이라는 예측에서 비롯된 것 같다. 폐간될 때까지 『슬라빈』은 남슬라브 지역에서 출간되는 간행물들의 교환과 교육적 환경 개선에 필요한 제안들을 제시하는 데 주력했고 그것은 왕국 내 슬라브인들의 결속을 유발시키는 요인으로도 작용했다.[7]

그러나 도브로프스키의 친오스트리아슬라브주의는 1840년대에 접어들면서 지지 세력을 점차 상실하게 되었는데 그것은 정치적 요소를 친오스트리아슬라브주의에 가미시켜야 한다는 주장이 제기된 것과 그러한 견해에 동조하는 세력이 증대된 데서 비롯된 것 같다.[8] 이 당시 체코의 민족운동을 주도한 팔라츠키, 샤파르지크, 그리고 하브리체크-보로프스키 등은 도브로프스키와는 달리 슬라브 민족의 법적·사회적 평등이 왜 필요한가를 부각시키는 데 주저하지 않았다.[9] 특히 팔라츠키는 오스트리아 제국의 존속을 인정하는 대신

---

7 Z. Šimeček, "Der Austroslawismus und seine Anfänge", in W. Koschmal, ed., *Deutsche und Tschechen*(München, 2001), pp.78~79.

8 이러한 성향은 흐로흐가 자신의 저서에서 언급한 오스트리아 제국 내 비독일계 민족, 특히 슬라브 민족의 민족운동 단계와 연계시킬 수 있을 것이다. 흐로흐의 견해에 따를 경우 체코 민족의 민족운동은 이미 초기 단계(문화적 자치권 획득을 지향)를 벗어나 중기 단계(정치적 자치권 획득을 지향)로 진입했음을 알 수 있다. M. Hroch, *K. otázce sociální skladby české obroze-necké společnost I*(Dějepis ve škole, 1957), p.155.

9 팔라츠키가 자신의 친오스트리아슬라브주의를 정립하면서 도브로프스키의 기본적 개념을 수용했다는 주장이 페트란(J. Petrán)으로부터 제기되었다. J. Petráň, Učené zdroje obrození, in: *Počátky českého národniío obrozeni*

슬라브 민족의 법적·사회적 평등을 보장할 수 있는 정치체제, 즉 연방체제(federacesystém)의 도입을 강력히 요구했다. 이 당시 중부 유럽의 상황을 정확히 파악한 팔라츠키는 제국 내 슬라브 민족들이 펼친 독립 시도에 부정적 시각을 표출하는 데 주저하지 않았다. 그 럼에도 불구하고 이 인물은 슬라브 민족들의 독립을 완전히 배제하 지는 않았는데 그러한 것은 그가 이들 민족이 독립국가를 유지하는 데 필요한 제 능력을 갖출 경우 독립 역시 모색할 수 있다는 견해를 제시한 데서 확인할 수 있다.[10]

이후부터 체코와 독일 역사가들은 도브로프스키의 친오스트리아 슬라브주의와 팔라츠키의 친오스트리아슬라브주의 사이에서 확인 되는 차이점을 심도 있게 연구했을 뿐만 아니라 그것에 따른 내용 구분도 시도했다. 노바크(M. Novák)는 도브로프스키의 친오스트리 아적 성향을 '봉건적 친오스트리아슬라브주의' 또는 '보수적 친오스 트리아슬라브주의', 팔라츠키의 친오스트리아적 성향을 '진보적 친 오스트리아슬라브주의' 또는 '정치적 친오스트리아슬라브주의'로 분 류했다. 샴베르게르(Z. Šamberger), 모리트쉬(A. Moritsch), 빈터(E. Winter), 볼만(F. Wollman), 그리고 바브라(J. Vávra) 등도 연구 및 분류 작업에 참여했다. 이들은 도브로프스키의 친오스트리아슬라브 주의를 '본래적 친오스트리아슬라브주의', 팔라츠키의 친오스트리아 슬라브주의를 '전략적 친오스트리아슬라브주의'로 정의했다. 특히

1770~1791(Praha, 1990), pp.305~308.

10 팔라츠키는 제국 내 슬라브 민족들이 독립국가를 유지하는 데 필요한 능력을 갖추기 위해서는 적지 않은 시간이 필요하다는 것을 잘 알고 있었다. 따라서 그는 슬라브 제 민족의 독립을 미래 과제로 인식했다.

모리트쉬는 팔라츠키가 연방체제의 도입을 지향했기 때문에 그의 친오스트리아슬라브주의를 친오스트리아연방주의로 간주해도 된다는 견해를 제시하기도 했다.[11]

그런데 일부 학자들은 팔라츠키의 '친오스트리아슬라브주의'가 과연 독창적이었을까라는 의문을 제기하기도 했다. 우선 1928년 스르비크(H. R. v. Srbik)는 저명인사들의 정치적 관점 내지는 이론을 연구하면서 팔라츠키의 명제가 과연 독자적으로 작성되었는가에 대해 이의를 제기했다. 스르비크는 자신의 논문에서 팔라츠키의 주장이 볼테르(Voltaire)에서 비롯되었다고 주장했다. 즉 그는 팔라츠키가 그의 오스트리아 명제에서 언급한 "오스트리아 제국이 존재하지 않았다면 가능한 한 빨리 그러한 국가가 창출될 수 있게끔 노력해야 할 것이다"는 볼테르의 "만일 신이 존재하지 않을 경우 사람들은 그를 찾아내야 할 것이다(*Si Dieu n'exitait pas, il faudrait l'inventer*)"라

---

11 M. Novák, "Austroslavismus, přiípepěk k jeho pojetí v době předbřeznové", in: *Sborník archívních prací* 6/1(Praha, 1956), pp. 26~33; M. Novák, "Rakouská policie a politický vývoj v Čechách před r. 1848", in: *Sborník archívních prací* 3/1-2(Praha, 1953), pp. 55~63; Z. Šamberger, "Austroslavismus ve světle snah feudání reakce (Poznámky k jeho třídnímu charakeru a pojetí)", in: *Slovanské historické studies* 16(1988), pp. 51~55. E. Winter, "der böhmische Vörmarz in Briefen B. Bolzano an F. Příhonsky (1842~1848). Beiträge zur deutsch-slawischen Wechselseitigkeit". in: *Veröffentlichungen des Instituts für Slavistik* 11(1959), pp. 14~16; J. Vávra, "Poměr českoruský v době předbřeznové(Na okraj několika nových prací k otázce austroslavismu a panslavismu)", in: *Československá rusistika* 2(1957), p. 454; F. Wollman, *Slovanství v jazykově literárním obrození u Slovanů*(Praha, 1958), pp. 141~142; A. Moritsch, *der Austroslavismus. Ein verfrühtes Konzept zur politischen Neugestaltung Mitteleuropas*(Wien-Köln-Weimar, 2000), pp. 8~9.

는 문구에서 비롯되었다는 견해를 제시했다.[12] 슬로바키아의 저명한 역사가였던 라판트(D. Rapant) 역시 1937년 자신의 저서인 『1848년의 슬로바키아 폭동사』 제1권에서 같은 맥락의 이의를 제기했다. 즉 그는 슈바르체르가 자신이 발간하던 오스트리아 신문에서 팔라츠키가 언급한 것과 유사한 내용을 기사화했음을 밝혔다. 실제적으로 슈바르체르는 1848년 3월 30일자 신문에서 "진실로 세계사가 우리의 거대하고, 축복받을 조국에 통합 제국의 건설을 허용하지 않을 경우 사람들은 가능한 한 빨리 그러한 제국이 등장될 수 있게끔 노력해야 할 것이다"라고 언급했는데 그것은 오스트리아 제국의 존속 필요성을 부각시키려는 의도에서 비롯된 것이라고 하겠다.[13]

영국의 역사가였던 메카트니(C.A. McCartney)는 1969년 티롤 (Tirol)의 언론인이었던 페르탈러(H. Pertaler)가 빈 신문에 투고한 「오스트리아 제국의 세계사적 의미에 대한 일고찰」이라는 기사에서 팔라츠키의 명제와 맥을 같이하는 내용이 확인된다는 주장을 펼쳤다. 이렇게 독일권을 통합시켜야 한다는 움직임이 가시화됨에 따라 오스트리아 제국 내 슬라브 지식인들 역시 슬라브 세계의 결집 필요성을 인식하기 시작했다는 것이 메카트니의 분석이었다.

24

---

12 H.R.v. Srbik, "Österreichs Schicksal im Spiegel des geflügelten Wortes", in: *Mitteilungen des Österreichischen Instituts für Geschichtsforschung* 42(1927), pp.270~271.

13 D. Rapant, *Slovenské povstanie roku 1848* Bd.1.(Turčiansky Svätý Martin, 1937), p.315. 슈바르체르는 베젠베르크-도블호프(Wessenberg-Doblhoff) 정부에서 노동장관으로 활동했다.

프랑크푸르트로 보내는 팔라츠키의 거절 편지

체코의 역사가 팔라츠키는 1848년 4월 11일 프랑크푸르트 예비 의회(Frankfurter Vorparlament)로부터의 제의, 즉 체코 민족의 대표로 독일 통합 간담회에 참석해달라는 요청을 거절하는 과정에서 자신이 지향한 친오스트리아슬라브주의를 공식적으로 표명했다.[14]

자신의 거절 편지에서 팔라츠키는 체코 민족이 신생 독일에 참여할 경우 오스트리아 제국 내에서 그들이 그동안 누렸던 법적·사회적 지위마저 잃게 되리라는 것을 언급했다. 이러한 그의 판단은 보헤미아 지방에서 체코 민족이 독일 민족보다 수적으로 우세하다는 것과 제국 내 다른 슬라브 민족과의 유대관계가 신생 독일에서는 불가능하다는 사실에서 기인한 것 같다. 따라서 그는 거절 편지에서 빈 정부의 중앙체제에 대해 불만을 가진 제국 내 슬라브 민족들이 독일 민족처럼 독립을 지향할 경우, 그것은 불가능하고, 무모한 행위에 불과하다는 견해를 제시했던 것이다.[15] 이 당시 팔라츠키는 러

25

---

14 F. Herre, *Kaiser Franz von Österreich*(München, 2001), p.59; M. Mauritz, *Tschechien*(Regensburg, 2002), p.22; J.J. Udalzow, *Aufzeichungen über die Geschichte des nationalen und politischen Kampfes in Böhmen im Jahre 1848*(Berlin, 1953), pp.68~69; H.D. Zimmermann, *Tschechien*(München, 2009), pp.42~44.

15 이 당시 보헤미아 지방의 전체 인구(4,355,000명)에서 체코인들이 차지하는 비율은 58%(2,527,000명)였고 독일인들의 비율은 이보다 적은 42%(1,828,000명)에 불과했다. J. Hain, *Handbuch der Statistik des österreichischen Kaiserstaates*, Bd., 1(Wien, 1852), p. 224.

팔라츠키의 거절 편지 원문은 그의 유고집(*Spisy drobné*)에 실려 있다. F.Palacký, *Spisy drobné*, Bd., I., pp. 19~25.

체코 민족의 독립 시도가 무모한 행위라는 팔라츠키의 관점에 대해 당

시아가 유럽의 북부 지역에서 시도했던 것과 마찬가지로 유럽의 남부 지역에서도 세력 확장을 모색하고 있다는 사실을 잘 알고 있었다. 그리고 그는 러시아가 이러한 시도를 통해 보편왕조(univerzální monarchie)를 건설하려고 한다는 것과 그러한 왕조가 향후 많은 재앙을 유발하리라는 것도 예측했다.[16] 여기서 팔라츠키는 이러한 표명으로 자신이 러시아에서 반러시아적 인물로 부각될 수 있다는 점을 잘 알고 있었지만 그러한 것에 대해서 전혀 개의치 않았다.[17]

시 그의 대변인 역할을 담당했던 하브리체크-보로프스키 역시 동의했다. "완전한 독립을 쟁취하는 것이 우리 민족의 장래를 보장하는 가장 이상적인 방법은 아닐 것이다. 왜냐하면 우리는 지금까지 다른 왕조의 지배를 받아왔던 약소민족이기 때문이다. (…) 무엇보다도 우리 모두는 현실적 상황을 직시하고 그것에 올바르게 대응할 수 있는 자세를 가져야 할 것이다." Z. Tobolka ed., *Karla Havlíčka Borovského politické spisy* I(Praha, 1901), p. 241. 우르반(O. Urban)도 하브리체크-보로프스키의 이러한 관점에 대해 당위성을 부여했다. 아울러 그의 정치적 성향은 팔라츠키의 그것과 기본적으로 맥을 같이한다는 견해도 제시했다. O. Urban, *Die tschechische Gesellschaft 1848~1918*(Wien-Köln Weimar, 1994), pp.38~39.

16 팔라츠키가 여기서 언급한 보편왕조는 범슬라브주의에 입각한 왕조라 하겠다. F. Herre, *Kaiser Franz von Österreich* p.60. H.D. Zimmermann, *Tschechien*, p.45.

17 이 당시 셸링(Schelling)과 샤토브리앙(Chateaubriand), 그리고 드 메스트로(de Maistre)의 민족주의 이론을 수용한 아카사코프(I. Akasakov), 카트코프(M.N. Katkow), 그리고 포고진(M. Pogodin)은 범슬라브주의의 기본적 구도를 제시했었다. 이들은 러시아의 주도로 슬라브 제 민족의 통합이 이루어져야 한다는 주장을 펼쳤을 뿐만 아니라 슬라브 제 민족의 언어, 풍습, 그리고 종교를 인정해서는 안 된다는 관점도 피력했다. 러시아의 위정자 및 그의 추종 세력들은 이러한 관점에 전적으로 동의했다. F. Herre, *Kaiser Franz von Österreich* p.60; F. Palacký, *politisches Vermächtnis*(Prag, 1872), p.26; A. Moritsch, *der Austroslavismus. Ein verfrühtes Konzept zur politischen Neugestaltung Mitteleuropas*, p.15.

팔라츠키는 러시아의 이러한 야욕에도 불구하고 슬라브 민족들이 민족주의 원칙에 따라 오스트리아 제국을 이탈하여 독립국가를 형성할 경우 과연 그러한 국가들이 얼마나 오랫동안 지속될 수 있을지에 대해 강한 의구심도 제기했는데 그것은 그가 러시아의 범슬라브주의와 그것에 따른 슬라브 세계의 통합 시도를 의식했기 때문이다.[18] 즉 팔라츠키는 니콜라이 1세(Nikolai' I Pavlovic, 1825~1855)를 비롯한 러시아의 핵심 세력들이 즉시 이들 국가들을 러시아에 병합하려 할 것이고, 병합된 이후 이들은 더욱 열악한 상황 하에서 살아나가야 한다는 것을 인지했던 것이다. 실제적으로 팔라츠키는 러시아의 경직된 지배 구조와 거기서 파생될 수 있는 문제점들을 잘 알고 있었다. 아울러 그는 슬라브 세계의 통합이 이루어진다 하더라도 러시아의 경제적 낙후성으로 인해 비러시아 계통의 슬라브인들의 생활수준은 이전보다 훨씬 낮아지리라는 사실도 파악하고 있었다.[19] 따라서 팔라츠키는 거절 편지에서 제국 내 슬라브 민족들이 주어진 체제를 인정하고 거기서 그들의 민족성을 보존하면서 권익 향상을 점차 도모

---

18 "귀하께서는 유럽의 남동부, 즉 러시아의 국경을 따라 많은 민족(슬라브, 왈라키아, 헝가리, 독일, 그리고 튀르크 민족)들이 살고 있다는 것을 알고 계십니다. 그런데 이들 중의 어느 한 민족도 독자적으로 동쪽의 강력한 인접국(러시아 : 필자가 첨가)에 대해 성공적인 저항을 할 수 없다는 점입니다." F. Palacký, *Spisy drobné*, Bd., I, p.21; V. Žáček, *Zahraniční náboženská propaganda v Čechách v předvečer revoluce 1848*(Praha, 1945), pp.8~11; V. Stastný, *Slovanství v národním životě Čechů a Slováků*(Praha, 1968), pp.227~228; M. Mauritz, *Tschechien*, p.22.

19 F. Herre, *Kaiser Franz von Österreich* p.60; V. Žáček, "Recepce a odimítání austroslovanských názorů Leo Thuna, vyslovených v jeho brožuře o české literatuře a jejím ohlasu mezi slovanskými národy", p.11; V. Stastný, *Slovanství v národním životě Čechů a Slováků*, p.228.

하는 것이 최선의 방법이라는 견해를 제시했던 것이다.[20] 아울러 그
는 슬라브 민족들이 기존의 통치 방식 대신에 제국 내 제 민족의 법
적 · 사회적 평등을 가져다줄 수 있는 연방체제의 도입을 빈 정부에
강력히 촉구해야 한다는 주장도 펼쳤다.[21] 그런데 팔라츠키가 구상

---

20 F. Palacký, *Spisy drobné*, Bd., I, p.22. 팔라츠키는 거절 편지에서 민족을 정치
적 골격 내지는 국가 발전의 중요 인자로 간주했다. 아울러 그가 기존의 질
서 체제를 인정하려고 했던 것은 그 자신이 자유주의를 신봉했기 때문이다.
　팔라츠키의 친오스트리아슬라브주의는 20세기 초의 체코 정치, 즉 마
사리크(Masaryk)와 슈메랄(Šumeral)의 정치 활동에서 다시금 부각되었
다. F. Kleinschnitzová, "Josefa Dobrovského řeč", pp.100~103; Z.E. Ko-
hut, "historical Set ting", in: L.R. Mortimer,ed., *Czechoslovakia: a country
study*(Washington, 1989), p.24; K. Kořalka, *Tschechen im Habsburger-
reich und in Europa 1815~1914. Sozialgeschichtliche Zusammenhänge der
neuzeitlichen Nationsbildung und der Nationalitätenfrage in den böhmischen
Ländern*(Wien-München,1991), p.16; M. Mauritz, *Tschechien*, p.22; A.
Moritsch, *der Austroslavismus. Ein verfrühtes Konzept zur politischen Neug-
estaltung Mitteleuropas*, p.18; David W. Paul, *The Cultural Limits of Revolu-
tionary Politics: Change & Continuity in Socialist Czechoslovakia*(New York,
1979), pp.82~83; J. Petráň, "Učené zdroje obrození", in: *Počátky českého
národního obrození 1770~1791*(Praha, 1990), pp.305~307; Z. Šimeček,
"Výuka slovanských jazyků a slavistická studia v období českého národního
obrození", in: *Slovanské historické studie* 12 (1979), pp.209~212; O. Urban,
Die tschechische Gesellschaft 1848~1918, pp.18~19.

21 이 당시 팔라츠키는 오스트리아 제국의 일부가 포함된 통합 방안, 즉 대독
일주의의 가시화에 깊은 우려를 표명했다. 따라서 그는 대독일주의를 지지
하던 제국 내 독일인을 비난하는 데 주저하지 않았다. "저는 프랑크푸르트
를 독일의 신수도로 간주하려는 사람들이(필자 주 : 대독일주의를 추종하
던 대학생 및 지식인들을 지칭) 제국 내에 있다는 사실을 잘 알고 있습니다.
그러나 이들은 유감스럽게도 자신들의 행위로 향후 오스트리아 제국에서
어떠한 상황이 전개될 것인가에 대해서는 전혀 모르고 있습니다. 민족적
차원에서 오스트리아 제국(보헤미아 지방을 포함)을 통합 독일에 편입시켜
야 한다는 주장은 자살을 강요하는 것과 같은 부당한 요구라 할 수 있습니

한 연방체제의 근간은 미합중국 및 벨기에에서 시행된 제도에서 찾을 수 있는데 그것은 양국의 연방체제에 대한 자신의 긍정적인 입장에서 비롯된 것 같다. 이 당시 팔라츠키는 중앙정부의 권한과 지방정부의 권한을 구분시켜야 한다는 생각을 가지고 있었다. 그에 따를 경우 중앙정부는 제국 존속에 절대적으로 필요한 제 권한, 즉 외교권, 국방권, 그리고 교통권만을 가지고 여타의 권한들은 지방정부에 위임시켜야 한다는 것이다.[22]

다. 왜냐하면 그것은 도덕적이고 정치적 의미를 가지지 않기 때문입니다. 이와는 반대로 오스트리아 제국을 독일의 통합 과정에서 배제시킨다면 상황은 긍정적으로 바뀔 수도 있을 것입니다."

아울러 그는 독일 통합 과정에서 공화정 체제가 채택되리라 예상하기도 했다. F. Palacký, *Spisy drobné*, Bd., I, p.22; Vgl. J. Křen, die *Konfliktgemeinschaft. Tschechen und Deutsche 1780~1918*(München, 1996), pp.79~80; J. Kořalka, *Prag und Frankfurt*, p.124; O. Urban, *Die tschechische Gesellschaft 1848~1918*, p.21; M. Mauritz, *Tschechien*, p.22.

22 F. Palacký, *Spisy drobné*, Bd., I., p.19. 미국의 연방헌법은 연방주의론과 주권론이 적절히 반영된 타협의 소산이었다. 입법·사법·행정의 3권분립으로 권력의 견제와 균형이 이루어졌는데 그것은 의회가 법률 제정, 대통령이 그 시행과 적용, 법정이 그 해석을 담당한 것에서 확인된다. 화폐 주조권·관세 징수권·외교권을 제외한 여타의 권한들은 지방정부로 이양되었다. 벨기에인들은 1830년 7월 프랑스에서 발생한 혁명의 영향을 받아 같은 해 10월 네덜란드의 지배로부터 벗어나려는 독립운동을 펼쳤고, 그것은 다음 해 7월 결실을 맺을 수 있었다. 독립을 쟁취한 벨기에인들은 1831년 8월 당시 유럽에서 가장 진보적인 헌법을 제정했다. 아울러 이들은 그들 국가의 민족문제를 원만히 해결하기 위한 방안 마련에 심혈을 기울였고 거기서 중앙정부와 지방정부의 권한을 구체적으로 명시한 연방체제의 도입도 결정했다. M. Erbe, *Belgien, Niederlande, Luxemburg. Geschichte des niederländischen Raumes*(Stuttgart-Berlin-Köln, 1993), pp.211~214; C. Tilly, *Die europäischen Revolutionen*(München, 1999), pp.117~125; K-J. Matz, *Europa Chronik*(München, 1999), pp.277~278.

현 체제와의 협상을 요구한 팔라츠키의 이러한 자세는 빈 정부가 제국 내에서 슬라브 민족들이 차지하는 비율을 직시해야 한다는 것과 그동안 등한시했던 이들의 법적·사회적 지위 향상이 얼마나 중요하고, 필요한가를 인식해야 한다는 묵시적인 강요도 내포되었다고 하겠다.[23]

또한 팔라츠키는 자신의 거절 편지에서 독일 통합은 오스트리아 제국을 배제시킨 소독일주의(Kleindeutschtum ; malé němectvi) 원칙에 따라 이루어져야 한다는 주장을 펼쳤고 오스트리아 제국은 그렇게 형성된 '신독일(Neues Deutschland)'과 공수동맹 체제를 구축하여 러시아의 팽창 정책에 대응해야 한다는 입장도 밝혔다. 아울러 그는 오스트리아 제국이 이 동맹 체제를 기초로 한 유럽의 질서 체제 유지에 적극적으로 참여해야 한다고 역설했다.[24] 팔라츠키는 이

30

---

23 여기서 팔라츠키는 자연법(přírodní zákon)을 거론하면서 빈 정부가 그동안 고집한 정책을 우회적으로 비판했다. 그에 따를 경우 지구상의 어느 민족도 그들 이익을 위해 주변 민족들에게 희생을 강요할 수 없다는 것이다. 이러한 것은 자연이 지배하는 민족과 봉사하는 민족을 알지 못한다는 계몽주의자들의 자연론적 관점에서 비롯된 것 같다. F. Palacký, *Spisy drobné*, Bd., I, p.22.

　Vgl., R. Bauer, *Österreich*(München, 1980), pp.270~272; M. Noák, "Austroslavismus, přiípepěk k jeho pojetí v době předbřeznové", p.32;Z. Šamberger, "Austroslavismus ve světle snah feudání reakce (Poznámky k jeho třídnímu charakeru a pojetí)", p.55; O. Urban, *die tschechische Gesellschaft 1848~1918*, pp.21~22.

24 F. Palacký, *Spisy drobné*, Bd., I, p.24; G.J.Morava, *F.Palacký*, p.141; Z.Tobolka, *Politické dějiny ceskoslovenského národa*, Bd., I, II (Praha, 1932~1937), p.149(I), 106(II); Z.V.David, "the Clash of two Political Cultures", in: *East European Politics and Societies* 12-1(1998), pp.2~3; G. Hildesbrandt, die Paulskirche. p.129; E.T .v. Falkenstein, *Der Kampf der*

러한 공수동맹 체제의 구성이 불가능할 경우 양국의 경제적 관심을
보장하고, 증대시키는 관세동맹 체제의 구축이 절대적으로 필요하
다는 관점을 피력했는데 그러한 것은 오스트리아 제국이 단독으로
러시아의 의도를 저지할 수 있다는 확신에서 비롯된 것 같다.[25]

\\\ 친오스트리아슬라브주의의 실천 필요성 제기

팔라츠키의 거절 편지가 공개된 이후 하브리체크-보로프스키를
비롯한 일련의 슬라브 지식인들은 팔라츠키가 지향한 친오스트리아
슬라브주의를 지지한다는 입장을 밝혔다. 그리고 이들은 독일권의

---

*Tschechen um die historischen Rechte der böhmischen Krone im Spiegel der Presse
1861~1879*(Berlin, 1982), p.19; J. Křen, *die Konfliktgemeinschaft. Tschechen
und Deutsche 1780~1918*, p.82

25 노바크를 비롯한 체코 역사가들은 팔라츠키가 자신의 거절 편지에서 제
국 내 슬라브 민족들이 향후 취해야 할 정치적 노선 및 그것을 실천시킬 수
있는 방법 등을 거론했다고 언급했다. 따라서 이들은 팔라츠키의 친오스
트리아슬라브주의를 '정치적 또는 전략적 친오스트리아슬라브주의'로 간
주해도 별 문제가 없다는 견해를 제시했다. M. Novák, "Austroslavismus,
priíspĕpek k jeho pojetí v dobĕ predbreznové", in: Sborník archívních prací
6/1(Praha, 1956), pp.26~33; M. Novák, "Rakouská policie a politický
vývoj v Čechách pred r. 1848", in: *Sborník archívních prací* 3/1-2 (Praha,
1953), pp.55~63; Z. Šamberger, "Austroslavismus ve svĕtle snah feudání
reakce(Poznámky k jeho trídnímu charakeru a pojetí)", pp.5~56.
1845년 후라쿠프스키(J. Hulakovský)는 라이프치히(Leipzig)에서 간행
되던 신문에 "보헤미아 지방이 독일 연방에 포함된 것에 대해 이의를 제
기(Slovo včas o vlastenectví, o češtinĕ a národu československém s ohledem
na spolek nĕmecký, zvláštĕ celní)"하는 기사를 투고했다. J. Kollmann, "Jan
Hulakovský, archivár obrozenecké doby 1804~1877", in: *Sbornik archivních
prací* 25(Praha, 1975), pp.420~424.

31

1장 슬라브 정치가들의 체코 존속 방안

통합이 구체화되는 시점에서 슬라브 민족 역시 그들의 향후 진로를 가능한 한 빨리 결정해야 한다는 주장도 펼쳤다. 이후 이들은 당시 활동을 펼치고 있던 일련의 슬라브 협회(Slawischer Verein)와의 접촉을 모색했고 거기서 공식적인 대화창구도 마련하고자 했다.[26]

1848년 4월 14일 레오폴드슈타트(Leopoldstadt)의 '스페를(Sperl)' 레스토랑에서 슬라브 정치가들과 슬라브 협회 사이의 첫 회동이 있었고 거기에는 당시 슬라브 지식인 사회를 주도하던 인사들도 대거 참여했다.[27] 체코의 일간지들은 이러한 회동을 대서특필하면서 회동자체를 '민족적 축제(lidová slavnost)'로 부각시켰다. 회동에 참여한 인사들은 독일 민족과 마찬가지로 제국 내 슬라브 민족들도 결속하여 자신들의 민족적 권리를 쟁취해야 한다는 것을 강조했다. 다음 날 속개된 회합에서 크로아티아(Croatia) 대표들은 슬라브인들의 공동 관심사, 즉 페르디난트(Ferdinand I) 황제가 통합 독일의 황제직을 수용해서는 안 된다는 내용의 문서를 작성하여 황제에게 가능한 한 빨리 제출해야 한다는 견해를 밝혔다.[28] 이러한 제안에 대해 폴란드 대표로 참석한 지에미아우코프스키(Ziemiałkowski)는 반대 입장을 표명했다. 그는 헝가리에 대한 남슬라브인들의 혐오적 자세와 오스트리아 제국에 대한 체코인들의 긍정적 태도로 이들 민족들이 현

32

---

26 K. Zolonský, "V zálažitostech Německého solku", in: *Včela* Nr. 35 (1848.4.29.)

27 이 모임에는 빈 주재 러시아 문화참사관이었던 라에프스키(F. Raevski)도 참석하여 슬라브 세계의 통합 필요성을 강조했다. L.D. Orton, *The Prague Slav Congress of 1848*(New York, 1978), p.31.

28 V. Žáček, *Slovanský sjezd v Praze roku 1848. Sbírka dokumentů*(Praha, 1958), p. 17.

실적 상황을 정확히 직시하지 못하고 있음을 지적했다.[29] 따라서 당시 참석자들과는 달리 지에미아우코프스키는 오스트리아 제국의 존속을 전제로 한 슬라브 민족회의의 개최에 부정적이었다. 비록 그가 슬로바키아 출신 슈투르(Štúr)의 관점, 즉 슬라브 민족 간의 결속 필요성을 지지했음에도 불구하고 그것이 그 자신의 근본적 입장을 변경시키지는 못했다.[30]

　이 당시 헝가리의 지배를 받던 슬로바키아인들은 자신들의 공식 대표를 빈에 보내지 않았다. 그러나 슬라브 인사들의 회합에는 슈투르와 그의 동료인 호스틴스키-켈네르(Hostinský-Kellner)가 슬로바키아인들의 대표 자격으로 참석했다. 3월혁명 이후에도 슬로바키아인들은 헝가리 왕국 내에서 그들의 자치 영역을 제시하지 않았다.[31] 다만 이들은 헝가리 왕국 내 '모든 민족이 동등한 권리를 행사할 수 있는 헝가리만이 공동 조국(Gemeinsames Vaterland ; společný vlast)'이라는 것을 부각시켰는데 그것은 슬로바키아인들이 슬로베니아인, 갈리치아의 폴란드인, 그리고 헝가리 남부의 세르비아인 들과 마찬가지로 역사를 가지지 못한 민족인 데서 비롯된 것 같다. 실제적으로 이들 민족들은 3월혁명 이후 역사를 가진 민족들, 즉 체코 민족, 크로아티아 민족, 그리고 폴란드 민족이 지향한 민족의 독립 유지 또는 재쟁취보다는 비역사적 민족의 동등권 실현에 주력했다. 이러한 비헝가리인들의 온건한 요구에도 불구하고 헝가리 정부는 자국

29　지에미아우코프스키는 비독일계 민족에 대한 빈 정부의 정책이 3월혁명 이후에도 거의 변하지 않았음을 지적했다. V. Žáček, Slovanský sjezd v Praze roku 1848. Sbírka dokumentů, p. 16.

30　V. Žáček, *Slovanský sjezd v Praze roku 1848. Sbírka dokumentů*, pp.26~28.

31　이 당시 슬로바키아는 헝가리 왕국의 지배하에 있었다.

내에서 국제법상의 어떠한 변경도 불가능하다는 것을 거론했을 뿐만 아니라 슬로바키아인들의 민족-정치적 움직임이 범슬라브주의적 선동에 불과하다는 폄하적인 평가도 했다.[32] 따라서 슈투르가 제안한 슬라브 제 민족 간의 결속은 이러한 이유에서 나온 것이라 하겠다. 슬라브 유력 인사들의 회동에서 슈투르는 슬라브 민족 간의 결속을 현실화할 수 있는 슬라브 민족회의를 개최해야 한다는 것을 수차례에 걸쳐 강조했다. 그리고 그는 자신의 관점에 대한 지지 세력을 확보하기 위해 4월 20일 프라하 대학생들에게 자신의 구상을 구체적으로 설명했고 그러한 과정에서 슬라브 민족회의가 프랑크푸르트 국민의회에 대응할 수 있는 결집체가 되어야 한다는 것도 강조했다.

같은 날 아그람(Agram, 오늘날의 Zagreb)의 언론인 쿠쿨레비치-사크신스키(Ivan Kukuljević-Sakcinski)도 슬라브 제 민족 간의 결속 필요성을 피력했다. 아울러 그는 무엇을 통해 그러한 것을 현실화할 수 있는지에 대해서도 밝혔는데 그것은 바로 연방체제의 도입이었다. 여기서 그는 이러한 질서 체제 도입을 슬라브 민족회의에서 논의해야 한다는 점도 부각시켰다. 같은 날 쿠쿨레비치-사크신스키는 『달마티아 신보(Novine Dalmatinsko-Horvatsko-Slovenske)』에 칼럼도 투고했는데 거기서 그는 프랑스인, 영국인, 이탈리아인, 그리고 독일인들이 민족 통일을 실현했거나 또는 거의 실현 단계에 이르렀음을 언급했다. 이어 그는 긴 역사를 가진 슬라브 민족들이 그들의 찬란한 문화와 민주주의 체제를 활성화하기 위해서는 민족 간의 결속과 통합이 선행되어야 한다는 주장도 펼쳤다.[33] 또한 그는 슬라브 민족 간의 단결이 범슬라브 세계의 대표자들로 구성되는 슬라브

---

32 P. Hanák, *die Geschichte Ungarns*(Budapest, 1988), pp.128~129.

민족회의(Sobor)의 결성 여부에 달려 있다는 것도 강조했다. 아울러 그는 오스트리아 제국 내 슬라브 민족뿐만 아니라 러시아, 폴란드, 그리고 독일권(프로이센, 작센)의 슬라브 민족들도 이러한 민족회의에 참여해야 한다는 것을 역설했다. 끝으로 그는 헝가리 정부가 그들 지배하에 있던 슬라브 민족들에게 자치권과 동등권을 보장하지 않을 경우 이들 역시 헝가리의 지배로부터 벗어나야 한다는 주장을 펼쳐 크로아티아인들의 향후 대응 방향에 대해서도 간접적으로 시사했다.[34] 그러나 그의 이러한 제안은 오스트리아 제국 해체를 목표로 한 것이 아니라 오스트리아 제국 내 슬라브 민족의 법적·사회적 동등권을 보장받기 위한 연방체제의 도입을 목적으로 설정했는데 그것은 범슬라브주의를 핑계로 슬라브 세계에서 주도권을 장악하려던 러시아와 독일권 사이에서 슬라브 제 민족의 완전한 독립이 사실상 불가능하다는 현실적 판단에서 비롯된 것이라고 하겠다.

35

\\\ 슬라브 민족회의 개최에 대한 슬라브 세계의 관심 증대

슬라브 민족회의의 개최 필요성이 슬라브 정치가들의 회합에서

---

33 쿠쿨레비치-사크신스키가 쓴 투고문의 제목은 '*Kavka treba da bude u obće politika naša*'였는데 이 투고문은 지레케(J. Jirecke)의 『*Österreichische Re-vue*』(Wien, 1865)에 실려 있다.

34 헝가리 정부는 4월 11일 헝가리어를 사회 공용어로 채택했는데 그것은 이 지방에 사는 슬라브 민족의 언어를 말살하려는 정책으로 볼 수 있을 것이다. V. Žáček, *Slovanský sjezd v Praze roku 1848. Sbírka dokumentů*, pp.22~24.

공식적으로 거론된 이후부터 그것에 대한 슬라브 세계의 관심 역시 크게 증대되었다. 다른 슬라브 민족들보다 포젠(Posen) 대공국의 폴란드인들이 슬라브 민족회의의 필요성을 우선적으로 거론했다.[35] 이러한 공식적 표명에 앞서 이들은 1848년 3월 19일 베를린(Berlin)에서 발생한 소요 이후 포젠에서 민족적 자치권을 획득하려고 했으나 그러한 것을 실현시키지 못했다. 이와는 달리 포젠의 독일인들은 그들 대표를 베를린에 보내 포젠 시를 포함한 포젠 대공국을 독일 연방에 포함시켜줄 것을 요구했다. 프리드리히 빌헬름 4세(Friedrich Wilhelm IV)는 4월 14일자와 16일자의 정부 공문을 통해 그러한 관점에 동의한다는 입장을 밝혔다. 이에 포젠의 폴란드인들은 프로이센 정부에 대한 기대를 포기하고 체코인들과의 협력을 통해 자신들의 입지를 슬라브 세계에서 향상시켜야 한다는 판단을 했다. 이 당시 포젠의 폴란드 지식인 사회를 주도했던 모라치제프스키(Moraczewski)는 4월 23일 자신의 친구 브라우어(Brauer)에게 서신을 보냈는데 거기서 그는 체코인들이 폴란드인, 일리리아인, 세르비아인, 슬로바키아인, 그리고 루테니아인 들과 더불어 슬라브 민족회의를 개최할 경우 자신을 비롯한 많은 폴란드인들도 참석하겠다는 의사를 밝혔다. 4월 말에 이르러 루보르미르스키(Lubormirski) 공작이 주도하던 렘베르크(Lemberg)[36]와 크라쿠프(Kraków)의 지식인협회도 프라하로 그들의 대표를 파견하여 슬라브 민족회의의 준비 과정

---

35 이 당시 포젠 대공국에는 135만 명의 폴란드인들이 살고 있었는데 이들이 전체 인구에서 차지하는 비율은 55%였다.

36 현재는 우크라이나 리비우(ЛьвіB) 주의 주도이다.

에 대한 정확한 정보를 얻고자 했다.[37]

 프라하에서 개최된 슬라브 지식인들의 회동 이후 체코 지식인들은 자신들이 향후 개최될 슬라브 민족회의에서 주도적 역할을 담당해야 한다는 것을 인식하기 시작했다. 뿐만 아니라 이들은 프랑크푸르트 국민의회에 그들의 대표 파견 여부도 결정해야만 했다. 따라서 이들은 그들과 관련된 일련의 문제들을 구체적으로 논의하기 위한 간담회를 개최했다.[38] 이 자리에서 체코 지식인들은 지금까지 슬라브 지식인들이 간헐적으로 제시한 슬라브 민족의 결속 방안들을 구체적으로 논의했다.[39] 그리고 간담회 내용은 노이베르크(J, Neuberg ; Jan rytíř z Neuberka) 남작이 오스트리아 제국의 교육제도 혁신을 위해 빈에 체류 중이었던 샤파르지크에게 보낸 서신에서 자세히 언급되었다.[40] 그의 서신에 따를 경우 메테르니히 체제 붕괴 이후 급속히 변하는 오스트리아 제국의 내부적 상황과 독일 통합에 관한 제반 문제 등이 간담회의 주요 안건으로 다루어졌다는 것이다. 특히 대독일주의 원칙에 따라 독일권이 통합되고 그것에 따라 오스트리아 제국이 해체될 경우 슬라브인들이 대처해야 할 방안들이 중점적

---

37 V. Žáček, *Slovanský sjezd v Praze roku 1848. Sbírka dokumentů*, pp.29~31.

38 하브리체크-보로프스키는 쿠쿨레비치-사크신스크의 제안을 체코어로 번역하여 4월 30일자 『국민신보』에 게재했다. Z. Tobolka/V. Žáček, *Slovanský sjezd v Praze roku 1848. Sbírka dokumentů Část*(Praha, 1952), p. 23.

39 H. Traub, *O přípravách k slovanskému sjezdu roku 1848*(Praha, 1918), pp.247~249 ; V. Žáček, *Slovanský sjezd v Praze roku 1848. Sbírka dokumentů*, p.22 ; G. Morava, *F. Palacký*, p. 148.

40 노이베르크는 간담회에 참석하여 슬라브 민족회의의 개최 필요성을 역설했다. V. Žáček, *Slovanský sjezd v Praze roku 1848. Sbírka dokumentů*, p.61

으로 논의되었다는 것이다.[41]

이어 서신에서는 간담회 참석자들의 대다수가 쿠쿨레비치-사크신스키가 제안한 슬라브 민족회의를 긍정적으로 본 것과 그러한 것을 구체화하는 데도 동의했다는 것이 언급되었다. 또한 참석자들이 ① 슬라브 민족회의를 5월 21일 프라하에서 개최하기로 하고, ② 제국 이외의 지역에서 참가하는 인사들에게도 임시 자격(hostúčastník)을 부여하며, ③ 회의 기간 중 독일 통합에 대한 대비책과 제국 분열을 저지하는 방안들도 구체적으로 마련한다는 데 의견적 일치를 보았다는 것이 서신에서 명시되었다.[42]

노이베르크의 서신을 받은 샤파르지크는 슬라브 민족회의를 긍정적으로 평가하고 그것의 개최에 동의한다는 입장을 노이베르크에게 전달했다.[43] 그는 편지에서 슬라브 민족이 정치적으로 성숙했을 뿐만 아니라 자유를 향유할 능력 및 의지가 있음을 독일 민족에게

38

---

41 V. Žáček, *Slovanský sjezd v Praze roku 1848. Sbírka dokumentů*, p.61 ; O. Mahler, *Události pražské v červnu 1848*(Praha, 1989), p.25.

42 H. Traub, *O přípravách k slovanskému sjezdu roku 1848*, p.249 ; Z. Tobolka u. V. Žáček, *Slovanský sjezd v Praze roku 1848. Sbírka dokumentů Část*, pp.28~29. 이 모임에 참석했던 인사들이 5월 31일에 슬라브 민족회의를 개최하기로 결정한 것은 프랑크푸르트 국민의회의 개최 일자를 의식했기 때문이다. 그리고 체코 인사들의 합의 사안은 1848년 5월 5일자 『국민일보(Národní noviny)』에 '슬라브 형제들!(slované bratři!)'이라는 제목으로 게재되었다. V. Žáček, *Slovanský sjezd v Praze roku 1848. Sbírka dokumentů*, p.34.

43 샤파르지크 역시 4월 초 빈에서 슬라브 민족회의의 개최 필요성을 거론한 바 있다. M. Murko, *deutsche Einflüsse auf die Anfange der böhmischen Romantik, Mit einem Anhang: Kollár in Jean und Wartburgfest*(Graz, 1897), p.285 ; J. Novotný, *Pavel Josef Šafařík*(Praha, 1971), p.158.

보여주어야 한다는 것도 역설했다. 아울러 그는 슬라브 민족회의가 앞으로 개원될 오스트리아 제국의회의 전초적 역할도 하리라는 기대를 했는데 그러한 견해는 슬라브 민족이 지금까지 그들을 대변할 지도자나 대표자를 가져본 적이 없었다는 데서 비롯된 것 같다.[44] 이러한 관점을 통해 샤파르지크는 슬라브 민족회의의 결성 자체를 슬라브 민족이 3월혁명 이전의 불평등한 법적·사회적 지위로부터 벗어나는 유일한 방법으로 이해하려고 했던 것이다.[45]

샤파르지크의 지지를 받은 노이베르크는 팔라츠키를 비롯한 일련의 슬라브 정치가들과 접촉한 후 슬라브 민족회의 개최준비위원회를 구성했다. 여기에는 툰(Jos. Math. Thun) 백작, 노이베르크 남작, 빌리아니(B. Villiani), 스툴츠(P. Stulz), 한카(Hanka), 팔라츠키, 다임(Deym) 백작, 보첼(Wocel), 오르단(Jordan), 에르벤(Erben), 자프(Zap), 바우에르(Dr. Bauer), 스토르흐(Storch), 프레슬

---

44 샤파르지크는 슬라브 민족회의에 참석한 인사들이 곧 개원될 제국의회에도 거의 참여하리라는 판단을 했다. 따라서 그는 슬라브 민족회의에서의 활동과 경험이 향후 제국의회에서의 활동에 큰 도움이 될 수 있다는 확신도 가지게 되었다. J. Novotný, *Pavel Josef Šafařík*, p.159.

45 샤파르지크는 자신의 답장에서 앞으로 개최될 슬라브 민족회의의 운영 방법을 다음과 같이 제안했다.
　"저는 슬라브 민족회의가 이중 조직으로 운영되어야 한다고 봅니다. 왜냐하면 각 민족의 상황과 특성을 파악한 후 그것을 토대로 한 일반적 토론 과정이 필요하기 때문입니다. (…) 각 민족의 상황과 특성을 파악하기 위한 위원회와 거기서 언급된 것들을 포괄적으로 토론하는 총회가 필요하다고 봅니다. 특히 총회를 원활히 운영하기 위해서는 공용어의 도입이 절실히 필요한데 제 생각으로는 독일어나 라틴어를 공용어로 사용하는 것이 가장 효율적이라고 생각합니다." Z. Tobolka u. V. Žáček, *Slovanský sjezd v Praze roku 1848. Sbírka dokumentů Část*, pp.38~40; J. Novotný, *Pavel Josef Šafařík*, pp. 160~161.

(Presl), 하브리체크-보로프스키, 토메크(Tomek), 크라첼(Klacel), 슬라비크(Slawik), 브라베츠(Brabec), 야로쉬(Jarosch), 카스파르(Dr. Kaspar), 므나우체크(Mnaucek), 리게르(Rieger), 룸머스키르히(Rummerskirch) 백작, 오브(K. Job) 백작, 발트슈타인(C. Waldstein u. V. Waldstein) 백작 형제 등이 참여했다.[46]

\\\ 슬라브 민족회의 개최준비위원회의 구성과 활동

4월 중순 프라하에서 결성된 슬라브 민족회의 개최준비위원회의 첫 번째 공식 모임이 4월 30일 같은 도시에서 개최되었다. 이 준비위원회에 비공식 인사 자격으로 참석한 슈투르는 다시금 슬라브 민족회의의 개최 필요성을 역설했다. 다음 날 속개된 회의에서 팔라츠키는 오스트리아 제국의 존속에 대해 슬라브인들이 관심을 가져야 한다는 것을 강조했는데 그러한 것은 그가 프랑크푸르트로 보내는 거절 편지에서 밝힌 친오스트리아슬라브주의적 관점을 다시금 밝힌 것이라 하겠다.[47] 이러한 팔라츠키의 관점에 대해 샤파르지크 역시 동의했는데 그것은 그가 노이베르크에게 보내는 서신에서 확인되었다. 그에 따를 경우 향후 발송될 초청장에서 오스트리아 제국에 대한 슬라브 민족의 충성심을 우선적으로 부각시켜야 한다는 것이다.

---

46 제1차 준비위원회의 모임에서 툰 백작과 노이베르크 백작이 의장과 부의장으로 선출되었다. 그리고 이 위원회의 과반수 이상이 보헤미아 귀족들로 충당되었는데 그것은 빈 정부의 중앙집권화 정책에 대한 귀족 계층의 불만이 매우 높다는 것을 알려주고 있다. Vgl., Friedrich Graf Dyem, *was soll in Österreich geschehen*(Karlsbad, 1848), pp.47~48.

47 V. Žáček, *Slovanský sjezd v Praze roku 1848. Sbírka dokumentů*, pp.32~34.

그리고 슬라브인들의 호소가 그들의 대응 세력에게 무력적 대응을 할 수 있는 빌미, 즉 범슬라브주의적 관점이 되어서도 안 된다는 것이 샤파르지크의 관점이었다. 이에 따라 보첼은 독문학자 회의 또는 문헌학자 회의처럼 민족회의를 개최할 경우 독일인들의 반발 역시 사라질 것이라는 견해를 제시했다. 그러나 리게르를 비롯한 참석자들의 대다수는 그러한 제의에 동의하지 않았다.[48]

약술된 공식 초청장은 1848년 5월 5일『국민일보』에 공개된 후 독일어로 번역되어 여러 신문에 게재되기도 했다. 공식 초청장의 중요한 내용을 살펴보면 다음과 같다 : 유럽의 제 민족은 상호간 의사소통을 통해 자신들을 하나의 단위로 묶으려 한다. 독일 민족 역시 그들의 통합을 실현하기 위해 프랑크푸르트 국민의회를 소집했고 헝가리 및 그 부속 지방들을 제외한 오스트리아 제국 전역을 독일에 병합시키려는 의도를 부각시키고 있다. 이러한 시도는 분명히 오스트리아 제국의 단일화뿐만 아니라 지금까지 유지된 슬라브 제 민족의 연맹과 독자성도 파괴할 것이다. 이제 슬라브인들은 그들의 간절한 희망 사항을 경청하고 정리하기 위해 그들의 대표를 5월 31일 유서 깊은 도시인 프라하로 초대하려고 한다. 그리고 슬라브인들이 요구하는 것들과 현재와 같은 중요한 시기에 슬라브인들이 해야 할 일들을 진지하게 논의하기 위해 슬라브 민족회의를 개최하려고 한다.

아울러 슬라브 민족회의 개최준비위원회는 팔라츠키가 작성한「제국 내 비슬라브 민족에게 알림」이라는 성명서를 통해 합스부르크 왕조에 대한 슬라브 민족의 전통적 충성심을 계속 견지한다는 것을 부각시켰을 뿐만 아니라 그것을 위해 주어진 모든 방법들을 활용

41

---

48 V. Žáček, *Slovanský sjezd v Praze roku 1848. Sbírka dokumentů*, p.34.

하겠다는 것도 언급했다. 실제적으로 팔라츠키는 성명서에서 슬라브 민족들은 자신들을 향한 분리주의, 범슬라브주의, 러시아주의 등과 같은 의심적이고, 악의적인 모든 것들을 배척해야 한다고 했다. 이어 그는 민족적 또는 국가 생활에서 당연히 제공받아야 할 제 권리를 슬라브 민족성에 걸맞게 요구해야 한다는 주장도 펼쳤다.[49] 이러한 팔라츠키의 성명서는 독일인들의 반발을 유발시켰고 그러한 것은 제국 내 독일 신문들이 체코 정치의 충성심과 정통성에 의구심을 표명한 데서 확인되었다. 독일의 언론들은 슬라브 민족회의에서 프랑크푸르트 국민의회에 대한 반격 시도가 펼쳐지리라는 것을 예측하기도 했다. 아울러 이들은 슬라브 민족회의에서 범슬라브주의적인 시도가 모색될 것이라는 분석을 하면서 프라하가 슬라브 세계의 프랑크푸르트가 될 것이라는 예견도 했다. 또한 이들은 체코인들이 자신들에 대해 대응 태세를 갖추거나, 민족적 저항마저 불사하고 있다는 우려도 표명했다. 따라서 빈 정부가 슬라브 민족회의 개최를 허용해서는 안 된다는 것이 독일인들의 기본적 입장으로 보아야 할 것이다.[50]

독일인들과 마찬가지로 헝가리인들과 헝가리의 주요 언론 역시 슬라브 민족회의에서 부각될 범슬라브주의적 위험을 지적했다. 5월 14일 헝가리 정부는 프랑크푸르트에 2명으로 구성된 전권 사절단을 파견했다. 프랑크푸르트에 도착한 이들은 국민의회가 지금까지 독일 연방에 소속된 제국의 지방들이 슬라브 국가로 바뀌는 것을 저지해야 한다는 입장을 밝혔다. 여기서 이들은 체코 민족국가의 등장을

---

49 V. Žáček, *Slovanský sjezd v Praze roku 1848. Sbírka dokumentů*, pp.48~50.

50 V. Žáček, *Slovanský sjezd v Praze roku 1848. Sbírka dokumentů*, pp. 183~184.

강력히 저지해야 한다는 주장도 펼쳤다. 이들의 관점에 따를 경우 체코 민족국가와 같은 슬라브 국가가 등장할 경우 그것은 중부 유럽에서 러시아의 우위를 증대시키는 요인으로 작용할 것이며 나아가 헝가리의 존속마저 위태롭게 할 수도 있다는 것이다. 5월 16일 헝가리 정부는 빈에도 특사를 파견하여 슬라브 민족회의와 범슬라브주의적 선동에 대해 강력히 대응할 것을 요구했다. 또한 에스테르하지(Esterházy)는 갈리치아(Galicija)의 자치를 위해 헝가리가 개입하겠다는 의사도 밝혔다. 헝가리 정부의 강력한 반발이 제기됨에 따라 빈 정부의 내무장관 필러스도르프(Pillersdorf)는 보헤미아의 지방장관인 툰에게 제국 내에서 슬라브 민족회의에 대한 우려가 커지고 있음을 통보했다. 특히 필러스도르프는 샤파르지크와의 대화에서 제국 내 슬라브인들이 수적 우세로 독일인들을 제압하려는 의도가 있음을 지적하면서 슬라브 민족회의에 대한 불편한 심정을 우회적으로 표현했다.[51]

이렇게 슬라브 민족회의에 대한 우려가 저변으로 확산되었음에도 불구하고 5월 10일 보헤미아 총독이었던 카를(Karl) 대공은 민족회의 개최에 동의한다는 입장을 공식적으로 밝혔는데 그것은 같은 날 오전에 있었던 팔라츠키와의 독대와 빈 정부와의 사전 교감에서 비롯된 것 같다. 5월 19일 빈 정부는 슬라브 민족회의에 대한 헝가리 정부의 개입을 불허한다는 성명을 발표했다. 이에 앞서 프라하 슬라브 민족회의 개최준비위원회는 "향후 개최될 슬라브 민족회의에서 오스트리아 제국의 국익에 위배되는 어떠한 행위도 펼치지 않

---

51 V. Žáček, *Slovanský sjezd v Praze roku 1848. Sbírka dokumentů*, pp. 178~182.

겠다"라는 것을 문서화하여 빈 정부에 제출할 의도도 가졌음을 언급
했다.

슬라브 민족회의의 준비 및 그것의 정치적 노선을 결정하는 데
주도적 역할을 담당한 인물은 팔라츠키였다. 슬라브 민족회의가 처
음부터 친오스트리아슬라브주의를 지향했다는 사실은 팔라츠키가
샤파르지크를 빈에서 만났을 때 그에게 알려준 민족회의 개최준비
위원회의 방침에서도 잘 드러났다. 그중에서 중요한 내용을 요약하
면 첫째, 슬라브 민족회의에 참여하는 사람들은 친오스트리아슬라
브주의적인 입장을 명백히 밝힐 것, 둘째, 급진적 인물들로 구성될
폴란드 대표들은 오스트리아 정부에 대해 과격한 입장 표명을 삼갈
것.[52] 셋째, 프랑크푸르트 국민의회로부터 제기될 방해 공작에 대비
할 것, 넷째, 오스트리아 제국 이외의 대표자들이 친오스트리아슬라
브주의를 표방할 경우 그들 역시 민족회의에 참가시킬 것, 다섯째,
빈 정부에게 연방체제의 채택과 그것에 따른 행정조직의 개편을 권
고할 것 등이었다.[53]

빈 정부가 슬라브 민족회의의 개최를 허용함에 따라 슬라브 민족
회의 개최준비위원회는 제국 내 슬라브 민족뿐만 아니라 포젠, 세르
비아, 그리고 러시아의 인사들에게도 초청장을 발송했다. 아울러 슬
라브 파리협회(Pariser Societe de Slave)와 미츠키에비츠(Mickiewicz)

---

52 M. Murko, *deutsche Einflüsse auf die Anfange der böhmischen Romantik, Mit
einem Anhang: Kollár in Jean und Wartburgfest*, p.285.

53 F. Palacký, *Spisy drobné*, pp.46~50; V. Žáček, *Slovanský sjezd v Praze roku
1848. Sbírka dokumentů*, p.182; L.D. Orton. *The Prague Slav Congress of
1848*(New York,1978), pp.48~53; G. Wollstein, *Das "Großdeutschland" der
Paulskirche*(Düsseldorf, 1977), pp.196~200.

와 레레벨(Lelewel)과 같은 저명한 폴란드 인사들에게도 초청장이 보내졌다.[54] 이렇게 제국 이외의 슬라브 인사들에게도 초청장이 발송되었지만 향후 개최될 슬라브 민족회의에서는 우선적으로 제국 내 슬라브인들의 안건만을 논의한다는 내규도 마련되었다. 이후 개최준비위원회는 향후 다룰 안건들을 보다 구체화하기로 합의했고 그러한 작업을 자흐(Zach)에게 위임했다. 이후 자흐가 작성한 일련의 과제를 요약하면 다음과 같다 : 앞으로 모든 유럽 국가들의 질서체제는 변형되어야 할 것이다. 따라서 지금까지 유지된 절대왕정 체제는 제거되어야 하며 그것을 대신하여 모든 신민들이 권력 행사에 참여할 수 있고, 피지배민족의 권리가 보장되는 새로운 질서 체제 도입에 유럽인들이 관심을 가져야 할 것이다. 아울러 3월혁명 이후 쟁취한 일련의 자유주의적 권리들 역시 보존되어야 할 것이다. 현재의 빈 정부는 황제의 신임을 잃은 상태인데 그 이유는 정부 각료들이 현실적 상황을 직시하지 않고 독일적, 반혁명적인 노선만을 지향했기 때문이다. 실제적으로 이들 각료들은 슬라브인들의 파멸만을 바라고 있을 뿐이다. 슬라브인들 역시 이러한 정부에 대해 강한 불신을 가지고 있는 것은 사실이다. 그럼에도 불구하고 이들은 오스트리아 제국이 슬라브 민족의 혈연관계를 유지할 수 있는 최적의 도구라는 것을 잘 알고 있다. 따라서 슬라브인들은 제국의 다른 민족들과 더불어 오스트리아 제국을 연방체제로 변형시키는 데 일조를 담당해야 할 것이다.[55]

---

54 당시 미츠키에비츠는 시인으로, 레레벨은 역사가 및 정치가로 활동했다.

55 자흐는 자신이 제시한 프로그램에서 오스트리아 제국을 연방체제로 전환시키는 데 필요한 대안을 구체적으로 제시하지 못했을 뿐만 아니라 헝가

이후 자흐 프로그램에 대한 논의가 슬라브 민족회의 개최준비위원회에서 진행되었다. 여기서 하브리체크-보로프스키는 오스트리아 제국이 더 이상 국가 기능을 발휘하지 못하고 있다는 주장을 펼쳤는데 그것은 제국 내에서 민족 간의 대립이 더욱 심화되는 상황에서 비롯된 것 같다. 따라서 그는 슬라브인들이 더 이상 자신들을 오스트리아인으로 간주해서는 안 된다는 입장을 밝혔는데 그것은 빈 정부가 민족문제를 해결하지 못할 경우 슬라브인들 역시 오스트리아 제국을 포기해야 한다는 자신의 관점에서 비롯된 것 같다. 이어 발언권을 얻은 팔라츠키는 향후 슬라브 민족이 오스트리아 제국 내에서 구심적 역할을 담당해야 한다는 것을 언급했다. 아울러 그는 슬라브 민족의 지위 향상과 민족성 유지가 합스부르크 왕조 내에서만 가능하다는 것을 다시금 피력했는데 그러한 것은 자신의 친오스트리아슬라브주의적 입장이 계속 견지된 데서 비롯된 것 같다. 팔라츠키에 이어 등장한 샤파르지크는 슬라브 민족회의에서 슬라브 민족이 다른 민족을 위협해서는 안 된다는 발언을 했다. 즉 그는 슬라브인들이 독일인들을 자극하여 평화 대신 전쟁을 유발시킬 경우 슬라브 민족이 지향하는 것 역시 무산될 수 있음을 경고했던 것이다. 또한 그는 슬라브 민족이 오스트리아 제국 내에서 수적 우위를 차지했음에도 불구하고 지금까지 제국에서 전혀 영향력을 행사하지 못했음을 지적했고 그것의 시정이 반드시 필요하다는 주장도 펼쳤다. 그리고 그는 슬라브 민족에 대한 유럽 제 민족의 호의적 감정을 상황 변경에 적극적으로 활용해야 한다는 견해도 밝혔다. 브라우네르는 슬라브 민족의 민족적

리 왕국의 특별한 지위마저 그대로 인정했다. L.D. Orton, *The Prague Slav Congress of 1848*, p.153.

특성이라 할 수 있는 겸손을 과감히 포기해야 한다는 주장도 펼쳤는데 그것은 겸손이 슬라브 민족의 법적–사회적 지위 향상에 전혀 도움이 안 된다는 그의 판단에서 나온 것 같다.

　슬라브 민족회의가 5월 말이나 6월 초에 프라하에서 개최된다는 사실이 알려짐에 따라 프랑크푸르트 국민의회는 오스트리아 제국 내 슬라브 정치가들, 특히 체코 정치가들의 움직임에 대해 비교적 높은 관심을 가지게 되었다. 왜냐하면 프랑크푸르트 국민의회에 참석하고 있던 대다수의 정치가들은 오스트리아 제국이 독일권으로부터 이탈해서는 안 된다는 생각을 했기 때문이다.[56] 따라서 마레크(T. Mareck), 노이벨(Dr. Neuwell), 지스카라(Dr. Giskara)와 같은 오스트리아 출신 의원들은 프라하에서 체코 정치가들과 접촉을 모색했고 거기서 이들은 슬라브 정치가들에게 민족 간의 불평등을 해소시켜주겠다는 약속도 했다. 또한 이들은 프랑크푸르트 국민의회가 독일권과 연계되는 비독일계 민족들의 권리를 법적으로 보장하려는 계획도 추진하고 있다는 사실을 알려주었다. 이 당시 독일 정치가들은 자신들의 시도가 슬라브 정치가들에게 진실로 간주될 경우 슬라브 정치가들은 그들이 계획하던 독일권으로부터의 이탈도 포기

56　프랑크푸르트 국민의회의 이러한 분위기는 이 국민의회에 국한된 것이 아니라 당시 독일권에서 쉽게 확인할 수 있던 현상이었는데 그러한 것은 좌파 정치가로 알려진 마르크스(Marx)의 견해에서도 확인되고 있다.

　　“보헤미아 지방은 독일의 문화 및 영역권에 포함되어야 한다. 그리고 자주를 지향하는 체코인들은 앞으로 기껏해야 몇십 년 정도 그들의 언어를 유지할 수 있을 것이다. (…) 체코인들은 한 국가를 형성할 수 있는 정통성과 능력을 갖추지 못했다.” T. Nipperdey, *Deutsche Geschichte*(München,1985), pp.628~629; F. Prinz, *die Sudetendeutschen im Frankfurter Parlament*(München, 1963), pp.103~106.

할 것이라는 확신을 가지고 있었다.[57] 이렇게 보헤미아 지방을 신독
일에 편입시켜야 한다는 주장 이면에는 다음의 것들이 큰 작용을 한
것 같다. 첫째, 독일과 관련된 문화적 유산이 보헤미아 지방에 매우
많다는 것. 둘째, 보헤미아 지방의 산업화가 오스트리아 제국의 다
른 지방들보다 훨씬 앞서 있다는 것. 특히 독일 정치가들은 이 지역
의 철강 산업과 섬유 산업이 독일 산업의 활성화에 도움을 준다는
사실을 인지했기 때문이다. 셋째, 유럽 남동 지역과의 교류에서 보
헤미아 지방이 교통의 요지로 부각되고 있는 사실을 도외시할 수 없
었기 때문이다.

팔라츠키를 비롯한 체코 정치가들은 프랑크푸르트 측의 이러한
시도에 냉담한 반응을 보였는데, 그 이유는 이들이 슬라브 민족의
사회적 지위가 '신독일'에서 향상되기보다는 오히려 악화될 가능성
이 많다는 것을 인지했기 때문이다.[58]

프랑크푸르트 국민의회의 이러한 움직임에도 불구하고 슬라브
민족회의 개최준비위원회는 대회 준비를 위한 작업을 계속했다. 그
리고 이들은 자흐가 제시한 방안을 토대로 회의 기간 중에 다룰 안
건들을 다음의 5가지로 집약시켰다.[59]

첫째, 슬라브 제 민족 간의 공수동맹 체제를 구축한다.[60]

48

---

57 F. Prinz, *die Sudetendeutschen*, pp.107~110 ; F. Prinz, *Geschichte Böhmens*,
p.123 ; T. Schieder, *Staatensystem als Vormacht der Welt 1848~1918*(Frank-
furt–Berlin–Wien, 1975), p.50.

58 「Böhemens Verbindung mit Deutschland(보헤미아와 독일과의 관계)」라는
기사에 이에 대한 언급이 이미 있었다.

59 L.D. Orton, *The Prague Slav Congress of 1848*, pp.445~449.

60 그러나 이러한 동맹 체제는 연방체제의 도입이 오스트리아 제국에서 가
시화될 경우에나 가능했다. L.D. Orton, *The Prague Slav Congress of 1848*,

둘째, 제국에 연방체제의 도입을 추진한다. 그리고 이 연방체제는 법적-사회적 동등권을 보장한 제 민족의 결합체가 될 것이며 어느 한 민족도 차별 대우를 받지 않을 것이다. 오스트리아 제국 내 민족들은 향후 빈에서 개최될 제국의회에 자신들의 대표자를 파견하여 그들의 공동 관심사들을 토의하고 거기서 합의된 유용한 사안들을 제국 정책에 적극적으로 반영시킬 수 있을 것이다.

셋째, 슬라브 제 민족 간의 교류를 증대시키고 그것을 활성화시킬 수 있는 방안을 마련한다.

넷째, 제국 내 슬라브 민족들은 프랑크푸르트 국민의회에서 채택될 그들 민족에 대한 어떠한 결정도 수용하지 않는다는 입장을 명백히 밝혀야 할 것이다.

다섯째, 페르디난트 황제에게 사절단을 파견한다.

팔라츠키를 비롯한 슬라브 정치가들과의 접촉에서 마레크를 비롯한 오스트리아 출신 의원들이 아무런 성과를 거두지 못함에 따라 이들은 남은 일정을 포기하고 프랑크푸르트로 돌아갔다. 프랑크푸르트로 귀환한 이들은 프라하에서 펼쳤던 그들의 활동을 정리한 보고서를 총회에 제출했다. 여기서 이들은 슬라브 정치가들이 프랑크푸르트의 독일 통합 방안에 부정적 시각을 가졌다고 언급했다. 따라서 이들은 보헤미아와 모라비아 지방을 독일의 통합 영역에서 배제시켜야 한다는 주장을 펼쳤다. 그러나 프랑크푸르트 국민의회에 참여했던 대다수의 정치가들은 프라하에서의 실패에도 불구하고 독일의 통합은 대독일주의 원칙에 따라 이루어져야 한다는 입장을 포기

_____

p.446.

하지 않았다.[61)]

한편 빈 정부는 제국 내 슬라브 정치가들이 추진하던 독자적 행보에 대해 아무런 조치도 취할 수 없었다. 왜냐하면 이 당시 제국의 전 지역은 혁명의 와중에 놓여 있었고 그로 인해 페르디난트 황제를 비롯한 빈 정부의 실세들이 인스부르크(Innsbruck)로 도피한 상태였기 때문이다.[62)] 정부의 무반응적인 태도에도 불구하고 제국 내 독일인들은 슬라브 정치가들의 움직임에 대해 깊은 우려를 표명했는데 그러한 것은 당시 독일 신문에 실린 한 논설에서 확인할 수 있다. 논설에서는 우선 슬라브 민족회의의 개최 목적에 대해 언급되었는데 그것에 따를 경우 오스트리아 제국으로부터 신생 슬라브 왕국을 형성하는 것이 슬라브 민족회의의 궁극적 목적이라는 것이다. 이어 논설은 슬라브인들의 시도에서 비롯될 문제점들에 대해서도 거론했는데 그것은 첫째, 오스트리아 제국의 많은 지역이 슬라브 왕국에 편입되고 동시에 독일권으로부터도 완전히 이탈된다는 것이다. 둘째, 독일인과 슬라브인 들이 혼재하는 지역에서 많은 문제점들이 발생한다는 것이다.[63)]

---

61 G. Hildebrandt, *Die Paulskirche*, pp.123~130.

62 보수적 성향이 강한 티롤(Tirol)의 주도 인스부르크는 혁명의 여파를 가장 적게 받은 도시 중의 하나였다. G.J. Morava, *F. Palacký*, p.146.

63 F. Prinz, *Die Sudetendeutschen im Frankfurter Parlament*, pp.108~111.
    마르크스 역시 슬라브 민족회의 개최에 부정적 시각을 가졌는데 그것은 슬라브 민족회의로 3월혁명이 타격을 받을 수 있다는 판단에서 비롯된 것 같다.
    "우리는 이제 어디에 혁명의 적이 있는지를 알게 되었다. 혁명의 적은 러시아와 오스트리아 제국 내 슬라브 지방에 있다. 우리는 혁명을 배반하고 있는 슬라브 민족이 파멸할 때까지 지속적 투쟁을 펼쳐야 할 것이다. 이것은 독일의 관심뿐만 아니라 혁명을 완결시키기 위해 즉시 시행되어야 할 이러한 논설을 통해 제국의 전체 인구 중에서 22%만을 차지한 독일인들이[64] 가장 우려했던 점은 친오스트리아슬라브주의에 따른 제국 개편이 슬라브 민족의 지배 가능성을 현실화할 수 있다는 것이었다.[65]

\\\ 슬라브 민족회의의 개최 및 활동

프랑크푸르트 국민의회의 조직적인 저지 활동과 제국 내 독일 정치가들의 강한 반발에도 불구하고 슬라브 민족회의는 1848년 5월

것이다." G.J. Morava, *F. Palacký*, p.149.

64 이 당시 오스트리아 제국을 구성했던 민족들과 그들이 전체 인구에서 차지했던 비율은 다음과 같다.

민 족	인구 및 전체 인구에서 차지하는 비율(%)
독 일	780만 명(22%)
슬라브	1670만 명(48%)
헝가리	500만 명(14%)
이탈리아	550만 명(16%)
기 타	1%

　　Gordon A. Craig, *Geschichte Europas im 19. und 20. Jahhundert*, Bd., I (München, 1978), p.54.

65 A. Bachmann, *Lehrbuch der österreichischen Reichsgeschichte*(Prag, 1896), p. 449. 이 당시 러시아는 슬라브 민족회의에 부정적이었는데 그것은 슬라브 민족회의에서 지향된 친오스트리아슬라브주의의 기본적 개념이 그들의 범슬라브주의와 정면으로 대치되었기 때문이다. 따라서 러시아 정부는 자국의 정치가들이 이 회의에 참석하는 것을 금지시켰다. 뿐만 아니라 그들의 영향 하에 있던 슬라브인들의 참여 역시 허락하지 않았다. J. Havranek, "Böhmen im Frühjahr 1848−Vorbild der nationalen Problematik in Europa für das folgende Jahrhundert", in H. Timmermann ed., *1848−Revolution in Europa: Verlauf, politische Programme, Folgen und Wirkungen*(Berlin, 1999), p.195.

31일 프라하에서 개최되었다. 그러나 개최에 앞서 참석자들의 대다수는 5월 29일과 30일 양일에 걸쳐 프라하에 도착했다. 남슬라브인, 슬로바키아인, 폴란드인, 그리고 갈리치아에서 온 루테니아인 들의 프라하 도착은 지역민들의 지대한 관심을 유발시켰다.[66] 체코의 언론들 역시 프라하 거리에 등장한 슬라브적 특징을 부각시키는 데 주저하지 않았다. 이와는 달리 독일 지식인들은 독일적-문명화된 프라하가 대상 무리 집단에 의해 점거되었다는 반응을 보였다. 독일의 시인 마이스너(Meissner)는 이방인적 모습과 비유럽적 복장을 한 그리스 정교회 사제와 같은 슬라브인들의 프라하 출현은 조악한 가장무도회에 불과하다는 폄하적 평가를 하기도 했다.

슬라브 민족회의 참석자는 모두 360명이었는데, 이중에서 정식 대표는 319명이었고 나머지는 게스트 내지는 임시 대표자의 자격으로 참여했다.[67] 그리고 참석자들의 대부분이 시민 계층이었는데 이 점은 프랑크푸르트 국민의회 구성 분포와 비슷했다.[68] 슬라브 민족

---

66 루테니아인들은 오스트리아 제국에 살던 우크라이나인으로, 루테니아인은 러시아인의 라틴어식 표현이지만 사실은 중세 말 리투아니아 왕국에 흡수된 우크라이나인들을 지칭한다.

67 슬라브 민족회의의 참석자들을 민족별로 나누면 다음과 같다.

폴란드(70명)　　　루테니아(10명)　　　크로아티아(14명)
세르비아(30명)　　슬로베니아(5명)　　　슬로바키아(19명)
러시아(2명)　　　　조르베(1명)　　　　체코(174명)

V. Žáček, *Slovanský sjezd v Praze roku 1848. Sbírka dokumentů*, pp. 228~230.

68 D. Langewiesche, *Europa zwischen Restauration und Revolution 1815~1849*(München, 1985), pp. 83~84; Z. Tobolka u. V. Žáček, *Slovanský sjezd v Praze roku 1848. Sbírka dokumentů Část*, pp.544 ff.

회의는 샤파르지크가 회의 준비 기간 중에 제안했던 것처럼 사용 언어에 따라 분과위원회를 구성하기로 했는데 그것을 살펴보면 다음과 같다.

① 보헤미아-모라비아-슬로바키아 분과위원회(227명)

② 폴란드-루테니아 분과위원회(61명)

③ 남슬라브 분과위원회(크로아티아, 슬로베니아, 세르비아, 달마티아)(49명)

각 분과위원회는 의장, 부의장, 서기로 구성된 자체 운영 기구를 가졌을 뿐만 아니라 총회를 효율적으로 운영하는 데 필요한 상임위원회의 위원들을 독자적으로 선출할 수 있는 권한도 부여받았다. 이렇게 구성된 각 분과위원회는 5월 31일에 자신들의 대표들을 선출했는데 그것을 살펴보면 보헤미아-모라비아-슬로바키아 분과위원회에서는 한카(V. Hanka), 헬체레트(J. Helcelet), 후르반(J,M. Hurban)이 선출되었고, 폴란드-루테니아 분과위원회에서는 루보미르스키(J. Lubomirski), 크라인스키(M. Krainski), 보리시케비흐(I. Borysykevych)가, 남슬라브 분과위원회에서는 스타마토비치(P. Stamatovic), 쿠스얀(D. Kusjan), 브라즈(S. Vraz)가 분과위원회를 주도하게 되었다.

프라하 일간지들은 당시 개회식에 대해 상세히 보도했는데[69] 그

---

69 독일 신문들도 이에 대해 보도했다. 그러나 이 신문들은 슬라브 민족회의를 부정적 시각에서 보려고 했다. 그 일례를 들어보면, "슬라브 민족들의 대표들이 프라하에 모여 그들 민족의 단결과 그것에 필요한 조치들을 마련하고자 하지만 이들이 과연 그러한 능력을 갖추고 있는지는 의심스럽다. 왜냐하면 이들은 그들 사이의 언어 소통을 제대로 할 수 없을 뿐만 아니라 슬라브 민족의 단결이라는 대전제를 망각하고 그들 민족의 이익에

것에 따를 경우 노이베르크가 임시 의장직을 맡아 체코어로 개회 선
언을 했고, 그의 제의에 따라 팔라츠키가 의장(starosta)으로 추대되
었다. 그리고 팔라츠키의 의장직 수락 연설이 있었는데 이것은 슬라
브 민족의 자유. 동등권을 옹호한 일종의 민족 선언서라 할 수 있다.
팔라츠키는 슬라브 제 민족이 처음으로 상호 이해와 그것을 토대로
한 협력 관계 구축을 위해 보헤미아 왕국의 옛 수도인 프라하에 모
였다고 전제한 후, 자유주의와 평등은 조상으로부터 물려받은 유산
이기 때문에 슬라브 민족에게 결코 낯선 것이 될 수 없다는 주장을
펼쳤다. 따라서 슬라브 민족들은 그들이 타 민족과 마찬가지로 법
앞에서 동등하다는 것을 인식하고 독일인들의 지배로부터 벗어나
야 한다는 것이다. 한편 독일 민족은 "네가 원하지 않는 것들은 남에
게도 강요하지 말라(Was du dir nicht wünchst, thue auch einem an-
dern nicht)"는 격언에 따라 다수 민족의 법적 · 사회적 동등권을 인
정하고 그것의 실현에 대해서도 마땅히 관심을 가져야 한다는 것이
팔라츠키의 관점이었다.[70] 이어 일련의 인사들도 축사를 했는데 거
기서는 특히 슬라브 민족의 위상 증대를 부각시키려고 했다. 즉 이
들은 슬라브 민족이 유럽 3위의 거대 민족으로 등장했기 때문에 자
신들이 지향한 정치적 슬로건, 즉 '슬라브적 조화에 따른 자유 및 민

만 집착하게 될 것이다. 슬라브 민족의 이러한 민족적 성향은 역사 속에서
도 쉽게 확인되기 때문에 이 민족회의는 아무런 성과 없이 끝나게 될 것이
다." M. Murko, *deutsche Einflüsse auf die Anfange der böhmischen Romantik*,
Mit einem Anhang: Kollár in Jean und Wartburgfest, p.287.

70 M. Mauritz, Tschechien, p.24; M. Murko, *deutsche Einflüsse auf die Anfange
der böhmischen Romantik, Mit einem Anhang: Kollár in Jean und Wartburg-
fest*, p.288; F.Palacký, *Österreichs Staatsidee*(Wien, 1972), pp.14~15.

족성 고양', '남부 슬라브 민족과 슬로바키아의 주적은 헝가리이다'
를 당당히 제시할 수 있음을 강조했다. 특히 빈에서 온 드브라체크
(Dvořáček)는 참석자들에게 다음을 주지시켰는데 그것은 5월 26일
빈에 바리게이트가 설치되었음에도 불구하고 슬라브 민족회의 개최
를 허용한 빈 정부에게 감사해야 한다는 것인데 그러한 것은 슬라브
민족회의가 빈에서 전개되던 상황을 고려해야 한다는 판단에서 비
롯된 것 같다.[71]

슬라브 민족회의 개최 과정에서 큰 역할을 했던 샤파르지크도 개
회식장에서 찬조 연설을 했는데 거기서는 특히 슬라브 민족의 자각
(sebevědomý)이 강조되었다.[72]

샤파르지크는 우선 슬라브 민족이 독일화를 기피했기 때문에 독
일인들로부터 미개인이라는 멸시를 받아왔음을 언급했다. 이어 그
는 슬라브 민족들이 그들의 민족적 특성을 찾고자 할 때 독일인들은
그러한 것을 조국과 자유주의에 대한 반역적 행위로 간주하려고만
했다는 것이다. 아울러 샤파르지크는 슬라브 민족의 대표들이 프라
하에 모인 것에 대해 역사적 의미도 부여하려고 했다. 즉 그는 슬라
브 민족들이 슬라브 민족으로서의 자부심을 가지든지 아니면 슬라

55

---

71 이후부터 그는 빈 정부가 감내할 수 있는 사안들이 슬라브 민족회의에서
   다루어져야 한다는 주장을 지속적으로 펼쳤다. M. Murko, *deutsche Ein-
   flüsse auf die Anfänge der böhmischen Romantik, Mit einem Anhang*: *Kollár in
   Jean und Wartburgfest*, p.288.
72 슬라브 민족회의에 참여한 인사들은 샤파르지크를 이 민족회의의 의장으
   로 선출하려고 했지만 그는 그것의 수용을 받아들이지 않았다. M. Murko,
   *deutsche Einflüsse auf die Anfänge der böhmischen Romantik, Mit einem An-
   hang*: *Kollár in Jean und Wartburgfest*, p.288.

브 민족이라는 것을 포기해야 한다는 것을 부각시켰던 것이다.[73]

\\\ 슬라브 민족회의의 논의 주제

개회식 다음 날인 6월 1일부터 3개 분과위원회는 다음의 주제들을 가지고 토론을 펼치기 시작했다.[74]

1. 슬라브 민족의 위상을 재정립시키는 방법
2. 슬라브 제 민족의 공수동맹 구축 방안
3. 연방체제 도입에 필요한 선행 조건들
4. 제국 이외 지역에 거주하는 슬라브인들과의 관계 정립
5. 독일 통합 및 프랑크푸르트 국민의회에 대한 입장 정리
6. 페르디난트 황제에게 파견할 사절단 구성

56

첫 번째 주제에 대한 제1분과위원회, 즉, 보헤미아-모라비아-슬로바키아 분과위원회의 입장은 호의적이었고 그것에 대한 활발

---

73 M. Murko, *deutsche Einflüsse auf die Anfange der böhmischen Romantik, Mit einem Anhang: Kollár in Jean und Wartburgfest*, pp.288~289; F. Seibt, *Deutschland und die Tschechen*(München, 1974), p.140. 폴란드-루테니아의 분과위원장으로 선출된 루보미르스키도 찬조 연설을 했는데 여기서 그가 강조한 것은 '모든 민족의 자유와 평등'이었다. M. Murko, *deutsche Einflüsse auf die Anfange der böhmischen Romantik, Mit einem Anhang: Kollár in Jean und Wartburgfest*, p.290.

74 3개 분과위원회는 정식 주제로 채택되지 않은 슬라브 학문과 예술을 장려하는 방법에 대해서도 논의하기로 했다. M. Alexander, *Kleine Geschichte der böhmischen Länder*(Stuttgart, 2008), p.322; G.J. Morava, *F. Palacký*, p.150.

한 토론도 병행되었다. 프리츠(Frič)는 토론 과정에서 오스트리아 제국을 존속시키는 것이 슬라브 민족의 선결 과제라는 것을 부각시켰다. 이어 등장한 슈투르는 슬라브 민족의 존속 및 단결에 필요한 방법을 마련하는 것이 바로 슬라브 민족회의의 주된 목적이라고 했다. 그러나 그는 이것이 오스트리아–슬라브 제국을 지향하는 것이 아니라 했는데 그러한 것은 아마도 유럽 제 민족의 동정심 내지는 호감을 상실해서는 안 된다는 판단에서 비롯된 것 같다. 아울러 그는 오스트리아 제국 내에서 슬라브 지방단체 간의 결합을 우선적으로 추진해야 한다는 입장도 밝혔다. 이러한 관점에 대해 하브리체크–보로프스키와 모라비아 출신의 프루데크(Prudek)는 동조했고 체코슬로바키아와 남슬라브 민족의 자치권 실현이 바로 그러한 목적 달성의 시발점이 되어야 한다는 견해도 제시했다. 드브라체크 역시 하브리체크–보로프스키와 프루데크의 구상을 적극적으로 지지했고 나아가 헝가리에서 전쟁이 발생할 경우 슬라브인들은 크로아티아 및 세르비아인들을 적극적으로 지원해야 한다고 했다. 슬로바키아 출신 호드자(Hodža)는 오스트리아 제국의 존속이 슬라브 민족의 유일한 지향 목적이 되어서는 안 된다는 견해를 제시했다.

이어진 토론에서 슬라브 제 민족 간의 단결을 실현시키는 방법에 대한 의견적 충돌이 참석자들 사이에서 발생했다. 하브리체크–보로프스키는 무력적 방법을 통해 슬라브 제 민족 간의 단결을 저해하는 요소들을 제거해야 한다고 했다. 그러나 슈투르는 그러한 방법 사용이 불가하다는 입장을 밝혔고, 프리츠와 캄페리크(Kamperik) 역시 신중론을 제기했다. 또한 샤파르지크는 슬라브 민족이 오스트리아 제국을 붕괴시킬 능력을 갖추지 못했다는 것을 언급했다. 격렬한 토론 끝에 제1분과위원회는 슬라브 지역 대표들과 제국의 제 민족은 헝가리 왕국 내 슬라브 민족들과 더불어 그들의 민족성 방어에 필요한 결합체 결성을 가시화시키고 자연적 방어를 위해 인간 사회에서 허용된 모든 방법들을 활용할 수 있다는 것을 통과시켰다.

제1분과위원회와는 달리 남슬라브 분과위원회는 첫 번째 주제에 대해 그리 큰 관심을 표명하지 않았다. 그것을 대신하여 헝가리 남부에서 온 세르비아인들은 인스부르크에 체류 중인 페르디난트 황제에게 사절단을 보내 1848년 5월 14일에 체결된 카르로비처 스쿠프시티나(Karlowitzer Skupschtina) 협약이 실현될 수 있게끔 지원을 요청해야 한다는 입장을 밝혔다.[75] 체코-모라비아-슬로바키아 분과위원회는 세르비아인들의 이러한 요구를 지지했고 포젠의 폴란드인들도 세르비아의 관점에 동의했다. 그러나 폴란드-루테니아 분과위원회는 페르디난트 황제에게 사절단을 보내는 것보다 헝가리에 먼저 사절단을 파견해야 한다는 입장을 밝혔는데 그것은 이들에게 헝가리와의 친선 관계 유지가 무엇보다도 중요했기 때문이었다.

여러 개의 안건이 연계된 복합적 토론이 폴란드-루테니아 분과위원회에서 진행되었다. 갈리치아 위원회 구성, 폴란드 문제, 슬라브적 제 안건을 토론하는 과정에서 루테니아인들은 루테니아 특별위원회의 설치를 요구했다. 리벨트(Libelt)는 자신의 루테니아 동료들에게 폴란드는 오래전부터 루테니아의 적이 아니고 루테니아는 자유로운 슬라브 연방체제인 폴란드의 일부분이 될 것이라고 했다. 그러나 루테니아인들은 그들의 대다수가 오스트리아 국경 밖에 거주한다는 이유로 폴란드-루테니아 분과위원회에서 독자적 위원회를 구성할 권

---

75 이 협약에 대해 부다 정부는 불쾌감을 표시했는데 그것은 협약에 헝가리에 대한 전쟁 선포적 내용이 포함되었기 때문이다.

한을 가질 수 있다고 했다. 마침내 폴란드−루테니아 분과위원회는 폴란드와 루테니아와 갈리치아 분과위원회로 세분되었다.[76]

6월 5일에 개최된 총회에서 리벨트는 슬라브 민족회의의 주제를 변경해야 한다는 자신의 관점을 관철시킬 수 있었다. 그것에 따라 첫째, 유럽 제 민족에게 보내는 선언서를 작성한다. 둘째, 오스트리아 제국 내 슬라브인들의 희망 사항을 정리・요약한다. 셋째, 슬라브 동맹 창설에 필요한 방법 및 수단을 제시한다 등이 중요한 주제들로 선택되었다.

우선 「유럽 제 민족에게 보내는 선언서」는 형제애, 민족적 동등성 보장, 민족적 자유(직접선거권, 지역자치권, 언론 및 집회의 자유), 종교의 자유, 시민병제 구축, 사회적 개혁, 슬라브 지부의 통합 등을 거론했다. 그리고 여기서는 유럽 제 민족에게 성스러운 평화 체결의 중요성도 인지시켜야 한다는 것이 언급되었다.

체코−슬로바키아 분과위원회는 이러한 제안을 환영했는데 그러한 자세는 슬라브인들이 결코 선동자들이 아니며 기존 국가의 붕괴를 통해 지금까지 분열된 슬라브 민족들의 통합을 원하지 않는다는 것을 대외적으로 알릴 필요성이 있다는 데서 비롯된 것 같다. 이 자리에서 슈투르와 샤파르지크는 지금까지 비자연적이고 무력적 방법으로 분열된 슬라브 민족들이 자유로운 제 민족과 더불어 평화롭게 살아나가야 하며 또한 그러한 능력 역시 충분히 갖추고 있음을 강조했다. 이후 광범위한 토론 끝에 체코−슬로바키아 분과위원회는 다

---

76 리벨트는 1830년 치자르토리스키(Czartorysky)가 주도한 독립전쟁에 적극적 참여했다. 그러나 1831년 러시아에 의해 독립전쟁이 진압됨에 따라 그를 비롯한 일련의 폴란드 지식인들은 파리에서 망명 생활을 하게 되었다.

음의 제안들을 문서화하기로 합의했다. 말리(Malý)는 체코인들의 유일한 희망 사항은 보헤미아 왕국의 제 지역을 통합시키는 것이라고 했다. 1845년부터 세르비아 민족 지도자 카라지오르제비치(Karadjordjevic)의 주치의였던 오트(Otto)는 보헤미아–모라비아–슬로바키아 정부가 빈 정부로부터 독립적 지위를 허용받았기 때문에 독자적으로 헌법 제정도 가능하다는 언급을 했다. 수투르츠(Štulc) 목사는 대모라비아 제국을 재건해야 한다고 했지만 슬로바키아의 성직자 후르반은 그러한 시도는 단지 전쟁만을 유발시킨다는 견해를 밝혔다.[77] 팔라츠키의 관점을 추종하던 호드자는 오스트리아 제국을 연방체제로 전환시켜야 한다는 주장을 펼쳤다. 그리고 그는 슬라브 민족회의에서 슬라브 연맹체제가 오스트리아 국가연합에서 이탈하지 않는다는 것을 천명해야 한다는 관점도 피력했다. 아울러 그는 모든 슬라브 민족이 민족 지방의회를 구성할 수 있는 권한을 가져야 하

---

77 8세기 말, 즉 체코슬로바키아 지역에 대한 샤를마뉴(Charlemagne) 대제의 원정이 언급되면서부터 그동안 역사의 뒤안길로 사라졌던 이 지역의 역사가 다시금 거론되기 시작했다. 이렇게 다시 거론되기 시작한 체코 역사에서는 샤를마뉴 대제의 원정으로 아바르(Avar)족의 위협이 제거되었다는 것과 그것으로 인해 슬라브인들의 국가가 탄생했다는 것이 언급되었다. 이러한 시기 체코에서 주도권을 장악한 슬라브 종족은 중부 다뉴브 강의 지류인 모라바 강 유역에 살던 모라비아인들이었으며, 이들에 의해 세워진 국가가 바로 대모라비아 제국(Velkomoravská říše)이었다. 그런데 대모라비아 제국은 국가의 규모라든지 오늘날 우리가 이해하고 있는 대제국과 무관하다는 주장이 제기되고 있는데 그것은 비잔틴 제국 황제 콘스탄티누스 7세(Constantinus VII, 913~959)가 자신의 저서인 『제국행정(De Administrando Imperio)』에서 언급한 데서 비롯된 것 같다. 실제적으로 콘스탄티누스 7세는 모라비아 지방에 사람들이 거주한 지 오래되었기 때문에 이 지방에서 등장한 국가를 대모라비아 제국(ἡ μεάλη Μοραβία)으로 지칭했던 것이다.

며 제국 내 모든 민족 역시 제국의회에 진출해야 한다는 견해를 제시했다. 그리고 슬로바키아인들은 통합 제국 내에서 체코인들과 통합할 수 있다는 것이 호드자의 관점이었다. 슬로바키아와 모라비아의 대표들은 페르디난트 황제에게 보내는 서신에서 그들의 희망 사안들을 요약했다. 모라비아인들은 황제에게 보내는 서신에서 자신들의 영역에 대한 자치권을 요구했음에도 불구하고 이들은 체코인들과 공동 정부를 구성하고 양국의 지방의회는 공동으로 안건을 토론한다는 데 동의했다. 슬로바키아인들은 카르파티아 루테니아인들의 명의로 그들의 요구 사안을 정리했다. 여기서 이들은 슬로바키아인들과 카르파티아 루테니아인들이 헝가리로부터 독립 민족으로서의 지위를 확보하고, 자신들의 지방의회를 구성하고 자신들의 언어를 교육기관에서 사용할 수 있어야 한다는 것도 강력히 천명했다. 아울러 이들은 민족 단체를 자율적으로 구성할 수 있어야 한다고 것도 언급했다.

남슬라브 분과위원회 역시 「유럽 제 민족에게 보내는 선언서」 작성에 동의했다. 그리고 이들은 황제에게 보내는 서신에 포함시킬 내용에 대한 토론도 집중적으로 펼쳤다. 여기서 이들은 자신들의 공동요구 사안을 문서화했다. 문서에서 이들은 달마티아, 크로아티아, 보이보디나를 포함한 슬라보니아를 하나의 통치 단위로 격상시켜 오스트리아 연방체제의 일원이 되기를 희망했다.[78] 세르비아인들은 카르로비처 스쿠프시티나 협약을 조속히 이행할 것을, 크로아티아인들은 옐라취치(Jellačić) 총독에 대한 황제의 공개적 신임을 요구했

61

---

78 오늘날 세르비아 공화국의 북부 자치주인 보이보디나는 헝가리 및 루마니아와 국경을 접하고 있다.

고, 크로아티아–슬라보니아–달마티아 왕국에 대한 지방의회의 결정 역시 승인해줄 것을 요구했다. 그리고 슬로베니아인들은 자신들의 영역 모두가 슬로베니아 왕국에 편입되기를 바랐을 뿐만 아니라 슬로베니아 영역의 일부가 독일 연방에 포함되는 것도 거부했다. 그리고 이들은 프랑크푸르트 국민의회에 참석한 오스트리아 출신 의원들의 소환도 희망했다.

　폴란드–루테니아 분과위원회에서도「유럽 제 민족에게 보내는 선언서」에 대한 논의가 있었다. 여기서는 특히 폴란드인들의 요구 사안들이 강조되었다. 폴란드인들은 유럽인들이 폴란드라는 국가만을 알기 때문에 루테니아인들이 선언서에서 별도로 거론되어서는 안 된다는 입장을 밝혔다. 루테니아 출신의 치엥그레비치(Cięglewicz) 역시 루테니아인들이 국가를 구성할 권한이 없다고 했는데 그것은 이들이 폴란드에 대해 이율배반적 자세를 가진 데서 비롯된 것 같다. 루테니아–갈리치아와 폴란드–갈리치아 위원회는 황제에게 보내는 서신에서 갈리치아 역시 폴란드 및 루테니아와 마찬가지로 공동의 중앙정부와 지방의회에서 그들의 언어를 통용어로 사용해야 한다는 것을 거론했다. 또한 각 지방에서 양 민족의 수적 우열에 따라 폴란드어 또는 루테니아어가 행정 및 학교의 공용어로 인정되어야 한다는 것도 강조되었다. 그리고 갈리치아의 민족 분할은 지방의회의 결정에 따라야 한다는 것이 언급되기도 했다.

　헝가리에 대한 입장 차이로 슬로바키아인들과 남슬라브인들 사이에 충돌이 발생했다. 6월 7일에 개최된 전체 회의에서 남슬라브 대표, 쿠시란(Kušlan, 크로아티아)과 슈보티치(Subotíc, 세르비아)는 슬로바키아인들을 비난했는데 그것은 이들이 계속하여 헝가리 왕국에 잔류하려 한다는 것과 다른 슬라브 민족에 비해 헝가리적 요소를 더 많이 수용하려는 자세에서 비롯된 것 같다. 이에 대해 호드자와 슈투르는 청원서에서 자신들의 입장을 정확히 천명할 상황이 아니기 때문에 외교적 방법을 통해 자신들의 권리를 쟁취해야 한다는 반론을 펼쳤다. 이러한 반론에 대해 샤파르지크와 폴란드 정치가 마리스지(Marisz)는 긍정적인 반응을 보였을 뿐만 아니라 남슬라브인들의 관점은 유럽에서 전쟁을 유발시킬 수 있다는 경고도 했다.

다음 날부터 제국 내 슬라브인들 사이의 협약에 대한 초안 논의가 시작되었다. 체코-모라비아-슬로바키아 분과위원회에서 샤파르지크는 초안 작성이 바로 제국 내 슬라브 제 민족 간의 동맹을 공식적으로 알리는 계기가 될 수 있다고 평가했다. 폴란드인 참석자들 역시 협약에 큰 관심을 보였다. 이들 중의 일부는 폴란드와 관련된 모든 안건을 언급하려고 했다. 그리고 또 다른 일부는 오스트리아 제국 내 슬라브인들의 결속에 의구심을 제기하기도 했다. 그러나 다수의 참석자들은 자신들 민족이 슬라브 민족의 일원이라는 데 동의했다. 이러한 집단에 오스트리아-슬라브 결합의 완벽한 구상을 제시한 갈리치아 출신의 헬첼과 루보미르스키 공작도 합류했다.

\\\ 오순절 소요

슬라브 민족회의가 순조롭게 진행되는 상황에서 돌발변수가 프라하에서 발생했다. 그것은 빈 정부가 추진하던 기존 질서 체제로의 회귀 정책에 대한 반발에서 비롯된 오순절 소요이다. 6월 11일 프라하 대학생 슬라드코프스키(K. Sladkovský)의 주도로 시작된 이 폭동에는 대학생들과 노동자 계층, 특히 제빵공들과 인쇄공들이 적극적으로 참여했다. 폭동 기간 중 슬라드코프스키와 그의 추종자들은 빈 정부의 반자유주의적인 정책을 신랄히 비판했다. 아울러 이들은 슬라브 민족회의에서 지향한 친오스트리아슬라브주의를 강력히 비판했을 뿐만 아니라 오스트리아 제국을 해체시켜 독자적인 슬라브 제국을 형성해야 한다는 주장도 펼쳤다. 프라하에서 전개된 상황에 우려를 표명한 빈 정부는 가능한 한 빨리 오순절 소요를 종식시켜야 한다는 판단을 하게 되었고 거기서 무력적 개입도 불사하겠다는 입장도 밝혔다. 이에 따라 빈 정부는 빈디쉬그래츠(Windischgrätz) 장군에게 소요 진압권을 부여했다. 프라하에 도착한 빈디쉬그래츠와 그의 진압군은 소요 참여자들에게 강력히 대응했다. 특히 뮐러(Müller) 대위가 지휘한 진압 선발군은 소요 과정에서 핵심 역할을 담당한 학생들을 체포하기 위해 프라하 대학을 포위한 후 바로 학내로 진입했다. 그러한 과정에서 진압군에게 저항하던 40여 명의 대학생들이 체포되었다. 상황이 이렇게 전개됨에 따라 클레멘티눔(Clementinum)에 머무르고 있던 대학생들은 당시 프라하 총독이었던 툰 백작을 인질로 삼아 프라하 대학에서 벗어나고자 했다. 따라서 이들은 빈디쉬그래츠 장군이 군 병력을 대학 교정에서 철수시키지 않을 경우 툰 백작을 처형하겠다는 최후통첩도 보냈다. 그러나 빈디쉬그래츠는 학생들의 이러한 요구를 무시하고 진압군을 클레멘티눔으로 진입시켜 툰 백작을 구출했다. 이 과정에서 30명의 학생들이 목숨을 잃었고 50여 명의 학생들이 부상을 당했다.[79]

---

79 독일 사가들은 빈 정부의 오순절 소요 진압을 혁명 세력에 대한 반혁명 세력의 최초 반격으로 평가하거나 또는 반혁명 세력이 우위를 확보하는 계기로 보고 있다. M. Alexander, *Kleine Geschichte der böhmischen Länder*, p.323; V. Žáček, *Slovanský sjezd v Praze roku 1848. Sbírka dokumentů Část*, p.420; R. Bideleux u. I. Jeffries, *a history of Eastern Europe: Crisis*

　상황이 이렇게 전개됨에 따라 슬라브 민족회의에 참석한 정치가
들은 민족회의 활동이 조만간 중단되리라는 판단을 하게 되었다. 이
에 따라 이들은 민족회의에서 가시적인 성과를 거두기 위해 6월 12
일 3개분과위원회 모두가 참석한 긴급 총회를 개최했다. 「유럽 제
민족에게 보내는 선언서」 작성에 앞서 일부 참석자들은 자신들의 관
점을 피력했다. 우선 리벨트는 기독교 사회주의와 기독교 제 민족
정책을 부각시켰고 그러한 것은 향후 8천만 슬라브인들의 민족 통
합을 통해 실현도 가능하다고 했다. 자흐는 슬라브인들이 민족 간의
동등성 원칙을 부각시키고 제 민족 간의 자유, 동등권, 그리고 형제
애를 선언서에서 강조해야 한다는 입장을 밝혔다. 샤파르지크는 선
언서에서 오스트리아 제국이 안고 있는 문제점을 정확히 지적해야
한다고 했다. 그에 따를 경우 민족문제는 오스트리아 제국의 존속과
직접적으로 연계된다는 것이다. 즉 제 민족의 동등권 보장과 균형적
인 권력 안배는 향후 제정될 오스트리아 헌법의 기본 원칙이 되어야

---

and Change(London-New York, 1998), p.311; D. Langewiesche, *Europa zwischen Restauration und Revolution 1815~1849*, p.84; E.R. Huber, *deutsche Verfassungsgeschichte 1789*, Bd., Ⅲ.(Stuttgart-Berlin-Köln-Mainz, 1976), pp.563~564; G.J. Morava, *F. Palacký*, pp.154~158; G. Wollstein, *Das "Großdeutschland" der Paulskirche*(Düsseldorf,1977), p. 204; F. Prinz, *die Sudetendeutschen im Frankfurter Parlament*, p.70; H. Stuke u. W. Forstmann, *die europäischen Revolutionen von 1848*(Königstein/Ts, 1979), pp.176 u. 192~193; E.T.v. Falkenstein, *der Kampf der Tschechen um die historischen Rechte der böhmischen Krone im Spiegel der Presse 1861~1879*(Berlin, 1980), p. 20; V.L. Beneš, "Bakunin and Palacký's Conception of Austroslavism", in; *Indiana Slavic Studies* Ⅱ.,(1968), pp.79~111.

하며 그렇지 못할 경우 내부적으로 종족 분쟁이 발생할 것이고 그것은 결국 국가의 파멸도 가져온다는 것이 샤파르지크의 관점이었다.

　팔라츠키는 최종적으로 자신이 작성한 선언서에서 참석자들의 관점을 적극적으로 수용했을 뿐만 아니라 혁명 시기의 시대정신도 동시에 부각시키려고 했다. 선언서에서는 우선 시대정신이 슬라브인들을 고무시켰고 그들로 하여금 자유, 동등성, 그리고 형제애도 확인하게 했다는 것이 거론되었다. 이어 선언서는 게르만 민족의 우월성에 대해 의문을 제기하고 역사적·문화적인 측면에서 슬라브 민족이 하등의 차별을 받아야 할 이유가 없다는 것도 강조했다. 특히 강자의 권리만을 인정하는 봉건제도가 게르만 민족의 산물인데 반해 자유·평등·우애의 프랑스혁명 이념은 본래 원시 슬라브 공동체(praslovanský obec)에서 유래되었다는 주장을 펼침으로써 오스트리아 제국 내에서 제기되던 슬라브 민족의 동등권 요구를 이론적인 차원에서 지원하려고 했다. 선언서는 영국인들이 아일랜드인들의 자치권을 인정한 반면 독일인들은 슬라브 민족에 대해 그러한 것을 허용하려는 의지가 전혀 없음을 지적했다. 또한 헝가리인들 역시 독일인들과 마찬가지로 민족적 권한을 남용하는 자세에서 벗어나지 못하고 있음을 지적했다. 또한 선언서는 작금의 정신적 흐름이 새로운 통치 제도의 도입도 요구하고 있기 때문에 제국 내 슬라브인들 역시 페르디난트 황제에게 진정서를 제출하여 자신들의 정치적 희망 사항을 밝히려 한다는 것을 언급했다. 여기서 슬라브인들은 오스트리아 제국의 정치체제가 제 민족의 동등권을 보장하는 체제로 변형되는 것이 자신들의 희망 사항이라고 밝혔다. 만일 슬라브인들이 오스트리아 제국 내에서 정의를 확보할 경우 폴란드인들은 자치권을 얻을 것이고, 헝가리에서는 세르비아, 크로아티아, 슬로바키아, 루테니아인 들에 대한 압박이 끝날 것이라는 예견도 했다. 그리고 오스만튀르크에서 슬라브 형제들 역시 자유를 쟁취할 것이라는 것이 선언서의 분석이었다. 그리고 선언서는 일반 유럽회의를 개최하여 향후 발생하는 국제적 문제점들을 해결해야 한다는 주장을 펼치기도 쳤다.[80]

「페르디난트황제에게 보내는 탄원서」 작성은 올로모우치(Olmouc) 출신의 헬체레트 교수와 루보미르스키 공작이 담당했다. 탄원서에서는 우선 제국 내 슬라브 민족들이 오스트리아 제국의 존속을 지향하지만 이 제국은 앞으로 슬라브 제 민족의 결합과 제국 내 제 민족의 완전한 동등권을 보장하는 연방체제로 반드시 탈바꿈해야 한다는 것이 거론되었다. 아울러 탄원서에서는 각국의 희망 사안들도 열거되었다. 여기서 체코인들은 1848년 4월 8일의 칙령(Kaiserliches Reskript)을 통해 허용된 통합 보헤미아 정부의 조속한 구성을 희망했다. 이어 모라비아인들은 자신들이 체코인들과 형제라는 것을 언급하면서 체코인들에게 허용한 제 권한을 자신들에게도 부여할 것을 요구했다. 말미에서는 오스트리아 제국의 존속에 위협을 가져다줄 독일의 통합 방식, 즉 특정 민족에 특권을 부여하는 정치체제에 반대한다는 입장이 거론되었다.[81]

---

80 M. Mauritz, *Tschechien*, p.24; V. Žáček, *Slovanský sjezd v Praze roku 1848. Sbírka dokumentů Část*, pp.358~361; A. Wandruszka, 'Großdeutsche und Kleindeutsche Ideologie 1840~1871', in: Robert A. Kann, ed., *Deutschland und Österreich*(München, 1980), p.118

81 V. Žáček, *Slovanský sjezd v Praze roku 1848. Sbírka dokumentů Část*, pp. 474~375; W.T. Wisłocki, *Kongres słowlański w r. 1848 I sprawa polska*(Lwów, 1927), pp.210~215.

탄원서에서 거론한 연방체제의 정당성을 옹호하기 위해 제시했던 가장 좋은 사례로는 체코 왕국과 오스트리아의 동등한 관계가 구체적으로 명시된 '보헤미아 국법(státníí právo)'[82]을 들 수 있을 것이다. 이 법에 따라 보헤미아 귀족들은 루드비크 2세가 죽은 후 1526년 페르디난트 1세(Ferdinand I)를 상속이 아닌 선출 왕으로 맞이했고 페르디난트 1세 역시 즉위식에서 체코 왕국의 관습과 귀족들의 특권을 존중하겠다는 약속을 했다는 것이다.[83] 아울러 체코 왕국은 그들의 행정 체제 및 권한을 인정받았지만 이후의 후계자들이 그러한 것들을 무시해왔다는 것이다. 특히 최근의 마리아 테레지아와 요제프 2세의 중앙집권화 정책은 보헤미아 국가법에 명시된 계약을 명백히 위반하는 행위라는 것이다. 그러므로 오스트리아 제국과 슬라브 민족 간의 관계는 보헤미아 국가법에서 언급된 정신에 따라 본래의 군합국가 체제로 환원되어야 한다는 것이다.[84]

---

82 체코의 역사가 코치(J. Koči)가 이를 다음과 같이 요약했다. V postoji k panovníkovi a habsburské dynastii vycházeli čeští austroslavisté převážně z pozic českého státního práva.

특히 20세기 후반의 체코 사가들은 보헤미아 국가법을 밀도 있게 취급했다.

V.VI. Tomek, *Die böhmischen Landtage nach der verneuerten Landesordnung Ferdinand II*(Prag, 1868)

J. Kalousek, *Das böhmische Staatsrecht*(Prag, 1892)

K. Kramarsch, *Das böhmische Staatsrecht*(Wien, 1896)

Slovanský sjezd v Praze roku 1848. Sbírka dokumentů Část

팔라츠키를 비롯한 체코 정치가들이 보헤미아 국법을 강조한 이면에는 체코 민족이 독일 민족을 대신하여 보헤미아 지방에서 지배 민족으로 등장할 수 있다는 자신감이 크게 작용한 것 같다.

83 F. Seibt, *Deutschland und die Tschechen*(München, 1974), p. 114.

84 R. Weishar, *Nationalitätenstaat und Nationalstaat im böhmisch-mährisch-*

6월 13일 빈디쉬그래츠는 슬라브 민족회의에 참석한 외부 인사들의 조속한 귀환을 촉구했다. 이러한 강압적 조치에 대해 빈 정부는 동의하지 않았고 그것에 따라 프라하 주재 오스트리아군 총책임자였던 빈디쉬그래츠와 프라하 총독이었던 툰은 일시적으로 해임되었다. 그러나 빈 정부는 6월 18일 오순절 소요가 진압된 이후 자신들이 취한 조치를 철회하는 이율배반적인 행동을 취했는데 그것은 앞으로 혁명 세력을 제압할 수 있다는 자신감에서 비롯된 것 같다. 1,000여 명의 희생을 요구한 오순절 소요가 진압된 이후 빈 정부는 프라하 및 그 주변 지역에 계엄령을 선포했고 그것에 따라 빈디쉬그래츠와 그의 군대는 계엄군의 신분으로 프라하에 주둔하게 되었다. 이어 프라하에 계엄령이 선포되었고 민간과 군부 합동의 조사법정이 설치되어 프라하 소요에 참여한 인물들을 색출하여 처벌하고자 했다. 이에 따라 다임 백작, 빌라니 남작, 루보미르스키 공작, 파스터, 브라우네르, 사비나, 프리즈 등이 체포되었고 노이베르크, 카스파르, 리벨트를 비롯한 다수의 참석자들은 집중적인 심문을 받았다. 이러한 상황에서 슬라브 민족회의는 황제에게 사절단을 보내는 것을 더 이상 실행할 수 없게 되었고 조사위원회에 민족회의 활동 기간 중에 작성한 문서들의 일부만을 넘겨주게 되었다.[85]

schlesischen Raum. ein staatsrechtlich-rechthistorischer Überblick über den nationalen Kampf zwischen Deutschen und Tschechen(Diss., Erlangen, 1956), p. 23.

85 V. Žáček, *Slovanský sjezd v Praze roku 1848. Sbírka dokumentů Část*, pp.420~421.

\\\ 슬라브 민족회의에 대한 국내외 언론의 평가

6월 말에 개최된 한 집회에서 슬라브 민족회의 운영위원회는 왜 슬라브 민족회의가 활동을 중단하고 활동 재개를 무기한 연기했는 가를 설명했다. 며칠 후 샤파르지크, 팔라츠키, 토메크, 그리고 한카를 비롯한 일련의 인물들, 즉 슬라브 민족회의를 주도한 인물들은 『국민일보』에 「증언(dosvědčení)」이란 글을 투고해 독일 신문의 반체 코적, 반슬라브적인 보도를 강력히 비판했다. 여기서 이들은 오스트 리아 왕조에 대한 자신들의 입장이 전혀 변하지 않았음을 강조했다. 7월 초에 이르러 슬라브의 주요 언론들은 「유럽의 제 민족에게 보내는 선언서」를 공개했는데 그것은 슬라브 민족회의의 주도자들이 민 족주의자 또는 범슬라브주의자들이 아니라는 것과 정치적 상황 변경에 대한 입장 표명을 분명히 하려는 의도에서 비롯된 것 같다. 이에 반해 독일과 헝가리 언론들은 「유럽 제 민족에게 보내는 선언서」 는 단지 비논리적인 문서에 불과하다라는 입장을 밝혔는데 그것은 1848년 7월 12자 『아우구스부르크 일반신문(Augusburger Allgemeine Zeitung)』과 7월 14일자 『코수트 히르라피아(Kossuth Hirlapia)』 에서 확인되었다.[86] 빈의 언론들 역시 1848년 5월부터 슬라브 민족 회의와 이 회의가 지향한 목표에 비판적이었다. 특히 민주적이고 대 독일주의를 지향하던 언론들은 슬라브 민족회의를 오스트리아 제국 의 슬라브화를 현실화시키려는 슬라브 공화국 의회라고 폄하하기 도 했다. 6월 3일자 『빈 석간신문(Die Wiener Abendzeitung)』은 다른

---

86 V. Žáček, *Slovanský sjezd v Praze roku 1848. Sbírka dokumentů Část*, pp.386~391.

신문들과 마찬가지로 슬라브 민족회의를 부정적 관점에서 보도했다. 그리고 6월 8일자 『오스트리아 일반신문(Die Allgemeine Öster-reichische Zeitung)』은 빈 정부가 슬라브 민족회의 개최를 허용한 것에 대해 강력히 비판하기도 했다. 신문은 비록 체코인들이 범슬라브주의를 지향하지 않았지만 프랑크푸르트 국민의회에 대해 각을 세운 것은 분명한 사실이라는 분석을 하기도 했다. 일부 독일 지식인들과 제국 내 독일인들은 민족적 특색을 지향한 체코인들의 행동을 긍정적으로 평가했으나 이들 역시 독일 연방에 포함된 오스트리아제국의 일부와 통합 독일과의 병합을 지지하는 자세에서 벗어나지 않았다. 아울러 이들은 비독일계 민족들이 자신들의 언어를 교회와 학교에서 사용할 수 있는 정치적 시스템, 즉 민주주의적 토대하에서 독일이 통합되어야 한다는 관점을 피력하기도 했다.[87]

프랑크푸르트 국민의회에 참석한 일부 의원들, 예를 들면 루게(Ruge)는 슬라브 민족회의 개최에 어느 정도 당위성을 부여하려고 했다. 그것은 이 인물이 당시 저명한 폴란드 정치가들과 활발한 교류를 펼치면서 슬라브 민족에 대해 긍정적 자세를 가지게 된 데서 비롯된 것 같다. 루게는 3월혁명이 유럽의 서부에서 동부로 확산되는 과정에서 나타난 것이 바로 슬라브 민족회의라 했다. 아울러 그는 프라하에서 슬라브인들이 민주적 토대를 구축하고 상호간 연방체제로 결합하려는 시도를 펼쳤다고 했다.[88] 또한 이 인물은 슬라브

---

87 Z. Tobolka/V. Žáček, *Slovanský sjezd v Praze roku 1848. Sbírka dokumentů Část*, pp.438~441.

88 Z. Tobolka/V. Žáček, *Slovanský sjezd v Praze roku 1848. Sbírka dokumentů Část*, p. 466; F. Friedrich, *Die Sudetendeutschen im Frankfurter Parlament*(München ,1963), p.116.

연방체제가 향후 통합 독일과 군합국 형태로 결속해야만 러시아의 위협으로부터 벗어날 수 있다는 주장을 펼치기도 했다.

영국과 프랑스 언론들도 슬라브 민족회의에 대해 보도했다. 영국의 일간지 『타임(Time)』은 독일 언론들의 보도를 요약해서 실었는데 거기서 확인되는 것은 독일 언론들의 편파적인 의도를 그대로 전달한 것이다. 이에 반해 프랑스 언론들은 좀 더 객관적인 관점에서 슬라브 민족회의를 보도하려고 했다. 이 당시 프랑스 정부는 빈 주재 자국 대사관을 통해 프라하에서 진행된 상황을 정확히 보고받았다. 이러한 과정에서 이들은 오스트리아 제국의 연방체제화를 이기적인 관점에서 부각시키기도 했다. 그 일례로 한 정치가는 슬라브인들이 오스트리아 제국에서 자신들의 정치적 목표를 실현시키려 했는데 그것은 오스트리아 입헌공화정 체제하에서 대슬라브 국가 건설이 모색된 데서 확인할 수 있다는 것이다.

2장

빈 제국의회에서 논의된
제국의 존속 방안

\\\ 4월헌법의 제정

3월혁명이 발생한 이후 빈 정부는 더 이상 메테르니히 체제로 제국을 원활히 통치할 수 없다는 판단을 하게 되었다.[1] 따라서 빈 정부는 4월 초 갈리치아 지방을 제외한 제국 전 지역의 지방의회 의원들을 빈으로 소집하여 바덴(Baden) 헌법[2]과 벨기에 헌법을 토대로 새로운 헌법을 제정하게 했다.[3] 약 3주간의 작업 끝에 새로운 헌법(4월헌법, Aprilverfassung 또는 Verfassungsurkunde des österreichischen Kaiserstaates)이 4월 25일에 공포되었는데 거기서는 다음의 것들이 구체적으로 거론되었다.[4] 첫째, 언론과 출판의 자유, 집회 및 결사의

1 과도기적 성향을 띤 빈 정부는 3월 17일 구성되었다. D. Langewiesche, *Europa zwischen Restauration und Revolution 1815~1849*, p.80.

2 프랑스 입헌헌장(1841)을 기초로 바덴을 비롯한 남부 독일 국가들의 헌법이 제정되었다. 이후 이들 국가들의 신민들은 언론의 자유, 종교의 자유, 그리고 법적 평등 등의 기본적 권리를 향유하게 되었다. 또한 선거를 통해 구성된 하원은 법률안을 승인하거나 거부할 수 있는 권한을 부여받았고 그것은 이 기구가 정치 활동의 중심지(Kernpunkt)로 부각되는 요인도 되었다. 점차 학자나 관료 출신의 의원들은 의회의 운영 방법을 터득하게 되었고 행정부에 대한 그들의 비판은 여론 구축에도 큰 기여를 하게 되었다. K. Kluxen, *Geschichte und Problematik des Parlamentarismus*(Frankfurt, 1995), pp.125~126.

3 1831년에 제정된 벨기에 헌법에는 자유주의적인 요소들이 많이 들어 있었는데 그것들을 살펴보면 다음과 같다. ① 국민의 기본권, 즉 언론 및 출판의 자유, 신앙의 자유, 집회 및 결사의 자유를 구체적으로 명시했다. ② 법률안 발의권, 예산 심의권, 정부에 대한 질의권 등을 의회의 고유 권한으로 인정했다. ③ 왕권을 법률적으로 제한했다.

4 헌법 제정에서 당시 빈 정부의 수반이었던 필러스도르프가 주도적인 역할을 담당했기 때문에 이 헌법은 그의 이름을 빌려 '필러스도르프 헌법'이라 지칭되기도 했다. R. Bauer, *Österreich*, p.272; E.J. Görlich, *Grundzüge*

자유, 그리고 종교의 자유를 허용한다.

둘째, 입법부는 원로원(Senat)과 하원(Abgeordnetenhaus)의 양원 체제로 구성한다. 원로원은 황제가 임명하거나 또는 직접세를 납부하는 인물들로[5] 구성한다. 그러나 하원의원들은 간접선거 방식으로 선출하며, 그 정원은 383명이다.[6]

셋째, 황제는 기존 관례에 따라 정부 각 부서의 장관들을 임명하거나 해임할 수 있다. 그리고 장관으로 임명된 인물들은 하원에 대해 어떠한 책임도 지지 않는다.[7]

넷째, 각 지방은 제한된 자치권을 행사할 수 있을 뿐만 아니라 지방의회를 구성할 수 있는 권한도 부여받는다. 그러나 지방의회는 이전처럼 법률안 추인권만을 가진다.[8]

---

der Geschichte der Habsburgermonatchie und Österreichs, p. 208 ; D. Langewiesche, *Europa zwischen Restauration und Revolution 1815~1849*, p.81 ; Robert A. Kann, *Geschichte der Habsburgermonarchie 1526~1918*(Wien−Köln− Graz, 1977), p.276.

5   이 당시 오스트리아의 경제적 상황을 고려할 때 토지를 많이 소유한 계층, 즉 지주 계층이 직접세를 많이 냈다. R. Bauer, *Österreich*, p.272 ; Robert A. Kann, *Geschichte der Habsburgermonarchie 1526~1918*, p. 276.

6   경제적 요인이 선출 과정에서 결정적 역할을 했기 때문에 독일 정치가들이 하원 의석의 대다수를 차지하리라는 것은 쉽게 예상할 수 있다. 그리고 4월 헌법은 일당이나 주급(Wochenlohn)을 받던 노동자들에게 선거권을 부여하지 않았다. R. Bauer, *Österreich*, pp.272~273 ; Robert A. Kann, *Geschichte der Habsburgermonarchie 1526~1918*, p.276.

7   4월 헌법은 벨기에 헌법에서 명시된 '의회에 대한 장관 책임제'를 수용하지 않았다.

8   이를 통해 참석자들이 황제의 절대권에 이의를 제기하지 않은 것을 확인할 수 있다. Robert A. Kann, *Geschichte der Habsburgermonarchie 1526~1918*, p.276.

다섯째, 4월헌법은 이탈리아와 헝가리를 제외한 제국 전 지역에 적용한다.[9]

빈 정부가 4월헌법을 공식적으로 공포한 후 제국에서는 헌법에서 명시된 원로원의 선출 방식이나 선거권의 제한 등이 자유주의의 기본 원칙과 정면으로 대치된다는 지적이 제기되었다. 그리고 빈에서는 권력 분립이 제대로 보장되지 않은 4월헌법을 즉시 폐기해야 한다는 관점도 부각되었다.[10] 그러나 이러한 의사 표시에도 불구하고 정부로부터 아무런 답변을 얻지 못한 빈의 시민들은 도시 여러 곳에서 가두시위를 벌였고 거기서 4월헌법의 폐지와 신헌법 제정권을 가진 입법기구의 소집도 요구했다. 아울러 이들은 그들 요구를 집약한 돌격청원서(Sturmpetition)를 정부에 제출하기도 했다.[11] 이에 빈 정부는 사태의 심각성을 파악하고 3월혁명 이후 그들이 종종 취해온 타의적 입장에서 빈 시민들의 요구를 수용했다.[12]

76

---

9 이 당시 필러스도르프는 이탈리아와 헝가리 지방을 통치하기 위해서는 별도의 통치 규정이 필요하다는 인식도 가지고 있었다. R. Bauer, *Österreich*, p.272; Robert A. Kann, *Geschichte der Habsburgermonarchie 1526~1918*, p.277.

10 실제적으로 원로원이나 하원의 권한은 구체적으로 언급되지 않았다. 다만 여기서 예측할 수 있는 것은 입법부의 구성, 특히 하원 구성에도 불구하고 황제권은 전혀 동요되지 않았다는 점이다. Vgl., Robert A. Kann, *Geschichte der Habsburgermonarchie 1526~1918*, p.277.

11 이 돌격청원서에서 확인되는 중요한 내용들은 다음과 같다. 첫째, 가능한 한 빨리 제국의회를 소집할 것. 둘째, 자유주의의 기본 이념이 명시된 헌법을 제정할 것. 셋째, 메테르니히 체제의 잔재를 제거할 것. 넷째, 독일 통합에 대한 구체적인 방안을 마련할 것. Robert A. Kann, *Geschichte der Habsburgermonarchie 1526~1918*, p.277.

12 E.J. Görlich, *Grundzüge der Geschichte der Habsburgermonatchie und Österreichs*, pp.208~209; D. Langewiesche, *Europa zwischen Restaura-*

1848년 5월 15일의 돌격청원서에 따라 같은 해 7월 22일 제국의회가 빈에 위치한 궁정 기마학교에서 개원되었고, 여기에는 페르디난트 황제를 비롯한 빈 정부 고위 각료들도 참석했다. 이렇게 개원된 제국의회 의원들은 모두 383명이었는데 이들은 헝가리와 이탈리아 북부 지방을 제외한 제국 전역에서 선출되었다.[13] 그런데 제국

---

tion und Revolution 1815~1849, p.81; R. Rurüp, *Deutschland im 19. Jahrhundert*(Göttingen, 1985) p.159; Robert A. Kann, *Geschichte der Habsburgermonarchie 1526~1918*, p.277. 필러스도르프는 자신의 주도로 제정된 4월헌법이 비난을 받게 됨에 따라 수상직에서 물러났다. 그의 후임으로 등장된 피켈몽(Karl Ludwing Graf von Ficquelmont)은 보수적 성향의 정치가였기 때문에 빈 시민들의 요구를 순순히 수용하려고 하지 않았다. 그러나 그는 빈 시민들의 소요가 확산됨에 따라 돌격청원서에서 거론된 것들을 인정할 수밖에 없었다. 페르디난트 황제는 돌격청원서가 제출된 다음 날인 5월 16일 보수적 성향이 강한 인스부르크(Innsbruck)로 자신의 거처를 옮겼다.

13 R. Bauer, *Österreich*, pp.272~274; E.J. Görlich, *Grundzüge der Geschichte der Habsburgermonatchie und Österreichs*, p.209; F. Herre, *Kaiser Franz von Österreich*, p.66. 제국의회에서 전체 의석의 절반에도 훨씬 못 미치는 160석을 독일 정치가들이 차지하게 됨에 따라 독일인들이 제국의회 개원 이전부터 우려했던 상황은 현실화되었다. 실제적으로 과반수 이상의 의석을 차지한 슬라브 정치가들은 제국의회를 주도하기 시작했다. 그러나 당시 빈의 시민들은 이러한 제국의회를 인정하지 않으려고 했는데 그것은 이들이 제국의회의 슬라브화를 인정하지 않으려 한 것과 그것에 대한 자신들의 불쾌한 감정을 공공연히 드러내는 데서 확인할 수 있다.
　빈 제국의회 의원들의 사회적 성분은 다음과 같다.

농민	관료	의사와 변호사	성직자	귀족	기타
94명	74명	70명	24명	42명	79명

이러한 사회적 성분은 프랑크푸르트 국민의회의 그것과는 현저한 차이를 보였는데 그 이유는 농민 계층이 대거 제국의회에 진출한 데서 비

의회 의원들의 대다수는 온건한 자유주의와 보수주의를 지향했는데 그것은 앞으로 제국의회에서 급진적 개혁보다는 기존의 질서 체제와의 타협을 모색하는 점진적 개혁이 추진되리라는 것을 예상하게 한다.[14)]

빈 제국의회에서 다룰 의제들 중에서 제국의 결속을 가져다줄 신헌법 제정은 가장 중요한 안건이었다. 그러나 이에 앞서 제국의회는 연방체제와 중앙체제 중에서 어떠한 것을 오스트리아 제국에 도입해야 하는지를 결정해야 했는데 그것은 제국 내 민족문제로 쉽게 해결될 사안이 아니었다.[15)] 이미 제국의회가 개원되기 이전부터 슬라브 정치가들과 독일 정치가들은 이 문제로 날카로운 대립을 보이고 있었다. 특히 오스트리아 제국이 3월혁명 이전처럼 독일권에서 주도권을 유지해야 한다는 구오스트리아주의자들이 제국의회에 대거 진출하게 됨에 따라 그동안 우려되었던 문제들은 쟁점화되기 시작했다.[16)] 이 당시 뢰너를 비롯한 구오스트리아주의자들은 제국의회

롯된 것 같다. 그러나 다른 지방과는 달리 보헤미아 지방에서 선출된 의원들 대다수는 지식인 계층이었는데 그것은 이들이 의회 활동에서 주도적인 역할을 담당하리라는 것을 예측하게 한다. I.R. Wallner, *statistische Daten über die österreichische constituierende Reichsversammlung zu Wien und Kremsier*(Kremsier, 1849), p.12.

14 E. Scheithauer u. H. Schmeiszer, *Geschichte Österreichs*(Wien, 1976), pp. 46~47. 이에 반해 폴란드 출신의 의원들은 그들이 제1차 슬라브 민족회의에서 보여준 반오스트리아적 입장을 견지하고 있었다. 즉 이들은 폴란드를 오스트리아 제국으로부터 이탈시켜 하나의 완전한 독립국가를 형성하고자 했다. L.M. Politzer, *die Frage des konstituierenden Reichtags*(Wien, 1848), p.7.

15 L.M. Politzer, *die Frage des konstituierenden Reichtags*, pp.7~8.

16 이 당시 구오스트리아주의자들은 오스트리아 제국을 독일적 요소가 강조

가 열리기 이전부터 제국의회에서 그들 민족의 대표들이 열세적 상황에 놓이게 되리라는 것을 예상했을 뿐만 아니라 의회 내에서 다수 세력으로 등장하게 될 슬라브 정치가들의 요구인 연방체제가 제국의회에서 수용될 수밖에 없다는 판단도 했다. 여기서 이들은 이러한 것이 바로 독일 민족의 주도권 상실로 이어진다는 사실도 파악했다. 아울러 이들은 오스트리아 제국에 연방체제가 도입될 경우 독일권에서 이 제국의 위상이 크게 위축되거나 배제될 수밖에 없다는 우려도 표명했다.[17]

따라서 뢰너를 비롯한 독일 정치가들은 팔라츠키, 샤파르지크, 리게르 등이 지향한 연방체제가 과연 제국 통치에 적합한 제도가 될 수 있는가에 초점을 맞추기 시작했다. 아울러 이들은 3월혁명 이전의 중앙체제에서 확인된 통치 과정에서의 효율성을 부각시키는 데도 혼신의 노력을 펼쳤다. 또한 이들은 제 민족의 법적·사회적 평등을 보장하는 제도적 장치 결여 및 거기서 파생될 문제점들을 점진적으로 개선시킬 수 있다는 입장도 견지했다. 제국 내 독일 정치가들

된 혁명 이전의 메테르니히 체제로 복귀시키는 것과 독일 통합에 대독일주의 원칙이 적용되지 않게끔 하는 것을 최우선 목표로 설정했다.

구오스트리아주의를 취급한 논문들을 열거하면 다음과 같다.

M. Šmerda, "Integrační snahy v habsburské monarchii dobe formovani norodobých národů", in: *Slovanské historické studie 12*(1979)

Robert A. Kann, "die Frage der Einheit der östlichen Länder in der habsburgischen Monarchie", in: *Österreichisches Ostheft 17*(1975)

17 J. Belda, *Liberec v revolučním roce 1848*(Liberc, 1959), p.154; F. Engehausen, *Die Revolution von 1848/49*(Paderborn, 2007), p.149; E.K. Seiber, Ludwing v. Löhner, *ein Vorkämpfer des Deutschtums in Böhmen, Mähren und Schlesien im Jahre 1848/49*(München, 1965), p.85; F. Prinz, *deutsche Geschichte im osten Europas. Böhmen und Mähren*(Berlin, 1996), p.26.

의 이러한 태도를 통해 확인되는 것은 이들이 슬라브 민족의 법적 · 사회적 지위 향상에 대해 어느 정도 배려를 하겠지만 슬라브 민족에 대한 독일 민족의 우위성이 포기되는 등의 과격한 정책에는 동의하지 않겠다는 것이다.[18] 한 정치 집회에서 행한 뢰너의 연설은 독일 정치가들의 그러한 입장을 솔직히 대변했다. 연설에서 뢰너는 우선 지방자치 및 그것에 따른 제 민족(특히 슬라브 민족)의 독자적 발전에 대해 많은 사람들이 관심을 가지고 있음을 언급했다. 그러나 그는 오스트리아 제국의 지도를 살펴볼 경우 민족주의 원칙에 따라 분리시키지 못할 지방들이 많다는 것을 지적하면서 보헤미아 지방과 모라비아 지방이 그 대표적 일례가 된다고 했다.[19]

\\\ 팔라츠키의 헌법 초안

팔라츠키와 샤파르지크를 비롯한 일련의 슬라브 정치가들은 독일 정치가들이 고집한 중앙체제의 효율성을 한마디로 일축했다. 오스트리아 제국은 제 민족의 동등권을 보장하는 연방주의 원칙하에서 재탄생해야 하기 때문에 향후 그것의 관철을 위해 제국의회에서 총력을 기울이겠다는 의지도 명백히 밝혔다.[20] 빈 제국의회는 개원

---

18 E.K. Seiber, Ludwing v. Löhner, *ein Vorkämpfer des Deutschtums in Böhmen, Mähren und Schlesien im Jahre 1848/49*, p.85 ; J. Belda, *Liberec v revolučním roce 1848*, p.156.

19 E.K. Seiber, Ludwing v. Löhner, *ein Vorkämpfer des Deutschtums in Böhmen, Mähren und Schlesien im Jahre 1848/49*, p.89. 이 당시 뢰너는 연방체제에 근거한 지방군 구성에 우려를 표명했다.

20 F. Palacký, *Österreichs Staatsidee*(Wien, 1972 〈ND〉), p.26.

다음 날인 7월 23일 신헌법 제정을 위한 '30인 헌법준비위원회'를 구성하는 민첩성을 보였다. 그리고 이 당시 제국의회에서 다룰 안건들로는 신헌법 제정 이외에도

① 5월 17일부터 인스부르크에 체류 중인 페르디난트 황제 및 정부 각료들을 조속한 시일 내에 빈으로 귀환시키는 것

② 제국으로부터 이탈 시도를 모색하는 헝가리 정치가들의 의도를 효율적으로 제어할 수 있는 방안을 마련하는 것[21]

③ 심각한 위기에 놓여 있는 국가의 재정적 상황을 획기적으로 개선시킬 수 있는 방안을 강구하는 것[22]

④ 3월혁명 이후 부각된 부역 제도의 완전 철폐와 지주와 농민 사이의 종속관계를 폐지시키는 것 등이 있었다.[23]

빈 제국의회의 의원으로 선출된 팔라츠키는 '30인 헌법준비위원회'의 일원으로도 뽑혔다.[24]

---

21 이 당시 샨도르 페테피(Sándor Petőfi) 주도하의 3월청년단(Március ifjuság)은 헝가리 정치가들에게 독립국가의 창출 필요성을 강조했고 이러한 관점에 동조하는 정치가들 역시 늘어나는 추세였다. I. Deák, "the Revolution and the War of Independence 1848~1849", in Peter F. Sugar,ed., *a History of Hungary*(Bloomington-Indianapolis, 1994), pp. 218~219.

22 개원 중 이 부분에 대한 논의는 거의 이루어지지 못했다. L.M. Politzer, *die Frage des konstituierenden Reichtags*, p.18.

23 E.J. Görlich, *Grundzüge der Geschichte der Habsburgermonatchie und Österreichs*, p.211; L.M. Politzer, *die Frage des konstituierenden Reichtags*, p.18; F. Prinz, *deutsche Geschichte im osten Europas. Böhmen und Mähren*, p.74.

24 6개의 선거구에서 동시 당선된 팔라츠키는 그가 거주하던 프라하 신도시(Neustadt)의 대표로 제국의회에 참석했다. 이렇게 여러 곳에서 한 인물이 동시 당선된 것을 통해 당시 선거제도의 특징을 확인할 수 있는데 그것은 유권자가 선호하는 인물을 지역에 관계없이 투표용지에 기재하는 것이었다. G.J. Morava, *F. Palacký*, p.157.

이 당시 팔라츠키는 소외된 다수 세력에게 합당한 법적·사회적 지위를 부여하는 연방체제만이 오스트리아 제국을 분열의 위기에서 구할 수 있다는 확신을 가지고 있었다. 물론 그는 연방체제의 도입으로 야기될 수 있는 독일 민족의 법적·사회적 지위 하락은 정책적인 배려를 통해 해결할 수 있다는 입장도 밝혔는데 그것은 그가 제국 내 독일 민족으로부터 제기될 심한 반발을 의식했기 때문이다.[25] 여기서 팔라츠키는 빈 정부의 위정자들이 아직까지 자신의 견해를 수용하지 않고 있지만 가까운 시일 내에 제국의회로부터 긍정적인 반응을 얻어낼 수 있고 빈 정부 역시 그러한 것에 동의할 수밖에 없다는 확신을 가지고 있었다. 그런데 팔라츠키의 이러한 입장 표명은 그를 비롯한 대다수 슬라브 정치가들이 가졌던 '의회의 절대적 위상'에서 비롯된 것 같다.[26]

82

연방체제의 원칙에 따라 제국을 개편하겠다는 대전제하에서 팔라츠키는 제국의회가 개원된 직후부터 자신의 헌법 초안을 본격적으로 구상하기 시작했다. 이러한 과정에서 그는 자신의 측근들과 접촉하면서 이들의 의견을 자신의 헌법 초안에 적극적으로 반영하려고 했다. 따라서 9월 24일 '30인 헌법준비위원회'에 제출된 팔라츠키의 헌법 초안은 당시 빈 제국의회에 참석한 슬라브 정치가들의 정

---

25 그러나 팔라츠키는 독일 민족의 반발을 구체적으로 무마할 수 있는 방법에 대해서는 거론하지 않았다. J.Křen, "Palackýs Mitteleuropavorstellungen(1848~49)", p.98; G.J. Morava, *F. Palacký*, pp.160~161.

26 F. Palacký, *Spisy drobné*, Bd., I., p.48; F. Palacký, *Österreichs Staatsidee*, pp.35~36. Vgl., Z. Tobolka,ed., *Karla Havlíčka Borovského politické spisy*, Bd., II(1901), p.87.

치적 관점을 집약한 것으로 보아도 될 것이다.[27] 팔라츠키안은 '보헤미아 지방법(böhmische Landesverfassung)'에서 강조된 지방분권적 통치 방식을 제국 전역에 적용시켰다. 따라서 그의 안은 종래의 중앙집권적 행정조직을 지방분권화하여 각 지방의 자율성을 확대시켜 준 것으로 볼 수 있을 것이다.[28] 즉 각 지방(또는 지방군)은 독일적 요소가 강한 중앙정부로부터의 지나친 감독 및 지시에서 벗어나 자신들에게 부여된 통치권을 그들의 통제하에 두며 그 시행 과정에서 발생하는 문제점들에 대해서도 책임을 진다는 것이다.

팔라츠키는 우선 그의 헌법 초안에서 연방체제의 통치 단위가 될 지방군에 대해 언급했는데 그것을 살펴보면 다음과 같다.[29]

1) 폴란드 지방군 : 갈리치아 지방과 부코비나 지방이 여기에 속하고 렘베르크(Lemberg)가 이 지방군의 수도가 된다.

2) 주데텐 지방군 : 보헤미아, 모라비아 지방의 북부 지역과 슐레지엔 지방이 이에 포함되고 수도는 츠나임(Znaim)으로 한다.

3) 독일-오스트리아 지방군 : 하오스트리아, 상오스트리아, 잘츠부르크(Salzburg), 티롤(Tirol), 포랄베르크(Voralberg), 슈타이어마르크(Steiermark) 등이 이 지방군에 속하고, 각 지방은 다른 지방군과는 달리 빈, 린츠(Linz), 인스부르크, 그라츠(Graz)와 같은 독자적인 수도도 가질 수 있다.

---

27 J. Štaif, "Palackýs Partei der tschechischen Liberalen und die konservative Variante der böhmischen Politik", in: R. Jaworski u. R. Luft ed., *1848/49. Die Revolutionen in Osteuropa*(München, 1996), p.70. 팔라츠키의 헌법안은 리게르(L. Rieger)가 1893년에 간행한 『유고집(*Spisy drobné*)』에 실려 있다.

28 F. Palacký, *Spisy drobné*, *Bd.*, I., p.59.

29 F. Palacký, *Spisy drobné*, *Bd.*, I., p.59.

4) 일리리아 지방군 : 케브텐과 크라인 지방, 해안 지방(Küsten-
land)과 달마티아 지방이 이 지방군의 구성 지역이 되며 라이바흐
(Laibach) 또는 트리에스테(Trieste)가 수도가 될 수 있다.

제국의회에 대표자들을 파견하지 않은 헝가리와 북부 이탈리아
지역을 배제한 팔라츠키의 제국 분할안은 역사적이고, 전통적 원칙
에 따른 것이라 하겠다. 그리고 이러한 것은 비록 1840년대가 민족
의식이 부각된 시기였음에도 불구하고 민족이라는 것이 종종 부차
적인 관심에 머무르는 경우가 많다는 것과 통치 구역이나 국가의 경
계선 설정에서 역사와 전략적 필요성이 우선적으로 고려된다는 사
실을 팔라츠키가 잘 인식한 데서 비롯된 것 같다.

사실 팔리츠키는 당시 민족에 따라 제국을 분할하는 것보다 연방
체제의 도입을 통해 슬라브 민족의 법적 · 사회적 지위를 향상시키
는 것에 보다 많은 관심을 보였는데 그의 제국 분할은 그러한 것의
실현도 가능하게 했다. 왜냐하면 슬라브 민족은 독일–오스트리아
지방군을 제외한 나머지 지방군에서 그들의 수적 우위로 주도권을
장악할 수 있었기 때문이다.[30] 제국 분할에 이어 팔라츠키는 중앙 및
지방군의 행정조직과 권한, 제국의회와 지방군 의회의 구성 및 운영
방법 그리고 권한 등에 대해서도 상술했다.[31] 여기서 팔라츠키는 특
히 권력 분립을 강조했는데 그것은 그가 절대왕정 체제의 존속보다
는 입헌군주정 체제를 선호했기 때문이다. 팔라츠키는 이미 3월혁
명 이전부터 수차례에 걸쳐 절대왕정 체제가 향후 통치에 부적합하
다는 견해를 제시했을 뿐만 아니라 벨기에의 입헌군주정 체제를 오

---

30 J. Křen, "Palackýs Mitteleuropavorstellungen(1848~49)", pp.132~133.

31 F. Palacký, *Spisy drobné, Bd.*, I., pp.59~60.

스트리아 제국에 도입해야 한다는 주장도 펼친 바 있었다.[32] 팔라츠키는 자신의 안에서 중앙정부의 권한을 대폭 축소시켰는데 그러한 것은 그가 미국 및 벨기에 헌법의 영향을 많이 받았기 때문이다. 따라서 중앙정부는 제국 존속에 절대적으로 필요한 권한만을 소유하고 나머지 권한들은 지방군 정부에 이양해야 한다는 주장이 그의 안에서 제기되었던 것이다.[33] 즉, 외교정책(Aussenangelegenheiten), 국방정책(Verteidigungsangelegenheiten), 교통정책(Verkehrsangelegen-heiten) 등은 중앙정부의 책임하에 두고 여타의 통상적 업무들은 각 지방군 정부에 일괄적으로 위임해야 한다는 것이다.[34]

이어 팔라츠키는 "각 지방군은 지방군 의회에 책임을 지는 '지방장관' 또는 '부왕(Vizekönig)'을 주축으로 내무, 법률, 교육 및 문화, 재정, 그리고 산업 분야를 전담할 행정부를 구성한다"라고 했는데 그러한 것은 중앙정부로부터 위임받은 권한들을 충실히 이행하기 위한 제도적 장치라 하겠다.[35] 또한 팔라츠키는 제국 통치를 원활히 하기 위해서는 중앙정부와 지방군 정부 사이에 정례적 회동을 빈에서 가져야 한다는 것과 지방군의 행정부 구성에서 지방군민이 원칙적으로 주도적인 역할을 담당해야 한다는 것을 부각시켰다.[36] 아울러 그는 낙후된 지방군의 경제적 활성화를 위해 그 지방군에 위치한

---

32 J. Křen, *Geschichte der Habsburgermonarchie 1526~1918*, p.125.

33 여기서 팔라츠키는 수상, 외상, 재상, 교역 및 공공노동상으로 구성된 제국 내각을 제시했다. 팔라츠키 헌법안(제36, 39조)

34 팔라츠키의 헌법안(제39조). Vgl., J.M. Černý, *Boj za právo*(Praha, 1893), pp.287~288.

35 팔라츠키의 헌법안(제41조). 이전에 독자적 왕국에 속했던 지방의 수석장관은 '부왕'이라 칭한다. Vgl., J.M. Černý, *Boj za právo*, p.288.

36 팔라츠키의 헌법안(제42조).

신분 시설(대체적으로 귀족 계층의 소유였다)이나 기금을 국유화해야 한다는 것도 헌법 초안에서 거론했다.[37]

이어 그는 제국의회의 구성과 권한을 다음과 같이 언급했다.

① 제국의회는 매년 봄 정례적으로 빈에서 개원하고 필요에 따라 같은 장소에서 임시의회도 소집할 수 있다.

② 간접선거 방식으로 선출되는 제국의회의 의원은 15만 명에 한 명씩 선출한다.[38]

③ 제국의회의 의원들은 회기 중 자신들이 의회 내에서 행한 발언에 대해 면책특권을 갖는다.

④ 제국의회는 의원 규칙을 독자적으로 제정할 수 있을 뿐만 아니라 운영위원회도 자율적으로 선출·구성할 수 있다.

⑤ 제국의회 의원의 1/3은 매년 교체한다. 그러나 제국의회가 해산될 경우 의원 모두를 다시 선출한다.[39]

⑥ 제국의회 의원들은 그들의 자유의사에 따라 투표권을 행사할 수 있다.

⑦ 제국의회가 해산되거나 휴회 중일 때 그 기능 역시 자동적으로 중단된다.

⑧ 제국의회는 공개주의를 원칙으로 한다. 그러나 보안이 필요한 특별 사안의 경우에는 예외 규정도 둘 수 있다.

⑨ 시행 중인 법률안을 보완·개정하기 위해서는 참석 의원의

86

---

37 팔라츠키의 헌법안(제44조).

38 각 지방군 의회는 그들 정원에 따라 할당된 제국의회 의원들을 선출한다 (제46조).

39 임기를 마친 의원들은 재선출될 수 있다.

10% 이상의 동의를 얻어야 한다.

⑩ 제국의회는 특별한 안건이 상정되었을 때 그것을 취급하는 전담조사위원회(Untersuchungskommission)를 구성할 수 있다.

⑪ 정부가 제국의회 회기 중 범법 행위를 한 의원들을 체포하기 위해서는 반드시 제국의회의 동의를 얻어야 한다. 만일 그러한 동의를 얻지 못할 경우 그들에 대한 법적 절차는 회기가 끝날 때까지 유보해야 한다.[40]

⑫ 제국의회는 신민의 기본권이 축소 또는 훼손되는지를 감시할 수 있다. 그리고 제국의회는 제국의 단일화 및 유지에 관심을 기울여야 할 뿐만 아니라 제국 내 제 민족의 동등권을 법적으로 보호·감시할 권한도 가진다. 만일 제 민족의 동등권이 훼손될 경우 제국의회는 그것을 복원할 수 있는 방법도 마련해야 한다.

⑬ 중앙정부가 법적 근거 없이 지방정부의 권한에 간섭할 경우 제국의회는 그것에 대한 법적인 제재를 가할 수 있다.

⑭ 제국의회는 독자적으로 법률안을 상정, 토론, 그리고 통과시킬 수 있다. 그런데 상정된 법률안이 제국의회에서 통과되기 위해서는 전체 의원 과반수 이상의 참여와 참여의원 1/2 이상의 동의를 얻어야 한다.

⑮ 제국의회에서 통과된 법률안이 효력을 발휘하기 위해서는 황제의 추인이 필요하다. 만일 그러한 추인이 황제로부터 거절되거나 지연될 때 이 법률안은 동일 회기 중 다시 제국의회에 상정할 수 없다. 그리고 다음 회기에 이 법률안이 의회에 재차 상정, 통과되었지

---

40 범법 행위를 한 의원을 체포하는 데 필요한 절차에 대해서는 구체적으로 언급하지 않았다.

만 황제로부터 승인이 다시금 거부될 때 제국의회는 자동적으로 해산된다. 그러나 새로이 구성된 제국의회에서 동일한 법률안이 다시 통과되었을 때 황제는 그것에 대한 추인권을 더 이상 행사할 수 없다. 아울러 제국의회는 지방군들 사이에서 발생할 수 있는 충돌이나 제 민족 간의 이해관계를 공평하고 신속히 처리하기 위해 '중재재판소'를 한시적으로 설치 · 운영할 수 있다.[41]

⑯ 제국의회는 지방군 간의 영토 교환에 대한 최종 결정권을 가진다.

아울러 팔라츠키는 지방군 의회의 구성 및 권한에 대해서도 거론했다.

① 지방군 의회의 의원들은 제국의회의 의원들과는 달리 보통선거에 따라 직접 선출한다. 그리고 지방의회 의원은 15,000명 당 한 명씩 선출하는 것을 원칙으로 한다. 그러나 인구 2만 명 이상의 도시에서는 그 기준을 1만 명으로 하향 조정할 수 있다.[42]

② 지방군 의회는 매년 가을 각 지방군의 수도에서 개원한다. 그리고 경우에 따라 각 지방군 수도 이외의 지역에서도 개원할 수

---

41 팔라츠키의 헌법안(제45, 46, 47, 48, 49, 50, 51, 52, 53, 54, 56, 57, 59, 60, 61조). 팔라츠키는 그의 헌법안에서 당시 다른 유럽 국가들의 제국의회에서 확인할 수 있는 통상적 권한들에 대해서도 언급했는데 그것들을 살펴보면 다음과 같다. ① 동맹 및 통상조약 체결권 ② 평화 체결권 ③ 국방권 ④ 관세 · 우편 · 국도 · 국세 조정권 ⑤ 도량형 감독권 ⑥ 예산 심의 및 결정권 ⑦ 국가채무 동의권.

　　그리고 팔라츠키는 자신의 '헌법안 제59조'를 통해 그동안 견지되었던 황제의 절대적 권한(absolutes Recht)을 더 이상 인정하지 않으려고 했다.

42 이 부분은 보헤미아 지방에서 열세(劣勢) 집단으로 격하된 독일인들의 반발을 팔라츠키가 의식했기 때문이다. J. Křen, *Geschichte der Habsburgermonarchie 1526~1918*, p.126.

있다.

③ 지방군 의회와 제국의회는 동시에 개원할 수 없는데 그것은 제국의회의 의원들이 지방군 의회에서 선출되기 때문이다.

④ 지방군 의회는 제국의회처럼 의원 규칙을 독자적으로 제정 · 운영할 수 있다.

⑤ 공무원 신분으로 지방군 의회의 의원으로 선출될 경우 공무원 신분은 회기 중 정지된다. 그리고 회기가 끝난 후 다시 공무원으로 복귀할 경우 의원으로서의 권한은 자동적으로 유보된다.[43]

⑥ 3년마다 지방군 의회를 새로이 구성한다. 그러나 지방군 의회가 임기 만료 전에 해산될 경우 그 활동 역시 종료된다. 그리고 제국의회가 해산될 경우 지방군 의회는 자동적으로 해산된다.[44]

⑦ 지방군 의회에서 통과된 법안은 기존 제국법의 일부 또는 전체를 무효화할 수 없다.

⑧ 지방군 의회는 제국의회의 결정에 대해 이의를 제기할 수 있지만 그것을 무효화하거나 정지시킬 수 없다.

⑨ 지방군 의회에서 통과된 법안은 황제의 승인을 얻어야만 법적 효력을 발휘할 수 있다. 만일 이 법안이 황제의 승인을 받지 못할 경우 지방군 의회는 이를 제국의회에 상정할 수 있다.[45]

⑩ 각 지방군 의회는 그들 지방군 정부가 중앙정부로부터 위임받은 권한들을 제대로 수행하는지를 감독할 수 있다. 만일 지방군 정

---

43 이러한 원칙은 오늘날의 내각제에서도 확인할 수 있다.

44 제국의회의 의원들이 지방군 의회의 의원들로 구성되었기 때문에 이러한 원칙이 적용된 것 같다.

45 이후의 절차는 제국의회 구성과 권한의 ⑯번을 참조할 것.

부가 그러한 것을 제대로 이행하지 못할 경우 소속 지방군 의회는 그들 정부를 탄핵할 수 있다. 그리고 지방군 정부가 이렇게 지방의회로부터 탄핵받을 경우 이 정부의 책임자는 기존의 정부를 해산하고 30일 이내에 신정부를 구성해야 한다.

⑪ 지방군 의회들은 그들 지방군에 다수 민족이 혼거할 때 그들 상호간의 법적·사회적 동등권이 유지될 수 있게끔 제도적 장치를 마련하여 지방정부로 하여금 시행하게 하고 그 이행 과정도 철저히 감독한다.[46]

지금까지 팔라츠키가 제시한 헌법안의 중요한 부분들을 살펴보았는데 거기에는 다음의 문제점들이 내포되었음을 확인할 수 있다. 그것들은 첫째, 빈 정부의 사법권 개혁에 긍정적이었던 팔라츠키가 그의 헌법안에서 사법권 개혁의 필요성을 거의 거론하지 않았다는 것.[47] 둘째, 지방군 의회 의원으로 선출될 수 있는 자격과 지방군 의회 선거에서 제국의 성인 남자 모두에게 선거권이 부여되는지를 명백히 거론하지 않았다는 것.[48] 셋째, 슬라브 정치가들이 제국의회 내에서 다수 세력으로 등장할 경우 파생되는 문제점, 즉 슬라브적 요소가 통치 과정에서 지나치게 부각될 경우 그것을 효율적으로 제어(kontrola)할 수 있는 대책 마련에 소홀했다는 것.[49] 넷째, 지방군 의

90

---

46 팔라츠키의 헌법안(제63, 64, 65, 69조).

47 팔라츠키는 헌법안에서 제국 전역에 동일한 법률을 적용한다는 것만 거론했다.

48 이 당시 팔라츠키는 일반 선거제도의 도입에 부정적인 시각을 가지고 있었다. 특히 그는 토지를 소유하지 않은 농민 또는 노동자들의 의회 진출에 매우 부정적이었는데 그것은 이들로 인해 의회가 과격화될 수도 있다는 판단에서 비롯된 것 같다. F. Palacký, *politisches Vermächtnis*(Prag, 1872), p.16.

49 팔라츠키는 자신의 헌법안에서 제국의회가 민족 간의 동등권을 보장할 수

회들이 팔라츠키의 취지대로 객관적 입장에서 민족문제를 해결할 수 있는지에 대해 의문이 제기된다는 것 등으로 요약할 수 있을 것이다.[50]

또한 팔라츠키안을 살펴보면서 그의 의도(úmysl)가 무엇인지도 정확히 파악할 수 있었다. 그것은 그가 3월혁명 이전의 통치 방식에서 배제되었던 슬라브적 요소를 앞으로의 통치 과정에서 효율적으로 부각시키겠다는 것이다. 여기서 그는 연방체제만이 슬라브적 요소에 대한 독일적 요소의 우위성을 제거할 수 있는 유일한 수단으로 간주했던 것이다. 비록 팔라츠키가 하브리체크-보로프스키나 리게르 등이 구상했던 독일 민족을 대신하여 슬라브 민족이 제국에서 주도권을 가지는 것에 동조하지 않았지만 그의 안이 실천될 경우 그러한 것은 자연스럽게 실현될 수 있다는 확신을 팔라츠키는 가지고 있었던 것이다.[51]

이날 팔라츠키는 자신의 계획안을 '30인 헌법준비위원회'에 제출하면서 빈 정부가 만일 연방체제의 도입을 거부한다면 슬라브 정치가들은 3월혁명 이후 그들이 표방했던 친오스트리아슬라브주의

있다는 견해를 밝혔는데 그것은 그가 오스트리아 제국의 현실적 상황을 제대로 파악하지 못했기 때문이다. 팔라츠키의 헌법안(제60조).

50 이 당시 체코와 폴란드 민족을 제외한 대다수의 슬라브 민족들은 그들 지방을 효율적으로 통치할 능력을 갖추지 못했는데 그것은 지방정부를 구성·운영하는 데 필요한 지식인 계층의 확보가 불가능했기 때문이다. F. Palacký, *politisches Vermächtnis.*, pp.17~18.

51 리게르는 하브리체크-보로프스키가 1855년 7월 29일 지병으로 사망한 후 팔라츠키의 정책적 대변자 및 조언자 역할을 담당했다. K. Kazbunda, *České hnuti roku 1848*(Praha, 1929), p. 117; Robert A. Kann, *das Nationalitäten-problem in der Habsburgermonarchie, Bd.*, I.(Graz, 1964), p. 164.

를 포기할 것이고 그것은 3월 중순 이후 오스트리아 제국 내에서 부
각되었던 위기적 상황이 다시금 도래할 수 있는 요인으로 작용할
수 있다는 것도 강조했다. 이러한 팔라츠키의 경고성 발언에 대한
당시 빈 정부의 구체적인 반응은 아직까지 정리되지 않고 있다.[52]

---

52 K. Kazbunda, *České hnuti roku 1848*, p.118; Robert A. Kann, *das Nation-
alitätenproblem in der Habsburgermonarchie*, pp.164~165; F. Palacký, *poli-
tisches Vermächtnis*, p.18.

3장

크렘지어 제국의회에서 제시된
제국의 존속 방안

\\\ 10월소요(Oktoberaufstand)

오스트리아 제국에서 3월혁명이 발생한 이후 헝가리에서는 오스트리아 제국의 지배로부터 벗어나야 한다는 주장이 코슈트를 비롯한 일련의 정치가들로부터 제기되었는데 이것은 제국 내 슬라브 정치가들의 관점인 친오스트리아슬라브주의와 대치된다 하겠다. 1848년 9월에 접어들면서 빈 정부의 암묵적 지지를 받던 헝가리 내 비헝가리계 민족, 즉 세르비아인들과 크로아티아인들은 그들의 민족적, 영토적 자치권을 요구하면서 헝가리 남부 지역에서 헝가리인들과 무력충돌을 벌이기 시작했다. 이에 따라 빈 정부는 람베르크(Lamberg) 백작을 헝가리 총괄위원(Kommissar)으로 임명하여 헝가리 내의 군사적 충돌을 중지시키려 했다.

그런데 이 당시 헝가리 민족주의자들은 빈 정부의 이러한 조처가 그들의 자치권을 위배하는 것으로 간주했다. 따라서 이들은 빈 정부의 조처를 수용할 수 없다는 입장을 밝혔다. 이후 코슈트가 주도하는 위원회가 부다(Buda) 정권을 인수했다. 헝가리 민족주의자들의 반대에도 불구하고 9월 28일 람베르크는 부다에 도착했지만 같은 날 그는 흥분한 대중들에 의해 암살되었다. 상황이 이렇게 전개됨에 따라 페르디난트 황제는 10월 3일 헝가리 의회를 해산한다는 칙령을 발표했을 뿐만 아니라 옐라취치를 자신의 헝가리 전권 위임자로 임명하는 강경책도 펼쳤다.[1]

---

1 R. Bauer, *Österreich*, p.275; F. Herre, *Kaiser Franz von Österreich* p.69; D. Langewiesche, *Europa zwischen Restauration und Revolution 1815~1849*, p.82; T. Nipperdey, *Deutsche Geschichte*(München, 1985), p.640

10월 초부터 모두 9,000명으로 구성된 빈 수비대(Wiener Garnison)가 헝가리군과 전투를 벌이고 있던 옐라취치를 지원하기 위해 헝가리로 이동한다는 소문이 확산됨에 따라 수비대 내에서는 반정부적 언행이나 헝가리인들의 대응에 공감한다는 입장이 간헐적으로 표명되기 시작했다. 그리고 3월혁명 이후 결성된 민병대(Nationalgarde)의 일부도 정부 계획에 반대한다는 입장을 공식적으로 밝혔다. 10월 6일 당시 전쟁장관 라투르(Latour) 백작은 빈 수비대를 헝가리 소요 진압에 투입하겠다는 성명을 발표했다. 그리고 그는 같은 날 황제충성연대(Kaisertreues Regiment), 즉 나사우(Nassau) 연대로 하여금 빈 수비대를 노르드 역(Nordbahnhof)으로 호송할 것을 명령했다. 그러나 이 역의 역사 및 철로는 이미 반정부주의자들에 의해 파괴된 상태였다. 따라서 라투르는 나사우 연대로 하여금 도나우 다리를 건너 다음 역까지 행군할 것을 명령했다. 그러나 이러한 이동 과정에서 소요가 발생했다. 즉 점차 늘어나는 반정부적 시민들이 행군 대열을 저지함에 따라 나사우 연대의 책임자는 행군 대열을 저지하는 사람들에게 발포할 것을 명령했다. 이러한 명령에 흥분한 빈 수비대 병사들의 일부는 소요 대열에 합류하여 정부 지지파 군대와 총격전을 벌였다.

거의 같은 시간 슈테판스돔의 주변에서도 황제를 추종하는 국민병들과 반황제적 국민병들 사이에 시가전이 벌어졌다. 이후 빈의 여러 곳에서도 유혈적 충돌이 야기되었다. 같은 날 68세의 라투르 백작이 반정부 세력에 의해 처형되었고 그의 시신은 가로등(Laterne)에 매달리는 극단적인 상황이 초래되었다. 이후 반정부 세력은 빈의 무기고(Zeughaus)를 습격하여 그들이 필요로 하는 무기들을 확보했다. 이렇게 반정부 세력이 빈을 장악함에 따라 황제를 비롯한 빈 정

부의 주요 관료들은 다시금 빈을 떠났다.[2]

페르디난트 황제는 10월 7일 다시 제국의 수도를 떠나 모라비아의 올로모우츠로 갔다. 그리고 일부 제국의회의 의원들도 제국 수도를 떠났지만 절대다수의 의원들은 빈에 머물렀다. 이 당시 제국의회의 좌파 의원들은 자신들이 제국의회에서 주도적 세력으로 등장해야 한다는 입장을 표명했다. 즉 이들은 프랑스 대혁명 시기 국민의회가 행한 역할을 자신들이 수행하려고 했던 것이다. 그러나 빈을 장악한 반정부 세력은 점차 자신들의 군사력만으로 빈 정부군에 대응할 수 없다는 판단을 하게 되었다.[3] 아울러 이들은 그들의 정치적 관점을 관철시키기 위해서는 군사력 보완이 절대적으로 필요하다는 판단을 하게 되었고 그것을 위해 제국 내 각 지방에 격문을 보내어 지원군을 확보하려고 했으나 충원된 병력은 단지 수백 명에 불과했다. 이 당시 오스트리아 정부는 빈의 반정부 세력을 와해시키기 위한 방안을 강구하기 시작했고 거기서 빈을 포위하여 이들 세력을 고사시키는 방법을 채택했다.[4]

---

2 R. Bauer, *Österreich*, p.276; F. Herre, *Kaiser Franz von Österreich* pp.69~70; D. Langewiesche, *Europa zwischen Restauration und Revolution 1815~1849*, p.83; T. Nipperdey, *Deutsche Geschichte*, p.641.

3 R. Bauer, *Österreich*, p. 276; F. Herre, *Kaiser Franz von Österreich* p.71; D. Langewiesche, *Europa zwischen Restauration und Revolution 1815~1849*, p.84; T. Nipperdey, *Deutsche Geschichte*, p.641.

4 R. Bauer, *Österreich*, p. 276; F. Herre, *Kaiser Franz von Österreich* p.71; D. Langewiesche, *Europa zwischen Restauration und Revolution 1815~1849*, p.84; T. Nipperdey, *Deutsche Geschichte*, p.642.

빈의 소요가 10월 31일 빈디쉬그래츠와 옐라취치에 의해 진압됨에 따라 빈 정부는 오스트리아 제국을 3월 혁명 이전의 체제로 환원시킬 수 있다는 자신감도 가지게 되었다.[5] 실제적으로 빈의 소요가 진압된 후 반혁명 세력은 오스트리아 제국 내에서 주도권을 다시 장악하게 되었고[6] 그것에 따라 제국의회 역시 슈바르첸베르크(Felix

---

5   이 당시 빈의 소요를 주도한 세력은 헝가리군으로부터의 지원도 기대했다. 그러나 헝가리군은 슈베하르(Schwechat) 근처에서 옐라취치와 그의 크로아티아 지원병에 의해 섬멸되었다. 10월 28일부터 시작된 빈 탈환 작전은 10월 31일에 종료되었다. 이 작전에서 1,198명에 달하는 정부군이 희생되었지만 혁명군의 피해는 이보다 훨씬 컸다. 실제적으로 적게는 4,000명, 많게는 6,000명에 달하는 혁명군이 목숨을 잃거나 부상을 당했다. 빈의 소요를 진압한 빈디쉬그래츠와 옐라취치는 오스트리아 제국뿐만 아니라 독일권에서도 극단적인 보수주의자로 평가되고 있었다. F. Engehausen, *Die Revolution von 1848/49*, pp.154~155; M. Mauritz, *Tschechien*, p.27; R. Bauer, *Österreich*, p.275; E.J. Görlich, *Grundzüge der Geschichte der Habsburgermonatchie und Österreichs*, p.211.

6   R. Endres, *Revolution in Österreich von 1848*(Wien, 1947), p.163.
     프랑크푸르트 국민의회의 의원으로서 빈 소요에 참여했던 프뢰벨(J. Fröbel)과 브룸(R. Blum)은 이미 8월 말부터 빈에서의 상황이 독일 및 유럽에서 진행되던 혁명의 성공 여부를 좌우할 것이라는 예견도 했다. 특히 브룸은 그의 부인에게 보낸 서신에서 빈에서의 소요가 지니는 의미를 나름대로 분석하기도 했다. 그에 따를 경우 빈에서 혁명 세력이 승리를 거둘 경우 혁명은 새로운 전환기를 맞이하게 될 것이라는 것이다. 그러나 혁명 세력이 패할 경우 독일에서는 오랫동안 '공동묘지적 적막감(Friedhofsruf)에서 벗어나지 못할 것이라는 것이 그의 분석이었다. 아울러 독일권에서 좌파 정치가로 간주되었던 프라이그라트(F. Freigrath) 역시 빈의 상황에 깊은 관심을 표명했는데 그것의 다음의 인용문에서 확인할 수 있다. "만일 우리가 무릎을 꿇을 수 있다면 우리는 즉시 무릎을 꿇을 것이다. 그리고 우리가 아직까지 기도를 할 수 있다면 우리는 빈을 위해 기도할 것이다." M. Mauritz,

Fürst zu Schwarzenberg)에 의해 11월 22일 모라비아의 소도시인 크렘지어(Kremsier ; Kroměřížz)로 옮겨지게 되었다.[7]

의회의 기능과 효용성을 인정하지 않은 슈바르첸베르크는 당시 자유주의의 상징으로 간주되던 제국의회를 가능한 한 빨리 해산시키려고 했다. 그리고 그는 자신의 이러한 입장을 제국의회의 재개원 석상에서 명백히 밝혔다.[8]

이 당시 슈바르첸베르크는 오스트리아 제국이 독일권에서 주도권을 다시 장악해야 하고 그러한 것 역시 가능하다는 확신을 가지고 있었다. 따라서 그는 오스트리아 제국의 입지를 약화시킬 수 있는 대독일주의나 소독일주의의 원칙에 따른 독일 통합과 슬라브 정치가들의 요구였던 연방체제의 도입에 부정적 시각을 가졌던 것이다.[9]

Tschechien, p.26.

7   크렘지어는 올로모우츠 근처의 소도시였다. R. Bauer *Österreich*, p.275; E.J. Görlich, *Grundzüge der Geschichte der Habsburgermonatchie und Österreichs*, p.213; R. Kiszling, *Fürst Felix zu Schwarzenberg*(Graz Köln, 1952), p.33; M. Mauritz, *Tschechien*, p.27.

   1848년 6월 12일 프라하에서 발생한 오순절 소요를 진압한 빈디쉬그레츠의 처형(妻兄)인 슈바르첸베르크가 1848년 11월 21일 제국의 수상으로 임명되었다.

8   이 자리에서 슈바르첸베르크는 오스트리아 제국을 존속시켜야 하는 의미에 대해 거론했다. 그에 따를 경우 독일뿐만 아니라 유럽적인 필요(ein deutsches wie ein europäisches Bedürfnis)에서 오스트리아 제국을 앞으로도 존속시켜야 한다는 것이었다. 그리고 이러한 것은 크렘지어의 선언(Kremsier Erklärung)에서 다시금 거론되었다. J. Kolejka, "Návrhy na reorganizaci rakouske říše na říšském sněmu v kroměřízi. Listopad 1848−březen 1849", in: *Sborník prací filozofické fakulty brněnské univerzity* 30/C 28(1981), p.95; G.J. Morava, *F. Palacký*, p.162.

9   F. Prinz, *Die Sudetendeutschen im Frankfurter Parlament*(München,1963), p.76; T. Nipperdey, *Deutsche Geschichte*, p.645.

10월소요가 진압된 이후 제국 내에서 반혁명 세력이 크게 부각
되던 상황하에서 슈바르첸베르크의 의도가 알려짐에 따라 제국의회
의 의원들은 그들 나름대로 자구책을 강구하게 되었고 거기서 독일
계 의원들과 비독일계 의원들은 의견적 차이를 보였다. 우선 비독일
계 의원들, 특히 슬라브계 의원들은 자신들의 정치적 목표, 즉 연방
체제의 도입을 통해 제 민족의 정치적·사회적 평등 구현을 향후 어
떻게 실현시켜야 하는가를 심사숙고하게 되었고 거기서 이들은 현
실 정치(realpolitika)의 필요성도 인지하게 되었다. 따라서 이들은 기
존의 질서 체제가 인정할 수 있는 헌법 제정에 주력하게 되었다.[10]

이에 반해 슈셀카(Schuselka)를 비롯한 독일계 의원들은 슈바르첸
베르크의 의도에 이율배반적인 입장을 보였다.[11] 즉 이들은 권력 분
립을 지향한 시민 계층이었기 때문에 3월혁명 이전의 체제로 무조건
복귀하려는 정부 의도에 반대했지만 빈 정부가 그동안 독일 민족이
누렸던 법적·사회적 지위 등을 위협할 연방체제의 도입에 제동을
건 것에는 전폭적인 지지를 보였던 것이다. 따라서 이들은 독일 민
족이 오스트리아 제국 내에서 우위권을 계속 유지해야 할 뿐만 아니
라 비독일계 민족들 역시 독일의 문화적 및 정치적 지도권을 인정해
야 한다는 입장을 표명했다. 아울러 이들은 프랑크푸르트 국민의회
의 독일 통합 방안을 처음부터 반대했기 때문에 오스트리아 제국이
독일권에서 주도권을 다시 차지해야 한다는 슈바르첸베르크 주장에

---

10 F. Prinz, *Die Sudetendeutschen im Frankfurter Parlament*, p.77 ; E. Kaudelka,
    Die tschechische Frage und die Habsburg Monachie von der Oktoberrevolu-
    tion bis zum Staatsstreich von Kremsier(Wien, 1941), p.27 ; T. Nipperdey,
    Deutsche Geschichte, p. 644 ; M. Mauritz, *Tschechien*, p.28.

11 F. Fellner, *Franz Schuselka. Ein Lebensbild*(Wien, 1948), p.112.

전폭적인 지지를 보였다. 이후부터 독일계 의원들은 크렘지어에서 권력 분립을 법적으로 인정한 중앙체제의 근간만을 지향하게 되었고 그들의 정치 활동 역시 그것에 국한되는 양상을 보이기 시작했다.[12] 그러나 이들은 점차 슬라브 정치가들과 협력도 모색했는데 그러한 것은 반혁명 세력이 기존의 질서 체제로 회귀하려는 의지를 강력히 밝히고 그것을 가능한 한 빨리 실현시키려 한 데서 비롯된 것 같다.

\\\ 팔라츠키의 제국 분할안

오스트리아 제국에서 반혁명 정책이 실효를 거둠에 따라 위기감을 느끼기 시작한 제국 내 슬라브 정치가들은 독일 정치가들과는 달리 자신들이 지금까지 펼친 정책의 당위성을 부각시켜야 하는 긴박한 과제도 동시에 부여받았다. 이에 따라 이들은 팔라츠키, 리게르, 그리고 트로얀(A. Trojan) 의원으로 구성된 대표단을 법무장관 바흐(A. Bach)에게 보내어 제국 내에서 확산되던 복고주의적 성향에 깊은 우려를 표시했다. 여기서 슬라브 대표단은 빈 정부가 계속하여 그러한 경향을 방치한다면 제국 내 슬라브 민족들은 자신들의 민족성 보존과 사회적 지위 향상을 위해 제국을 이탈할 수도 있다는 견해를 강력히 피력했다. 또한 이들은 3월혁명 이후 자신들이 견지한 친오스트리아슬라브주의의 공과를 부각시켰다. 그것은 이 주

---

12 F. Prinz, *Die Sudetendeutschen im Frankfurter Parlament*, p.76. 공화정 체제를 지향하던 좌파 세력은 10월소요가 진압된 이후 의회 내에서 바로 제거되었고 이들 모두는 오스트리아 제국을 떠나야만 했다. G.J. Morava, "Karel Havíiček im Zeugnis der Süd- und Nordtiroler Archivquellen 1851~1855", in: *Bohemia 21*(1980), p.162.

의의 도움을 받은 빈 정부가 슬라브 정치가들에게 어떠한 반대급부(protivýkon)도 제시하지 않고 혁명 이전의 절대왕정 체제로 복귀하려는 것에 대한 불만 표시로 볼 수 있을 것이다.[13]

이러한 슬라브 정치가들의 경고성 발언에 바흐를 비롯한 빈 정부의 각료들은 혁명 초처럼 우려를 표시하지 않았는데 그러한 것은 제국의 슬라브 정치가들이 제국을 이탈하여 러시아가 주도하던 범슬라브주의 운동에 참여하지 않으리라는 판단에서 비롯된 것 같다. 실제적으로 슬라브 정치가들은 러시아가 범슬라브주의의 기치 아래 슬라브 민족들을 그들의 지배하에 놓으려는 의도를 잘 알고 있었고 그들 민족이 러시아의 지배 체제하에 놓이는 것보다는 절대왕정 체제하의 오스트리아 제국에서 머무르는 것이 여러 측면에서 유리하다는 것을 인정하고 있었다.[14]

---

13 빈 제국의회와는 달리 슬라브 정치가들은 소수세력(12명)으로 '30인 헌법준비위원회'에 참여했다. J.Kolejka, "Návrhy na reorganizaci rakouske říše na říšském sněmu v kroměřízi. Listopad 1848–březen 1849", p.95; G.J.Morava, "Karel Havíiček im Zeugnis der Süd–und Nordtiroler Archivquellen 1851~1855", p.166; K. Stloukal, *Die tschechoslovakische Staats idee bei F. Palacký*(Prag,1974), p.85.

14 K. Stloukal, *Die tschechoslovakische Staats idee bei F. Palacký*, p. 85. 빈 신 정부는 1848년 11월 21일에 구성되었다. 그런데 내무장관으로 임명된 슈타디온 백작(Graf Franz Seraph Stadion)을 제외한 내각 구성원들, 예를 들면 법무장관으로 임명된 바흐나 교역장관으로 지명된 브루크 남작(Freiherr Karl Friedrich v. Bruck)은 의회의 기능과 권한에 매우 부정적인 시각을 가지고 있었다. E. Kaudelka, *Die tschechische Frage und die Habsburger Monachie von der Oktoberrevolution bis zum Staatsstreich von Kremsier*, pp.32~33; T. Nipperdey, *Deutsche Geschichte*, pp.646~648; F. Prinz, *Die Sudetendeutschen im Frankfurter Parlament*, pp.76~77;R. Melville, "Der böhmische Adel und der Konstitutionalismus. Franz Stations Konzept einer

이후 슬라브 정치가들, 특히 제국의회의 의원들은 향후 자신들이 취해야 할 방안을 강구하게 되었고 거기서 빈 정부가 수용할 수 있는 헌법안 제시의 필요성도 인지하게 되었다. 빈 제국의회와 마찬가지로 크렘지어 제국의회에서도 '30인 헌법준비위원회'가 결성되었고, '3인 소위원회'와 '5인 소위원회'가 하부 조직으로 운영되었다. 그런데 '3인 소위원회'는 기본법 논의를 위해 구성되었고, '5인 위원회'는 헌법 제정에 필요한 절차 마련을 위해 결성된 조직이라 하겠다. 특히 '5인 위원회'에 참석한 의원들 모두는 헌법 초안을 제출할 의무를 부여받았지만 이들 중에서 팔라츠키와 이탈리아 트리에스트(Triest) 출신의 고비(Gobbi)만이 그들의 헌법 초안을 제출했다.[15]

1849년 1월 24일 '30인 헌법준비위원회'에 제출된 팔라츠키의 헌법 초안은 기존의 역사적-지방군(Historische Länder)을 제국의 구성 요소로 채택하는 것을 포기하고[16] 민족 단위체 원칙(Prinzip der

---

postfeudalen Neuordnung Österreich", in: F. Seibt ed., *Die Chance der Verständigung. Absichten und Ansätzen zu übernationaler Zusammenarbeit in den böhmischen Ländern 1848~1918*(München, 1987), pp.135~138.

15 이 당시 5인위원회와 30인 헌법준비위원회는 고비가 제출한 헌법안에 매우 부정적이었다. 특히 그에 의해 제시된 제국 분할안은 혁명적 방법을 동원할 정도로 과격적이었다. F. Palacý, *Politisches Vermächtnis*(Prag, 1872), p.14; J. Frh. v. Helfert, "Der Verfassungsausschuß des konstituierenden Reichtages zu Wien und Kremsier 1848/49", in: *Österreichische Geschichtslügen*(Paderborn, 1897), p.71; A. Springer, *Protokolle des Verfassungsausschusses im österreichischen Reichstag 1848~1849*(Leipzig, 1885), pp.25~26.

16 팔라츠키는 빈 제국의회에 제출한 헌법 초안에서 연방체제의 통치 단위가 될 지방군에 대해 언급했는데 거기서는 역사적이고, 전통적인 원칙이 강조되었다. 또한 그는 크렘지어 제국의회에 제출한 초안과는 달리 제국의회에 대표자를 파견하지 않은 헝가리와 북부 이탈리아 지역을 지방군 분할 과정

Nationalitäten)에 따른 지방군 편성을 대안으로 제시했는데 그것을 살펴보면 다음과 같다.[17)]

1) 독일 민족 단위체 : 슈타이어마르크, 크라인, 티롤, 보헤미아, 모라비아, 슐레지엔의 독일 민족 거주 지역이 이에 포함된다.

2) 체코 민족 단위체 : 보헤미아, 모라비아, 슐레지엔의 체코 민족 거주 지역과 슬로바키아 민족이 사는 헝가리 지역이 이 민족 단위체에 속한다.

3) 폴란드 민족 단위체 : 갈리치아, 부코비나(Bukowina, 루마니아 북부 지방), 카르파초우크라이나(Karpatoukraine) 지역이 이 민족 단위체에 포함된다.[18)]

4) 일리리아 민족 단위체 : 슬라보니아(Slawonien) 지방과 아드리아 해안 지역이 이에 포함된다.

5) 이탈리아 민족 단위체 : 롬바르디아(Lombardo), 베네치아(Venezia), 티롤의 이탈리아 민족 거주 지역이 이 민족 단위체에 속한다.

6) 남슬라브 민족 단위체 : 크로아티아(Kroatien), 달마티아(Dal-

에서 배제시켰다. 그리고 각 지방(또는 지방군)은 독일적 요소가 강한 중앙 정부로부터의 지나친 감독과 지시를 배제하고 자신들에게 부여된 통치권을 그들의 통제하에 두며 그것의 시행 과정에서 발생하는 문제점에 대해서도 스스로 책임져야 한다는 것이 팔라츠키의 관점이었다. F. Palacký, *Spisy drobné*, Bd., I., pp.58~59.

17 F. Palacký, *Spisy drobné*, Bd., I., p.79. 구오스트리아주의자로 간주되던 뢰너도 크렘지어 제국의회에서 팔라츠키의 제국 분할안과 거의 같은 안을 제시했는데 그것은 10월소요 진압 이후의 정치적 상황이 그로 하여금 체코 정치가들과의 대립을 포기하고 협력하는 자세를 가지도록 했기 때문이다.

18 카르파토우크라이나는 카르파티아(Karpaten, 중부 유럽에 위치한 산맥) 산맥과 근접해 있는 지역이다.

matien, 아드리아의 동부 해안 지방), 보이보디나(Wojwodina)가 여기에 속한다.

7) 헝가리 민족 단위체 : 헝가리(Ungarn)와 지벤뷔르겐(Siebenbürgen : 루마니아 중부의 역사적 지방 이름)의 헝가리 민족 거주 지역이 여기에 속한다.

8) 루마니아 민족 단위체 : 헝가리, 지벤뷔르겐, 부코비나의 루마니아 민족 거주 지역이 이에 속한다.

팔라츠키의 제국 분할안을 살펴보면 이전에 그가 빈 제국의회에 제출한 초안과는 달리 헝가리와 북부 이탈리아 지역이 분할 과정에 포함되었음을 확인할 수 있다. 팔라츠키는 자신의 지방군 편성에서 보헤미아 지방의 일부를 독일 민족 단위체에 편입시켰고 거기서의 영토적 상실을 만회하기 위해 헝가리 민족을 제국의 재분할 과정에 포함시켰다. 즉 그는 헝가리 민족의 지배하에 있던 슬로바키아 민족을 체코 민족 단위체에 편입시켰던 것이다.[19]

팔라츠키의 제국 분할안은 이외에도 몇 가지 문제점들을 내포했음을 확인할 수 있는데 그것들을 살펴보면 다음과 같다.

첫째, 팔라츠키는 각 민족 단위체에 거주하던 소수민족에 대한 정책적인 배려를 전혀 하지 않았다.

둘째, 팔라츠키는 폴란드, 루마니아, 세르비아의 완전한 민족 통합을 인정하지 않았을 뿐만 아니라 제국의 분할 과정에서 외톨이로

---

19 이 점에 대해 브레스텔(Brestel)은 반대 의견을 제시했는데 그것은 제국의회에 참석한 지방들에 대해서만 논의해야 한다는 관점에서 비롯된 것 같다. J. Křen, *Geschichte der Habsburgermonarchie 1526~1918*, p.135 ; A. Springer, *Protokolle des Verfassungsausschusses im österreichischen Reichstag 1848~1849*, p.26.

남게 된 루테니아 민족도 임의적으로 처리했다. 즉 그는 루테니아 민족을 폴란드 민족의 지배하에 놓이게 했던 것이다.

셋째, 보헤미아 지방과 같이 한 지역에 둘 이상의 민족들이 혼거할 때 어떠한 방법으로 이들을 분류할 것인가에 대해 구체적으로 언급하지 않았다.[20]

이 당시 팔라츠키는 크렘지어 제국의회에서 가장 인지도가 높은 체코 의원이었음에도 불구하고 그의 제국 분할안에 대해 슬라브 의원들, 특히 체코 의원들은 그리 큰 관심을 보이지 않았다. 그 이유는 아마도 팔라츠키가 체코 정치가들의 정치적 보루였던 '보헤미아 국법'을 등한시한 데서 비롯된 것 같다.[21] 팔라츠키는 그의 제국 분할안이 공포된 이후 조성된 자신에 대한 비우호적인 분위기에도 불구하고 자신이 지향한 연방체제를 다시금 언급하면서 이 체제에 대한 기존의 인식 및 거기서 비롯될 수 있는 문제점을 거론하는 적극성도 보였다. 우선 팔라츠키는 연방체제의 적용이 독립국가들 사이에서나 가능하다는 기존의 인식과 거기서 비롯된 연방체제의 도입 불가능성을 제국 내 대다수의 정치가들, 특히 독일 정치가들이 계속 견지하고 있음을 언급했다. 이어 그는 비록 오스트리아 제국 내 지방들이 독립국가의 형태를 취하고 있지는 않지만 도나우 제국에 연방

105

---

20 팔라츠키는 이 당시 1차 세계대전 이후 승전국들이 종종 사용하던 '민족의 강제 이주(Zwangsumsiedlung der besiegten Nationalitäten)'라는 방법을 전혀 고려하지 못한 것 같다. 그러한 것은 그가 보헤미아 지방의 분할 과정에서 심각한 문제점이 발생될 수 있다는 것을 시인하면서도 그것에 대한 어떠한 해결책을 제시하지 못한 데서 확인할 수 있다. J. Heidler, *Antonin Springer, a česke politika v letech 1848~1850*(Praha, 1914), p.92.

21 O. Odlozilik, "A Czech Plan for a Danubian Federation 1848". in: *Journal of Central European Affairs* 3/1941, p.271.

체제를 도입해야 하는 당위성을 다시금 부각시켰는데 그것은 이 제국을 구성하는 지방들에 다양한 민족들이 거주하고 있다는 사실과 그러한 것이 각 지방을 독립국가적인 형태로 변형시켰다는 데서 비롯된 것 같다. 이러한 구조적 특성에도 불구하고 적지 않은 의원들이 오스트리아 제국에 연방체제를 도입할 경우 이 제국의 붕괴가 필연적이라는 확신을 가졌기 때문에 단순히 그것의 저지에 앞장서고 있다는 것이 팔라츠키의 분석이었던 것이다. 팔라츠키는 독일 정치가들의 그러한 우려가 단지 기우에 불과하다는 것을 입증하기 위해 구체적인 사례도 아울러 제시했다. 즉 그는 롬바르디아와 베네치아 지방에서 이탈리아 인들이 자신들의 민족적 지위 향상을 위해 오스트리아 제국으로부터 벗어나려고 했지만 슬라브 민족들이 거주하는 대다수의 지방에서는 오스트리아 제국과의 관계를 그대로 유지하면서 민족적 지위 향상만을 모색한 것을 지적했던 것이다.

　여기서 팔라츠키는 역사 발전이라는 측면에서 하나의 원칙을 제시했는데 그것은 몇 년 전부터 오스트리아의 역사에서 부각되던 '민족 간의 동등성(die Gleichheit der Nationalitäten)'이라는 것이다. 그러나 그는 유감스럽게도 이러한 원칙이 이론적 단계 및 실천적 단계부터 부정되어왔음을 지적했다. 그 일례로 팔라츠키는 제국의 슬라브인들과 발라키아(Walache, 루마니아 남부 지방에 사는 민족)인들이 민족적 지위 향상을 모색했지만 그러한 것이 아직까지 이행되지 못했음을 지적했다. 팔라츠키는 제국 내 민족들이 오스트리아 제국에서 산다는 것에 기쁨과 희망을 가질 수 있게끔 오스트리아 제국을 재구성해야 한다는 역사적 소명도 부각시켰다. 또한 그는 역사 및 민족체를 우선시하는 과정에서 적합한 경계를 발견할 경우 자신의 헌법 초안은 그러한 취지를 충분히 반영할 수 있음을 거론했다. 그러나 팔라츠키는 소지방을 갑자기 대지방으로 변형시킬 수 없음을 지적하면서 보헤미아 지방 분리를 그 대표적 일례로 제시했다. 그리고 그는 지방군 편성에서 독자적 또는 같이 행동해야 하는 민족체의 입장도 고려해야 한다는 점도 부각시켰다. 따라서 그는 원칙적으로 보헤미아 지방을 독일 보헤미아 지방과 체코 보헤미아 지방으로 분리하는 것에 찬성하지 않는다고 했다. 그에 따를 경우 보헤미아 지방은 하나의 가마솥과 같은 지방이기 때문에 이러한 가마솥을 이론상 나눌 수는 있지만 그것은 이 솥을 부순 후에나 가능하다는 것이었다.[22]

팔라츠키는 자신의 헌법 초안을 통해 빈 정부에게 새로운 과제를 부여했는데 그것은 이 정부가 제국 내에서 민족적 장래를 추구하던 소민족들에게 희망과 미래를 부여하는 정책을 펼쳐야 한다는 것이었다. 즉 빈 정부는 이미 오래전에 의미가 퇴색된 오스만튀르크의 위협으로부터 중부 유럽을 보호하는 의무나 그들이 지속적으로 추진하던 제국의 독일화 정책을 대신하여 제국에서 가장 중요한 현안으로 부각된 민족문제 해결에 적극적으로 나서야 한다는 것이다. 여기서 그는 어느 민족도 제국 내에서 다른 민족들보다 특권을 가질 수 없고 그러한 것을 자신들의 이익을 위해 행사할 수도 없다는 관점을 피력했다. 그러나 팔라츠키의 이러한 민족적 동등성은 제국의 정부가 슬라브적 우위권을 인정해야 한다는 입장도 내포한 것으로 보아야 할 것이다.[23] 아울러 팔라츠키는 중부 유럽의 상황을 객관적

22 O. Odložilík, "A Czech Plan for a Danubian Federation 1848", p.261 ; R. Wierer, "František Palackýs staatspolitisches Programm", in : *Zeitschrift für Ostforschung* 6(1957), p.254.

23 T.G. Masaryk, *Palackýs Idee des böhmischen Volkes*(Prag, 1898), p.41.

으로 살펴볼 때 제국의 소수민족들이 민족주의를 부각시키면서 독립을 모색하는 것 자체가 최선의 방법이 아니라는 것을 언급하면서 이들은 주어진 체제의 협조 및 지원 아래 자신들의 민족성을 유지하거나 지위권 향상을 도모하는 것이 오히려 바람직하다 하여 3월혁명 이후부터 강조한 친오스트리아슬라브주의의 기본적 입장을 다시금 천명했다.[24] 이러한 입장 표명으로 오스트리아 제국에 연방체제를 도입하기 위해서는 빈 정부의 묵시적 승인이 필요하다는 것을 팔라츠키가 인지했음을 알 수 있다.

이 당시 연방체제의 도입에 긍정적이었던 제국의회의 의원들마저 팔라츠키의 제국 분할안에 부정적 입장을 표명하는 데 주저하지 않았다. 우선 연방주의자들의 입장을 대변하던 핀카스(Pinkas)는 팔라츠키가 제시한 민족 단위체 원칙에 따른 지방군 편성에 반대 입장을 표명했는데 그것은 그가 역사적 지방군을 토대로 오스트리아 제국을 변형시켜야 한다는 입장을 견지했기 때문이다. 아울러 그는 제국의회에 참석한 민족들과 직접적으로 연계된 안건들만을 취급해야 한다는 주장을 펼쳐 팔라츠키의 지방군 분할을 우회적으로 비판했다. 헬페르트(Helfert) 역시 팔라츠키의 제국 분할안에 동의하지 않았다. 그는 팔라츠키 안이 시행될 경우 제국은 매우 소규모 단위로 분류되어야 할 뿐만 아니라 민족적 단일화를 위해 제국 내 대다수 민족들도 자신들이 살던 지역을 포기해야 할 상황에 놓이게 될 것이라는 위험성도 지적했다. 그리고 중앙체제를 옹호했던 바카노(Vacano)와 브레스텔(Brestel)도 팔라츠키의 제국 분할안은 실현 불가능한 구상에 불과하다는 혹평을 했다. 이들은 팔라츠키의 제국 분

---

24 F. Palacký, *Spisy drobné*, Bd., I., p.96.

할안을 대신하여 중앙주의적인 행정구획을 기초로 지방군과 오스트리아 제국의 재구성 문제를 해결해야 한다는 입장을 밝혔다.[25] 이렇게 팔라츠키의 제국 분할안에 대한 부정적 입장이 크게 대두되었음에도 불구하고 슬로베니아 출신의 카우치치(Kaucic)를 비롯한 일부 의원들은 팔라츠키의 제국 분할안에 동조하는 자세를 보였다.

\\\ 마이어의 제국 분할안

크렘지어 제국의회가 활동을 개시한 이후부터 대다수 독일계 의원들과 마찬가지로 마이어(Mayer) 역시 기존 질서 체제의 근간을 오스트리아 제국에서 계속 유지시켜야 한다는 입장을 밝혔다. 따라서 그는 오스트리아 제국을 현상 유지시켜야 하는 당위성 피력에 주력했다. 그러나 이 인물 역시 3월혁명 이후 부각된 민족문제를 해결하기 위해서는 연방체제의 도입이 반드시 필요하다는 것을 인지하고 있었다. 따라서 그는 제국 내 제 민족의 이익을 다소나마 반영시킬 수 있는 연방주의적 중앙주의 체제를 대안으로 제시했던 것이다. 여기서 그는 제국 내에서 제기되던 민족문제들이 민족적 압박보다 정치적 압박에서 비롯되는 경우가 많다는 점을 피력했을 뿐만 아니라 민주주의적 발전을 통해 그러한 것들을 해소할 수 있다는 입장도 표명했다.[26] 또한 그는 민족주의 원칙에 따른 제국 분할이 불가능하다

---

25 '30인 헌법준비위원회'에서 팔라츠키의 헌법 초안을 지지한 의원은 9명에 불과했다. J. Redlich, *Das österreichische Staats–und Reichsproblem*, Bd., I.(Leipzig, 1920), p.232; F. Prinz, *Deutsche Geschichte im osten Europas*, p. 327.

26 팔라츠키와 고비의 헌법 초안이 '30인 헌법위원회'에서 과반수 이상의 지지를 받지 못하게 됨에 따라 제3의 헌법 초안으로 마이어의 헌법 초안이 제출

는 관점도 피력했는데 그것에 대한 의원들의 반응 역시 매우 호의적
이었다. 마이어는 체코 왕국을 비롯한 일련의 왕국들이 중세적 산물
이라고 했다. 여기서 그는 비록 중세 왕국들이 인위적으로 형성되었
다는 약점을 가졌지만 거기서 자족적인 사회 조직체가 구축되었다는
점을 간과해서는 안될 것이라고 했다. 또 그러한 사회 조직체에서 민
족 간의 불화 현상이 야기된다고 해서 그것을 일순간에 파괴할 수 없
다는 것이 그의 견해였다.[27] 이 당시 마이어는 빈 정부 역시 민족주
의적 원칙에 따른 제국 분할에 동의하지 않고 있다는 사실을 잘 알
고 있었다. 따라서 그는 각 지방군에서 제기되던 민족문제를 각 지방
군에 최소 행정단위인 읍 또는 면(Gemeinde) 설치를 통해 해결하려
고 했다. 그리고 그는 자신이 구상한 읍 또는 면에 가능한 한 같은 민
족을 거주시켜야 한다는 입장을 밝히기도 했다. 아울러 그는 이러한
행정 단위체에 보다 많은 자치권을 부여할 경우 슬라브 정치가들뿐
만 아니라 독일 정치가들의 협조도 얻어낼 수 있다는 판단을 했던 것
이다. 이 당시 마이어가 구상한 자치권은 각 읍 또는 면이 그들의 대
표나 대리인을 외부 간섭 없이 독자적으로 선출하는 것과 이러한 행
정 단위체가 새로운 이주민들 수용에 대한 결정권을 가지는 것이었
다. 또한 마이어는 각 읍이나 면이 지역민들과 직접적으로 연계된 문
제점들을 독자적으로 처리하거나 또는 지역 경찰서를 자발적으로 운
영하는 것을 자치권으로 간주했다. 그리고 그는 이러한 행정 단위체
를 감시하는 지역의회가 지역민들에게 예산안을 공개하고 회의 운영

110

되었던 것이다.

27 팔라츠키 역시 후에 자신의 안이 그러한 점을 고려하지 않았음을 시인했
다. J. Malý, *Naše znovuzrozeni*, Bd., I.(Praha,1879), p 102.

역시 공개적으로 할 수 있는 것을 자치권에 포함시키려 했다. 이렇게 할 경우 중앙집권화 정책의 강화로 제 민족의 자치권이 박탈될 수 있다는 슬라브 정치가들의 우려와 연방체제의 도입으로 제국 내 독일 민족의 위상이 격하될 수 있다는 독일 정치가들의 우려가 동시에 불식될 수 있다는 것이 마이어의 분석이었다.[28]

마이어는 자신의 헌법 초안에서 역사적−전통적 지방군을 제국의 구성 요소로 채택해야 하다는 입장을 표명했는데 이것은 앞서 팔라츠키가 제시한 민족 단위체의 원칙에 따른 지방군 편성과는 정면으로 대치되는 것이었다. 마이어는 자신이 제시한 헌법 초안에서 지방군들 사이의 동등권 보장을 언급했을 뿐만 아니라 각 지방군 역시 헌법에서 명시한 자치권을 행사할 수 있다고 했다.

마이어가 그의 헌법 초안에서 제시한 지방군 구성은 다음과 같다.[29]

1) 보헤미아 왕국(Das Königreich Böhmen)

2) 부코비나를 포함한 갈리치아 왕국(Das Königreich Galizien mit der Bukowina)[30]

3) 엔스 강 남단의 오스트리아 대공국(Das Erzherzogtum Österreich unter Enns)

4) 도시의 행정구역을 포함하지 않은 엔스 강 북단의 오스트리아 대공국(Das Erzherzogtum Österreich ob der Enns ohne dem Innviertel)

---

28 M. Alexander, *Kleine Geschichte der böhmischen Länder*, p.326.

29 R. Redlich, *Das österreichische Staats− und Reichsproblem*, pp. 239~240.

30 갈리치아 지방은 우크라이나 북서부에서 폴란드 남동부까지 걸쳐 있다.

5) 도시의 행정구역이 포함된 잘츠부르크 공국(Das Herzogtum Salzburg samt dem Innviertel)

6) 슈타이어마르크 공국(Das Herzogtum Steiermark)

7) 케르텐 공국(Das Herzogtum Kärnten)

8) 크라인 공국(Das Herzogtum Krain)

9) 슐레지엔 공국(Das Herzogtum Schlesien)

10) 모라비아 변경백(Das Markgraftum Mähren)

11) 포랄베르크를 포함한 티롤 백작령(Die gefürstete Grafschaft Tirol samt Vorarlberg)

12) 큐스텐란트(Das Küstenland)

13) 달마티아 왕국(Das Königreich Dalmatien)

기존 질서 체제의 근간을 유지한 마이어의 제국 분할안은 헝가리와 이탈리아 지방을 배제시켰다. 그리고 그는 이렇게 배제된 지방들을 향후 어떻게 처리할 것인가에 대한 언급도 회피했는데 그것은 빈 정부를 자극하지 않기 위해서였다. 그런데 마이어가 제시한 제국 분할안은 팔라츠키의 안과 마찬가지로 몇 가지 중차대한 문제점들을 내포했는데 그것들을 살펴보면 다음과 같다.

첫째, 마이어는 각 지방군에 거주하던 민족들의 불평등한 상황을 시정하기 위해 제시한 읍 또는 면구성에 대한 구체적 언급은 회피했다.

둘째, 제국 내에서 독일 민족이 향유했던 법적·사회적 위상을 계속 유지시켜야 한다는 관점을 우회적으로 피력했다.

팔라츠키와 마이어는 그들의 헌법 초안에서 황제의 권한, 중앙정
부와 지방군 정부의 권한, 제국의회와 지방군 의회의 구성 및 운영
방법, 그리고 권한 등을 거론했다. 여기서 팔라츠키와 마이어는 원
칙적으로 권력 분립을 지향했는데 그것은 이들이 기존의 절대왕정
체제보다는 입헌세습군주정 체제(Konstitutionelle Erbmonarchie)를
선호했기 때문이다.

팔라츠키와 마이어는 그들의 헌법 초안에서 황제 권한을 비중 있
게 다루었는데 거기서 확인되는 것은 이들이 황제의 기존 권한들을
대체로 인정했다는 것이다. 즉 황제는 자신이 시행한 정책 또는 거
기서 파생된 문제점들에 대해 책임을 지지 않는다는 것과 제국의회
를 개회하거나 폐회할 수 있는 권한을 계속 행사할 수 있다는 것이
다. 그러나 이들은 황제가 전쟁 선포, 평화 체결, 그리고 동맹 및 통
상협정 체결권을 행사하는 과정에서 국가에게 부담을 주거나 또는
신민에게 책임이 전가될 경우 제국의회로부터 사전 동의를 반드시
얻어야 한다는 것을 헌법 초안에 명시하여 제국의회의 권한을 다소
나마 증대시키려고 했다. 또한 이들은 황제가 임명한 장관들이 자
신들의 정책에 대해 책임을 지는 장관책임제의 도입도 거론했다. 그
리고 이들은 '황제의 직계 성원이나 오스트리아 제국의 국적을 가지
지 않은 인물들을 장관으로 임명하지 않는다'는 항목을 첨부하여 장
관의 독립적 지위나 국가에 대한 장관의 책무를 우회적으로 부각시
키려고 했다. 이어 팔라츠키와 마이어는 그들의 초안에서 중앙정부
의 권한 일부만을 축소시켰는데 그것은 이들이 혁명 이전의 질서 체

제를 인정해야 한다는 현실적 상황을 고려했기 때문이다. 팔라츠키의 이러한 입장 변화는 아마도 그가 연방체제라는 원칙하에서 중앙주의적 요소를 강조해야 하는 일종의 강박관념에서 비롯된 것 같다. 이제 팔라츠키는 각 민족 단위체가 가질 수 있는 최소한의 자치권을 빈 정부로부터 보장받는 선에서 연방체제의 의미를 찾고자 했다. 따라서 그는 지방자치와 관련된 부분 이외의 모든 권한을 중앙정부의 권한으로 인정하려고 했다.[31] 마이어 역시 지방 통치에 직접적으로 관련된 제 안건 이외의 모든 권한을 중앙정부로 이양한다는 관점을 피력했다.[32]

이들은 제국의회의 권한 및 구성에 대해서도 언급했다. 여기서는 양원제도의 도입, 제국의회 의원들의 임기와 그들의 권한 및 특권, 제국의회와 황제와의 관계 등이 구체적으로 명시되었다. 팔라츠키와 마이어는 양원제도, 즉 민의원(Volkskammer)과 참의원(Länderkammer)으로 제국의회를 구성해야 한다는 데 동의했다. 아울러 이들은 제국의회의 정례화를 언급했을 뿐만 아니라 의원들의 선출 방식에 대해서도 거론했다. 이들의 관점에 따를 경우 제국의회의 의원들은 지방군 의회에서 선출되어야 한다는 것이다. 즉 거주 인구에 비례하여 각 지방군 의회에 할당된 의원들을 지방군 의회에서 선출하는 제도를 운영해야 한다는 것이었다.

그리고 오스트리아 제국의 국적 소유자나, 국가 시민권을 완전히

114

---

31 J. Křen, *Palackýs Mitteleuropavorstellung*, pp.135~136; A. *Springer, Protokolle des Verfassungsausschusses im österreichischen Reichstag 1848~1849*, pp.132~134; T.G. Masaryk, *Palackýs Idee des böhmischen Volkes*, pp.41~42.

32 A. Springer, *Protokolle des Verfassungsausschusses im österreichischen Reichstag 1848~1849*, p.134.

부여받은 30세 이상의 성인 남자, 그리고 제국 내의 정식 거주지에서 1년 이상 살 경우에만 선거권을 부여해야 한다는 것이 마이어의 입장이었다. 여기서 그는 1년에 5굴덴(Gulden) 이상의 직접세를 납부하는 사람들에게만 선거권을 부여해야 한다는 관점도 피력했다. 이렇게 할 경우 이전보다 훨씬 많은 슬라브인들이 선거권을 행사할 수 있다는 것이 마이어의 분석이었다.[33] 이에 반해 팔라츠키는 선거권 부여 조건을 구체적으로 제시하지 않았는데 그것은 그 자신이 일반-보통 선거제의 도입을 지향했기 때문이다.

팔라츠키와 마이어는 회기 중에 제국의회 의원들이 의회에서 행한 발언에 대해 면책특권을 부여해야 한다는 데 입장을 같이했다. 그리고 제국의회는 의원 규칙을 독자적으로 제정할 수 있을 뿐만 아니라 집행부도 자율적으로 선출·구성할 수 있다는 것이 양인의 헌법 초안에서 거론되었다. 또한 이들은 자신들의 초안에서 제국의회의 의원들이 투표권을 자유롭게 행사할 수 있다는 것과 재적 의원의 과반수 이상이 찬성해야만 법률적 안건들이 제국의회에서 통과될 수 있다는 것도 명문화했다.

그리고 제국의회에서 통과된 법률안이 효력을 발휘하기 위해서는 황제의 추인이 필요하다는 것이 양인의 초안에서 거론되었다. 그러나 여기서 팔라츠키와 마이어는 제국의회에서 통과된 법률안에 대한 황제의 절대적 거부권에 대해서는 의견을 달리했다. 우선 팔라츠키의 관점을 살펴보기로 한다. 그는 법률안에 대한 추인이 황제로

---

33 이 당시 대다수의 시민 계층은 5굴덴 이상의 세금을 내고 있었다. A. Springer, *Protokolle des Verfassungsausschusses im österreichischen Reichstag 1848~1849*, pp.135~137.

부터 거절되거나 지연될 때 이 안은 동일 회기 중에 다시 제국의회에 상정될 수 없다고 했다. 그리고 다음 회기에 이 법률안이 의회에 재차 상정, 통과되었지만 황제로부터 승인이 다시금 거부될 때 제국의회는 자동적으로 해산되고 새로이 구성된 제국의회에서 동일한 법률안이 다시 통과되었을 때 황제는 그것에 대한 추인권을 더 이상 행사할 수 없고 추인 조치를 즉각적으로 이행해야 한다는 것이다. 이 점에 대한 마이어의 입장을 살펴보기로 한다. 우선 그는 법률안에 대한 추인이 황제로부터 거절되거나 지연될 때 이 안은 동일 회기 중에 다시 제국의회에 상정될 수 없다는 입장을 밝혀 팔라츠키와 견해를 같이했다. 또한 그는 다음 회기에 이 법률안이 의회에 재차 상정, 통과되었지만 황제로부터 승인이 다시금 거부될 때 제국의회는 자동적으로 해산되고 90일 이내에 새로운 제국의회를 구성해야 한다고 했다. 그러나 이 의회에서 동일한 법률안이 통과되기 위해서는 사안에 따라 전체 의석의 2/3 또는 3/4의 동의가 필요할 뿐만 아니라 황제는 그것에 대한 추인권을 계속 행사할 수 있다는 입장을 밝혀 팔라츠키와 입장을 달리했다.[34]

또한 팔라츠키와 마이어는 지방군 의회의 권한을 언급하면서 "각 지방군은 지방군 의회에 책임을 지는 '장관총독(Ministergouver-neur)'을 주축으로 내무, 교육 및 문화를 전담할 행정부를 구성한다"는 데 의견적 일치를 보았다. 이 당시 마이어는 지방군 의회의 권한으로 지방군 세출을 위한 조세 승인권, 병원 및 빈민 구호 시설물 건설, 지방 기금 및 재산 처분권, 지방 신용기관의 운영 및 감독권, 지

116

---

34 A. Springer, *Protokolle des Verfassungsausschusses im österreichischen Reichstag 1848~1849*, pp.138~139.

방 예산 확인권, 농업 관련 법률 제정권, 지방 회계에 대한 감정 및 조사권을 제시했다. 팔라츠키 역시 거의 유사한 권한들을 지방군 의회에 부여하려고 했다. 팔라츠키와 마이어는 자신들의 헌법 초안에서 지방군 의회 의원들의 선출 방법과 활동에 대해서도 거론했다. 이들 양인은 보통선거에 따라 지방군 의회 의원들을 직접 선출해야 한다고 했고 지방군 의회는 매년 가을 각 지방군의 수도에서 개원하고 제국의회처럼 자신들의 의원 규칙을 독자적으로 제정·운영할 수 있다는 것을 헌법 초안에서 명시했다. 그리고 이들은 3년마다 지방군 의회를 새로이 구성하고 제국의회가 해산될 경우 지방군 의회 역시 자동적으로 해산된다고 명시했다. 또한 지방군 의회에서 통과된 법안은 황제의 승인을 얻어야만 법적 효력을 발휘할 수 있다는 총론에 대해서는 양인이 동의했다. 그러나 황제의 승인을 받지 못할 경우 지방군 의회는 통과된 법안을 제국의회에 상정할 수 있다고 주장한 팔라츠키의 관점에 대해 마이어는 자신의 헌법 초안에서 우회적으로 인정하지 않겠다는 입장을 밝혔다.[35]

지방군 선거에서 보통선거제도의 도입이 채택되기 전에 독일계 의원들은 재산 평가에 따른 차등선거제도(Zensuswahlrecht)의 도입을 요구했다. 그리고 다른 맥락에서 선거권을 제한해야 한다는 견해가 브레스텔로부터 나왔다. 그는 문맹자에게 선거권을 부여해서는 안 된다는 주장을 펼쳤다. 이렇게 할 경우 비독일계 민족들에 대한 선거권 부여가 자연스럽게 제한될 것이며 그것은 제국의회 내에서 독일 의원들의 우위권도 자동적으로 보장될 수 있다는 것이 브레

---

35 A. Springer, *Protokolle des Verfassungsausschusses im österreichischen Reichstag 1848~1849*, pp.139~140.

스텔의 관점이었다. 이에 대해 피시호프(Fischhof)는 이의를 제기했
는데 그것은 선거권 부여 대상에서 제외된 비독일계 민족들이 소요
를 일으킬 수 있다는 우려에서 비롯된 것 같다. 제국의회 역시 문맹
자들에게 대한 선거권 제한 발의를 수용하지 않았고 팔라츠키와 마
이어도 이를 자신들의 헌법 초안에서 거론하지 않았다.[36]

이 당시 제국의회 의원들은 제국 내에서 복고주의적 성향이 강
하게 대두되고 있음을 인지했고 그것은 이들로 하여금 그들의 작업
을 가능한 한 빨리 마무리해야 한다는 생각도 가지게 했다. 이후 이
들은 점차 마이어 헌법 초안에 관심을 보였고 그것을 토대로 한 헌
법안 제정에도 주력했다.[37] 앞서도 살펴보았듯이 마이어의 안은 중
앙집권적 연방체제를 지향했다. 그리고 마이어는 자신의 안에서 중
앙정부의 권한을 증대시키고 지방정부의 권한을 축소시켜 빈 정부
로부터 긍정적인 반응도 기대했다. 그러나 제국의회는 빈 정부가 마
이어의 안을 수용하지 않으리라는 판단을 했기 때문에 마이어의 안
에서 지방정부 및 의회의 권한을 더욱 축소시키는 융통성도 보였다.
아울러 제국의회는 민족문제의 해결 방안을 빈 정부에게 위임하는
추가적인 양보안도 내놓았다.

그러나 빈 정부는 크렘지어 제국의회의 양보안을 처음부터 수용
하지 않으려고 했는데 그러한 것은 프란츠 요제프 1세(Franz Joseph

118

---

36 A. Springer, *Protokolle des Verfassungsausschusses im österreichischen Reichstag 1848~1849*, pp.142~143.

37 J. Redlich, *Das österreichische Staats- und Reichsproblem*, pp. 233~234; V. Pokorný, "Příspěvek ke kritice Springerova vydání Protokolů ústavního výboru rakouského říšského sněmu 1848~1849", in: *Právněhistorické studie* 2(1956), pp. 32~33.

I)[38]가 제국의회에서 헌법안이 채택되기 이틀 전, 즉 3월 4일에 당시 내무장관이었던 슈타티온(Station)이 비밀리에 준비한 헌법안을 재가한 데서 확인할 수 있다. 빈 정부가 준비한 헌법에서는 황제의 절대적 거부권 및 긴급 법률 제정권 등이 언급되었지만 현안으로 부각되던 민족문제에 대한 대책이라든지 신민의 기본권 보장 등은 거론되지 않았다. 아울러 여기서는 중앙정부의 통제를 받는 기존의 행정구역을 그대로 둔다는 것도 거론되었다.[39] 같은 날 슈타티온은 팔라츠키를 비롯한 제국의회 의원들 일부를 소환하여 정부의 입장을 일방적으로 통고했다. 여기서 슈타티온은 헝가리 소요 진압을 위해 제국 구성원들 간의 결속이 우선적으로 요구되기 때문에 정부가 그동안 준비하고 황제로부터 재가된 헌법안을 공포하겠다는 입장을 밝혔다. 이러한 자세는 빈 정부가 더 이상 제국의회의 활동을 허용하지 않겠다는 것에서 비롯된 것 같다. 실제적으로 슈바르첸베르크는 1849년 3월 7일 크렘지어 제국의회에서 통과된 헌법안을 무효화했다. 아울러 그는 대규모 병력을 동원하여 의사당 출입구 모두를 봉쇄하여 의원들의 의사당 출입을 저지했을 뿐만 아니라 그것에 저항하는 의원들도 모두 체포·구금했다.[40]

---

38 페르디난트 1세는 건강상의 이유로 1848년 12월 2일에 퇴위했고 그의 조카 프란츠 요제프가 18세의 나이로 황제직을 승계했는데 그는 자유주의와 민족주의에 부정적인 시각을 가지고 있었다. E. Scheithauer ed., *Geschichte Österreichs*, Bd., IV.(Wien 1976), pp.54~55; O. Jaszi, *The Dissolution of the Habsburg Monarchy*(Chicago, 1929), p.34; M. Mauritz, *Tschechien*, p.26.

39 이 헌법안이 공식적으로 발표된 것은 제국의회가 강제로 해산된 직후였다. F. Engehausen, *Die Revolution von 1848/49*, p.159; E. Scheithauer ed., *Geschichte Österreichs*, p.56.

40 E. Winter, *Revolution, Neoabsolutismus und Liberalismus in der*

정부의 이러한 조치에 대해 크렘지어 제국의회의 의원들, 특히 비독일계 의원들은 심한 반발을 보였다. 이들은 공동 명의로 발표한 성명서에서 정부의 조치가 향후 재앙 및 혼란만을 가져다줄 뿐이라고 했다. 그리고 이들은 앞으로 더 이상 정부 정책에 협조하지 않겠다는 입장을 밝혔을 뿐만 아니라 자신들의 정치적 목표를 달성하기 위해 모든 방법을 동원하겠다는 자세도 표방했다.[41]

실제적으로 리게르는 제국의회가 빈 정부에 의해 강제로 해산된 직후 체코 민족의 민족적 염원을 오스트리아 제국이 아닌 제3국에서 실현하고자 했다. 따라서 그는 파리에서 체코 민족의 상황을 부각시키고 그것에 대한 지지 세력도 확보하려고 했다. 그러나 그의 시도는 별 효과를 거두지 못했고 오히려 이것은 빈 정부에게 체코 정치가들을 임의적으로 통제할 수 있는 동인(動因)만을 제공했을 뿐이다.

Donaumonarchie(Wien, 1969), p.50; J. Štaif, *Revoluční léta 1848~1849 a česká země*(Praha, 1990), pp.141~142; E. Birke, *Frankreich und Os-tmitteleuropa im 19. Jahrhundert*(Köln‒Graz, 1960), pp.20~23.; K. Bosil ed., *Handbuch der Geschichte der Böhmischen Länder*, Bd., III(Stuttgart,1967~1974), pp.53~54; H.D. Zimmermann, *Tschechien*(München, 2009), p.49.

41 V. Čejchan, Bakunin v Čechách(Praha, 1927); Z. Šamberger, "Die Revolutionäre Zusammenarbeit der tschechischen und sächsischen Dem-kraten im Frühjahr 1849", in: *Aus 500 Jahren deutsch‒tschechoslowakischer Geschichte*(Berlin, 1958), pp.257~267.

프라하에서 전개된 5월소요에 대한 자세한 언급은 김장수, 「프라하(Praha) 대학의 대학생 조합 '마르코만니아(Markomannia)' : 결성 및 활동을 중심으로(1848~1849)」, pp.289~318, 『슬라브학보』 제17권 2호(2002)를 참조할 것.

크렘지어 제국의회가 해산된 이후 신절대주의(Neoabsolutismus) 시대가 오스트리아 제국에서 시작되었고 그것은 제국의회의 활동도 불가능하게 했다. 이에 따라 제국 내 정치가들은 자신들의 활동을 포기해야만 했다. 그러나 슬라브 정치가들은 독일 정치가들과는 달리 자신들이 지향한 정치적 목표를 다시금 부각시키는 적극성을 보였다. 비록 이들은 연방체제의 도입이 어렵다는 사실을 인지했지만 이들 중의 일부는 언론을 통해 빈 정부의 정책에서 확인되는 문제점을 지적하는 과감성도 보였다. 그 일례로 팔라츠키는 1849년 12월 21일『나로디니 노비니(Národní Noviny : 국민일보)』에「오스트리아 제국의 중앙집권화와 민족적 동등권(O centralisaci a národní rovno-právnosti v Rakousku)」이란 기사를 투고했는데 거기서 그는 절대왕정 체제의 부당성을 다시금 언급했을 뿐만 아니라 빈 정부의 각성도 촉구했다.[42] 그에 따를 경우 절대왕정 체제는 제 민족의 평등 및 그들 사이의 화해를 가져다줄 수 없다는 것이다. 그리고 이러한 정치 체제는 비독일계 민족들의 반발을 야기시켜 그들의 제국 이탈만을 부추긴다는 것이다. 아울러 그는 이러한 이탈 시도로 오스트리아 제국이 결국 해체될 것이라는 예견도 했다. 여기서 그는 빈 정부가 연방체제를 도입할 경우 그러한 비극적 상황은 초래되지 않을 것이라는 주장을 펼쳐 빈 정부의 각성을 우회적으로 촉구하기도 했다.

121

---

42 이 당시 신문은 슬라브 지식인들에게 있어서 빈 정부의 정책을 비판할 수 있는 유일한 수단이었다. 그러나 얼마 안 되어 슬라브 지식인들은 그것마저 박탈당하게 되었다. J. Křen, *Palackýs Mitteleuropavorstellung*, p.138 ; M. Mauritz, *Tschechien*, p.29.

팔라츠키는 자신의 투고문에서 연방체제 도입 필요성을 다시금 언급하면서 자신이 빈 제국의회에서 제시한 것들을 강조했는데 그 것은 그가 크렘지어에서 보였던 정부와의 타협 가능성을 완전히 포기했기 때문이다.[43]

이러한 팔라츠키의 입장을 통해 한 가지 의문점을 제시할 수 있는데 그것은 왜 그가 절대왕정 체제로 복귀한 빈 정부에게 연방체제의 도입을 다시금 거론했는가이다. 당시의 상황을 고려할 때 팔라츠키의 행위는 무모하다고 볼 수 있는데 그러한 것은 무엇에서 비롯되었을까? 그것은 제국 내 슬라브 민족들이 빈 정부를 대신하여 그들의 민족성 유지와 사회적 지위 향상을 가져다줄 다른 질서 체제를 찾을 수 없었다는 것과 슈바르첸베르크의 빈 정부가 민족문제의 심각성을 인식한다면 체제 변경도 고려할 수 있다는 일말의 기대에서 행위(činnost)의 당위성을 찾을 수 있을 것이다.[44]

---

43 팔라츠키는 논문에서 제국 분할을 다음과 같이 제안했다. ① 독일 지역 ② 체코슬로바키아 지역 ③ 폴란드−루테니아 지역 ④ 헝가리 지역 ⑤ 루마니아 지역 ⑥ 남슬라브 지역 ⑦ 이탈리아 지역 F. Palacký, *Spisy drobné*, Bd., I, pp.110~120.

44 아울러 그는 슈타티온의 헌법안에서 거론된 헌법의 개정 조항(제123조)을 염두에 둔 것 같다. 오스트리아 제국에서 신절대왕정 체제가 종식된 이후 팔라츠키는 정치 활동을 다시 재개했는데 그것에 대한 자세한 언급은 김장수, 「프란티셰크 팔라츠키(F. Palacky)의 정치 활동 : 신절대주의 체제 붕괴 이후부터 이중체제 도입 직전까지의 시기를 중심으로(1860~1866)」, 『슬라브학보』 제16권 1호(2001)를 참조할 것.

4장

이중체제의 도입과
슬라브 정치가들과 독일 정치가들의 대응

\\\ 이중체제의 문제점 제기

1865년 6월 프라하에서는『오스트리아 제국의 국가 이상(*Idea státu Rakouského*)』이라는 책이 출간되었다. 그런데 이 저서는 3월혁명 이후부터 체코 정치 세계를 주도한 팔라츠키가 제시한 정치적 제 관점을 보다 체계화하려는 의도에서 출간된 것이라 하겠다. 이러한 의도에서 출간된 팔라츠키의 저서에서 언급된 중요한 것들을 살펴보면 다음과 같다.[1]

우선 팔라츠키는 자신이 '프랑크푸르트로 보내는 거절 편지'에서 언급한 관점을 다시금 거론했다. 그는 제국 내 슬라브 민족들이 제국으로부터 벗어나 독립국가 형성을 시도한다는 자체를 매우 위험한 행위로 간주했는데 그러한 것은 중부 유럽의 세력 분포에서 비롯된 것 같다. 이 당시 중부 유럽에서 세력 확대를 꾀하던 러시아는 그들 주도로 슬라브 세계를 통합해야 한다는 것을 누차에 걸쳐 천명했다. 따라서 오스트리아 제국 내 슬라브 민족들이 독립할 경우 이들 국가들은 바로 러시아의 표적이 되리라는 것을 팔라츠키는 잘 알고 있었던 것이다. 이러한 현실적 상황에서 그는 주어진 체제인 오스트리아 제국에서 슬라브 민족들이 민족적 특성 및 사회적·법적 지위

---

1 J. Křen, "Palackýs Mitteleuropavorstellung", p.137.『오스트리아 제국의 국가 이상』은 모두 8편의 논문과 부록으로 구성되었는데 그것들은 이미 친팔라츠키 성향의『Narod(민족)』(1865.4.9, 4.12, 4.16, 4.20, 4.26, 5.3, 5.10, 5.16)라는 일간지에 게재되어 구독자들의 지대한 관심을 유발시킨 바 있었다. 그리고 이 책은 1866년 독일어로 번역·출간되었다. E.T. v Falkenstein, *Der Kampf der Tschechen um die historischen Rechte der böhmischen Krone im Spiegel der Presse 1861~1879*(Wiesbaden, 1982), p.46; F. Palacký, *Spisy drobné* Bd., I(1898), p.387 ff; G.J. Morava, *Franz Palacký*, p.198.

를 보존, 향상시키는 것이 가장 현명한 행위라는 주장을 펼쳤던 것이다. 아울러 그는 슬라브 민족이 기존의 질서 체제를 인정하고, 협조적인 자세를 갖추기 위해서는 빈 정부가 자신들의 불합리한 통치 체제, 즉 중앙체제를 포기하고 새로운 통치 체제를 도입해야 한다는 일종의 선행 조건도 제시했다. 팔라츠키가 선행 조건으로 제시한 것은 연방체제의 조속한 도입과 그것에 따른 중앙정부와 지방정부 간의 균형 있는 권력 안배였다. 그러나 그는 빈 정부가 이러한 선행 조건을 수용하지 않을 경우 어떻게 대응할 것인가에 대해서는 언급을 회피했는데 그러한 자세는 아직까지 그가 빈 정부로부터 어떠한 양보 내지는 조치를 기대한 데서 비롯된 것 같다.

다음으로 그는 책의 상당 부분을 할애하여 1850년대 말부터 공공연히 제국 내에서 거론되던 '이중체제'의 모순성을 자세히 언급했을 뿐만 아니라 그것의 시행 과정에서 야기될 위험성에 대해서도 구체적으로 나열했다. 그에 따르면 이중체제는 독일 민족과 헝가리 민족을 제국의 지배 민족으로 승격시킬 것이고 이들 민족에 대한 슬라브 민족의 법적·사회적 지위가 상대적으로 격하될 수 있는 문제점을 가진다는 것이다.[2] 더욱이 팔라츠키는 이중체제의 도입으로 헝가리 민족의 지배하에 놓이게 될 라이타(Leitha) 강[3] 동부 지역의 슬라

---

2   F. Palacký, *Idea státu Rakouského*(Praha, 1865), p.55; G.J. Morava, *Franz Palacký*, p.200.

3   오늘날 부르겐란트(Burgenland)에 위치한 라이타 강은 1867년 이중체제가 오스트리아 제국에 도입될 때 그 기준점이 되었다. 즉 빈 정부는 이 강의 서부 지역인 시스라이타니엔(Cisleithanien ; Předlitavsko) 만을 통치하게 되었고, 부다 정부는 이 강의 동부 지역인 트란스라이타니엔(Transleithanien ; Zalitavsko)에 대한 독자적인 지배권을 획득했던 것이다. F. Weissensteiner, *Große Herrscher des Hauses Habsburg*(München, 1997),

브 민족들인 크로아티아인, 슬로베니아인, 그리고 루마니아인 들이 취할 행동을 거론했고 그러한 것이 결국 제국 해체를 촉발시키는 요인이 된다는 주장도 펼쳤다.[4]

팔라츠키는 자신의 저서에서 오스트리아 제국에 이중체제가 도입될 경우 어떠한 상황이 전개될 것인가에 대해서도 구체적으로 언급했다. 그는 이중체제가 공포될 경우 범슬라브주의 역시 등장하게 될 것이라는 예측을 하면서 그러한 것은 일반인들이 예상하는 것보다 훨씬 나쁜 형태를 갖추게 될 것이라는 관점도 피력했다. 이어 그는 향후 오스트리아 제국에서 어떤 상황이 전개될 것인가를 예측하기도 했다. 그에 따를 경우 오스트리아 제국의 해체는 필연적이고 그것에 대한 제국 내 슬라브인들의 우려 역시 예상보다 높지 않을 것이라는 것이다. 왜냐하면 자신들의 미래를 보장하는 범슬라브주의의 탄생이 이미 그들의 주 관심 대상으로 부각되었기 때문이라는 것이다. 그리고 이러한 관점은 슬라브인들이 오스트리아 왕국 등

---

pp.317~318.

4 F. Palacký, *Idea státu Rakouského*, pp.59~63. 이중체제가 오스트리아 제국이 도입되기 이전부터 헝가리 정치가들, 예를 들어 언드라시(J. Andrássy) 백작은 이중체제가 도입될 경우 자신들의 통치 지역에 거주하는 슬라브인들을 자의적으로 지배하겠다는 의지를 공공연히 밝히곤 했다. 여기서 그는 헝가리의 지배하에 있는 크로아티아인, 슬로베니아인, 그리고 루마니아인들은 민족(nemzet)이 아닌 혈연적 집단 내지는 종족(fajta ; fajzat)에 불과하다는 폄하적 발언도 했다. E.T.v. Falkenstein, *Große Herrscher des Hauses Habsburg*, p.48; J. Kořalka, "Palacký und Österreich als Vielvölkerstaat", in E.Busek ed., *Nationale Vielfalt und gemeinsames Erbe in Mitteleuropa*(München, 1990), p.82; S. Wank, "Foreign Policy and Nationality Problem in Austria-Hungary 1867~1914", in: *Austrian History Yearbook* 3(1967), pp.38~39; P. Hanak, *die Geschichte Ungrns*(Budapest, 1988), p.144.

장 이전부터 이 지방에 살았었고 오스트리아 제국의 일방적 조처에 대응할 수 있는 역사적 권리도 가졌다는 것에서 비롯된 것이라고 하겠다. 아울러 팔라츠키는 러시아의 알렉산데르 2세(Alexander II)가 1861년 2월 19일에 공포한 농노 해방령을 통해 러시아도 오스트리아 제국 내 슬라브 민족들의 권익 향상을 현실화시켜줄 대안 세력이 될 수 있다는 긍정적인 판단을 했던 것이다. 즉 그는 러시아에서 진행된 일련의 정치적 행보에 희망적인 반응을 보였던 것이다.[5]

이어 팔라츠키는 향후 도입될 이중체제의 유형에 대해서 언급했는데 그것을 살펴보면 다음과 같다.

① 빈과 부다를 오스트리아와 헝가리의 수도로 정하고 제국을 완전히 이분한다. 이에 따라 오스트리아와 헝가리는 상호 간섭 없이 독자적으로 그들 국가를 운영할 수 있다. 그러나 프란츠 요제프 1세는 양국 공동 황제로서의 지위를 상실하지 않는다(군합국[Reine Personalunion]).

② 오스트리아와 헝가리는 특별한 상황에 능동적으로 대처할 수 있게끔 공동 헌법을 마련한다. 그러나 이러한 조치는 양국이 독립국가로서 활동하는 데 전혀 영향을 주지 않을 것이다. 여기서도 프란

---

5 1864년 러시아의 정치가 사마린(J.F. Samarin)이 프라하를 방문했다. 이 기간 중 그는 팔라츠키를 방문했는데 거기서 팔라츠키는 그에게 "앞으로 러시아가 정치적으로 성숙할 수 있을까?"라는 질문을 던졌다. 그것은 러시아가 정치적으로 성숙할 경우 제국 내 슬라브 정치가들은 언제라도 러시아와 협력할 자세가 있음을 그가 우회적으로 밝힌 것 같다. A. Moritsch, *Der Austroslawismus*(Wien–Köln–Weimar, 1998), p.21; H.P. Fink, *Österreich und die Slaven in der Publizistik der Slavophilen von den 40er Jahren des 19. Jahrhunderts bis zum Ausgleich*(Wien, 1973), p.109; F. Palacký, *Idea státu Rakouského*, pp.65~67.

츠 요제프 1세는 양국 공동 황제로서의 직무를 수행한다(부분적 정합국〔Teilweise Realunion〕).

③ 제국의 공통 사안이라 할 수 있는 국방, 외교, 재정 문제를 논의하기 위해 양국 의회의 의원들로 구성된 제국의회를 적어도 1년에 한 번씩 빈과 부다에서 번갈아가며 개원한다. 그 이외의 국정 사안들은 양국 의회와 정부가 독자적으로 입안하고, 시행한다. 그리고 프란츠 요제프 1세는 대외적으로 양국을 대표하는 역할을 수행한다(정합국〔Volle Realunion〕).

끝으로 그는 자신이 1848년 빈과 크렘지어 제국의회에서 외교, 국방, 그리고 재정 부문을 중앙정부의 권한으로 제시했음을 상기시키면서 이제 더 이상 그러한 것을 고집하지 않겠다는 입장을 밝혔다. 그것에 따라 그는 교역, 관세, 그리고 교통 부문마저 중앙정부의 권한으로 인정하려고 했던 것이다.

128

팔라츠키의 이러한 시도는 연방체제의 기본적 골격인 중앙정부와 지방정부 간의 세력 균형을 파기하고 지방정부에 대한 중앙정부의 상대적 권한 우위를 인정한 것으로 볼 수 있을 것이다. 아울러 이러한 것은 당시 제국 내 독일인들 사이에서 제기된 제국의 슬라브화를 불식시켜주는 동시에 자신의 계획에 대한 이들의 동의를 얻어내려고 의도도 가졌다 하겠다.[6] 『오스트리아 제국의 국가 이상』에서는 위에서 거론된 것 이외에도 다음의 것들이 언급되었다.

---

6 즉 팔라츠키는 이를 통해 제국 내 독일인들이 가졌던 기득권의 일부를 인정하려고 했던 것이다. E.T.v. Falkenstein, *Große Herrscher des Hauses Habsburg*, p.48 ; G.J. Morava, *Franz Palacký*, pp.200~201 ; F. Prinz, *Geschichte Böhmens 1848~1948*(Frankfurt, 1991), p.121.

① 슬라브 민족의 민족적 특성, 즉 평화로운 삶을 지향하는 슬라브 민족과 항상 무력으로 주변 민족들을 정복·지배하려는 독일 민족의 팽창욕을 대칭시켰는데 그것은 팔라츠키가 헤르더(J.G. v. Herder)의 『인류사의 철학을 위한 개념(Ideen zur Philosophie der Geschichte der Menschheit)』에서 제시된 슬라브 민족에 대한 긍정적인 분석을 그대로 수용했기 때문이다. 팔라츠키의 이러한 주장은 1830년대 말부터 출간되기 시작한 『보헤미아사(Dějiny národu českého v Čechách)』를 비롯한 일련의 저서 및 논문에서 이미 거론된 바 있다.

② 보헤미아의 역사, 특히 오스트리아 제국의 지배하에 놓이게 된 1526년부터 체코 왕국사를 체코 사가(史家)의 관점(mínění)이 아니라 비교적 중립적이고 객관적인 입장에서 약술했다. 팔라츠키는 1848년 5월 프라하에서 개최된 제1차 슬라브 민족회의에서 문서화된 보헤미아 국법에 대해서도 언급했다. 이 법에 따를 경우 체코 왕국의 영역이었던 보헤미아–모라비아–슐레지엔 지방은 분리 통치될 수 없고 체코 왕국은 1526년의 합의각서와 1713년의 국사조칙에 따라 오스트리아 제국과 동등한 지위 및 권력을 가지기 때문에 이 왕국에 대한 빈 정부의 일방적인 조치는 아무런 법적 효력도 발휘할 수 없다는 것이다. 그리고 빈 정부가 이러한 조치들을 철회하지 않고 그러한 것들이 체코 왕국에 속했던 지방들의 권익에 위배될 경우 이들 지방들은 그들 스스로의 이익을 지키기 위해 오스트리아 제국으로부터 이탈할 권리도 가질 수 있다는 것이다.

③ 1860년 10월에 발표된 칙령[7]과 그 다음 해 2월에 발표된 헌법

---

7 1849년에 도입된 신절대주의 체제는 오스트리아 제국이 1859년 프랑스

8)의 내용들을 살펴보고 비교했다. 여기서는 특히 2월헌법의 문제점

와 피에몬테-사르데냐(Piemonte-Sardegna)와의 전쟁에서 패함에 따라 사라지게 되었다. 오스트리아 제국은 1859년 11월 10일에 체결된 취리히(Zürich) 평화조약에 따라 제국 내에서 경제적으로 가장 선진화되고, 부유한 롬바르디아(Lombardia) 지방을 상실하게 되었고 그러한 상황은 빈 정부를 더욱 궁지에 몰리게 하는 계기가 되었다. 여기서 빈 정부는 이러한 난국 타개에 필요한 방안들을 모색했고 거기서 제국 내 제 민족의 협조 및 동의가 우선적으로 필요하다는 사실도 인지하게 되었다. 이에 따라 빈 정부는 1860년 10월 20일 '10월칙령(Oktoberdiplom ; Říjnový diplom)'을 발표했는데 이 칙령은 프란츠 요제프 1세의 지시에 따라 당시 내무장관이었던 골루호보-골루호프스키(Goluchowo-Goluchowski)가 결성한 '59인 헌법준비위원회'에서 준비, 작성된 문서였다. 따라서 이 칙령에서는 지난 3월혁명 기간 중 팔라츠키, 샤파르지크, 그리고 하브리체크-보로프스키를 비롯한 일련의 슬라브 정치가들이 요구한 연방주의적 요소들이 많이 거론되었다. 이 당시 헌법준비위원회에 참석한 인물들의 일부가 지방의 자치권을 확대시키는 것보다 제국의회의 권한 증대에 더욱 많은 관심을 보였지만 그러한 관점은 헌법준비위원회에서 수용되지 않았다. 10월칙령에서 거론된 중요한 것들은 다음과 같다. 첫째, 지방군 편성에서 역사적 요인 등을 우선적으로 고려한다. 둘째, 각 지방군 의회의 활성화를 통해 지방민의 절실한 요구들을 가능한 한 빨리 국정에 반영시킨다. 셋째, 향후 법률 제정에서 지방군 의회와 제국의회는 동등한 입장에서 상호 보완·협력한다. 넷째, 제국의 단일화 유지에 부담이 되지 않는 범위 내에서 각 지방군의 특성 및 필요에 따른 자치권을 부여한다. 다섯째, 빈 중앙정부는 향후 외교 문제, 화폐 발권 문제, 관세 문제, 체신 문제, 교통 문제, 그리고 국방 문제만을 전담한다. 여섯째, 헝가리는 오스트리아 제국의 일부이다. 따라서 이 지방이 그동안 향유했던 특별 제 권한(Sonderrechte)은 이전보다 축소시킨다.

8 1861년 2월 21일 '2월헌법(Februarpatent; Únorová ústava)'이 공포되었는데 여기서는 10월칙령과는 달리 연방체제 대신에 중앙체제를 다소 완화한 형태를 지향했다. 2월헌법의 초안은 1860년 12월 13일 골루호브스키(Agenor Graf Goluchowski) 백작의 후임으로 빈 정부 수상으로 임명된 슈멜링(Anton Ritter v. Schmerling)의 법률 보좌관이었던 페르탈러(Hans v. Perthaler)로부터 나왔다. 페르탈러는 자신의 초안에서 10월칙령이 보장한 지방군 의회의 중요한 제 권한을 백지화했다. 즉 그는 지방군 의회가 10

내지는 불합리성, 예를 든다면 중앙정부와 지방정부 사이의 권력 안배에서 나타나는 모호성 내지는 모순성을 집중적으로 부각시켰다. 이렇게 함으로써 그는 중앙집권적 성향의 2월헌법이 오스트리아 제국과 같은 다민족 국가의 통치에 부적절하고 오히려 주어진 상황만을 더욱 악화시킨다는 것을 강조하려고 했던 것이다.

팔라츠키의『오스트리아 제국의 국가 이상』이 출간된 이후 제국의 슬라브 정치가들은 팔라츠키의 관점에 동의하는 자세를 보였다. 그러나 당시 프라하에서 간행되던『보헤미아(Bohemia)』와『프라하 신문(Prager Zeitung)』은 팔라츠키의 관점에 동의하지 않았기 때문에 보이스트(F. Beust), 지스크라(K. Giskra), 피시호프(A. Fischhof), 베르거(J.N. Berger), 그리고 회플러(A. Höfler) 등이 밝힌 부정적 견해를 게재하는 데 적극성을 보였다. 뿐만 아니라 이들 신문들은 이중체제를 지지하던 헝가리 정치가들의 관점을 여과 없이 게재하는 편파성도 보였다. 팔라츠키는 공개석상에서 독일 언론 및 정치가들의 이러한 행보에 분노를 표시했다. 아울러 그는 독일인들의 이율배반적인

월칙령을 통해 인정받은 '법률 제정 참여권(Die Beteiligung am Gesetzgebung)'을 무효화했던 것이다. 아울러 페르탈러는 절대주의적인 요소들을 자신의 초안에 첨부했는데 그러한 것은 헌법에 대한 황제의 절대적 위상이 견지된 데서 확인할 수 있다. 즉 그는 황제의 통치권을 헌법 위에 놓이게 하여 황제가 앞으로 제정될 모든 법률적 조치에 대해서도 절대적 거부권을 행사할 수 있게끔 했다. 또한 2월헌법은 양원제도(상원〔Oberhaus〕과 (하원〔Herrenhaus〕)를 채택하는 외형상의 변화도 모색했다. 그렇지만 이 헌법은 향후 정치 활동에서 핵심적 역할을 담당하게 될 하원을 경제적 능력에 따른 차등 선거로 구성하게 함으로써 입법부의 실제적 권한을 독일인 수중에 놓이게 했다. 즉 2월헌법은 빈 정부가 10월칙령을 공포한 후 제국 내 독일 정치가들이 지적한 그들 민족의 법적·사회적 지위 격하 가능성을 인정하고 그것을 법률 제정에 적극적으로 반영시킨 결과라 하겠다.

행태를 『국민(Národ)』이라는 일간지를 통해 언급하기도 했다. 그에 따를 경우 독일 정치가들이 자유주의적인 관점이나 입헌주의를 언급하고 있지만 실제로 이들은 자신들의 특권만을 견지하려고 한다는 것이었다.[9]

\\\ 형제전쟁과 슬라브 정치가들의 대응

이중체제의 도입으로 독일 민족과 슬라브 민족 사이의 대립이 심화되고 있을 때 오스트리아는 1866년 6월 7일 프로이센과 형제전쟁을 벌이게 되었다.[10] 독일의 통합을 소독일주의 원칙에 따라, 그리고 그러한 것을 타협보다는 전쟁이란 방법으로 실현시키고자 했던 비스마르크(v. Bismarck)는 1866년 7월 3일 쾨니히그래츠(Königgrätz, 오늘날의 흐라데츠크랄로베[Hradec Krárové])에서 오스트리아 제

---

9 팔라츠키는 브륀(Brünn)으로 학술 여행을 떠났다. 이 시기에 딸 마리에 (Marie)에게 보낸 편지에서도 자신에 대한 독일인들의 반감 증대 및 슬라브 인들과 독일인들 사이의 반목 심화 등이 집중적으로 거론되었다.
   "슬라브인들은 나의 논문에 호감을 가지면서 그것으로부터 실제적 효용성도 찾으려고 한다. 이에 반해 독일인들 모두는 예외 없이 나를 그들의 적으로 간주하고 있는데 그 강도가 논문 발표 이전보다 훨씬 심해진 것 같다. 이제 독일 지식인들은 체코인들과 접촉하는 것도 원하지 않고 있다. (…) 제국의 모든 것들이 바라지 않는 방향으로 나아가고 있는 것 같다." E.T.v. Falkenstein, *Große Herrscher des Hauses Habsburg*, p.48; J. Křen, "Palackýs Mitteleuropavorstellung", pp.138~140; J.G. Morava, *Franz Palacký*, p.201.
10 독일 근대사를 취급한 책들은 이 부분에 대해 비교적 자세히 언급하고 있다. 팔라츠키는 프로이센과 오스트리아 사이에 전쟁이 발생할 경우 그것은 오스트리아 제국의 내정에 큰 변화를 가져다줄 것이라는 예상도 했다. F. Prinz, *Geschichte Böhmens 1848~1948*, p.121.

국의 주력군을 격파한 후 가능한 한 빨리 빈 정부를 휴전 협상에 참여시키기 위한 방법을 모색하게 되었고 거기서 빈 정부의 민족 정책에 강한 불만을 가졌던 제국 내 슬라브 민족들을 이용하려고 했다. 따라서 그는 7월 11일 슬라브 정치가들, 특히 체코 정치가들을 겨냥하여 다음의 제안을 했다 : 만일 체코 민족이 오스트리아 제국에 반기를 든다면 베를린(Berlin) 정부는 이들 민족이 자치권을 획득할 수 있게끔 협조와 지지를 아끼지 않을 것이다. 그리고 프로이센은 오래 전부터 체코 민족의 역사적 권리를 인정하고 있기 때문에 그러한 정책을 펼치는 데 전혀 문제가 없을 것이다.[11] 이 당시 팔라츠키와 리게르를 비롯한 체코 정치가들의 대다수는 프로이센이 전쟁목표로 제시한 '오스트리아 제국을 독일권에서 추방시킨다'는 것에 긍정적인 반응을 보였다. 그러나 이들은 비스마르크가 자신들에게 제안한 것에 대해서는 동의하지 않았는데 그것은 소수민족에 대한 프로이센의 배려 정책이 오스트리아 제국의 그것보다 훨씬 미흡하리라는 판단에서 비롯된 것 같다. 또한 이들은 프로이센의 자본, 지능, 그리고 이기심 때문에 체코 민족이 짧은 기간 내에 해체 또는 말살되리라는 두려움도 가지고 있었다.[12] 특히 이 당시 슬라드코프스키(K. Sladkovský)와 그레그르(E. Grégr)는 프로이센군이 보헤미아 지방을 점령했을 때 자신들의 추종자들에게 정치적 단결을 촉구했는데 그

---

11 Otto.v. Bismarck, *Die gesamelten Werke*(Friendrichsruher Ausgabe), Bd.,6(Berlin, 1924~1935), p.93; E. Engelberg, *Bismarck*(Berlin, 1985), p.20; G.J. Morava, *Franz Palacký*, p.203; H. Raupach, *Bismarck und die Tschechen im Jahre 1866*(Berlin, 1936), p.8; J. Křen, "Palackýs Mitteleuropavorstellung", p.137; J. Pekař, *Dějiny cěskoslovenské*(Praha, 1921), p.121.

12 M. Mauritz, *Tschechien*(Regensburg, 2000), p.32.

것은 이들이 프로이센에 의해 이용될 수 있다는 판단을 했기 때문이다. 이러한 상황 하에서 소콜(Sokol)은 프로이센군에 대응할 의용군을 결성했고 빈 정부가 국가적 위기 상황에서 체코 민족들에게 도움의 손길을 요청하지 않은 것 자체를 민족적인 모욕으로 간주하기도 했다.[13]

형제전쟁이 진행되었던 시기, 체코 정치가들은 클람-마르티니크(Clam-Martinic), 툰, 슈바르첸베르크(Schwarzenberg)가 주도하던 귀족적-보수당, 리게르, 팔라츠키가 이끄는 구체코당, 그리고 슬라드코프스키와 그레그르의 신체코당으로 분류되었지만 이들 모두는 친오스트리아슬라브주의라는 공통분모를 가지고 있었다. 즉 이들은 합스부르크 왕조를 유지시켜야만 체코 왕국의 독립 역시 쟁취할 수 있다는 데 동의했던 것이다.[14]

134

체코 정치가들의 대다수가 참여한 구체코당은 2월칙령이 발표된 이후부터 본격적인 활동을 시작했다. 이 당은 체코 왕국의 역사적 제 권리와 영역을 인정받고 그러한 것들을 보존하기 위해서는 오스트리아 제국의 존속 역시 반드시 필요하다는 관점을 피력했는데 이

---

13 1863년 보헤미아 지방의 젊은 지식인 계층, 특히 푸그네르(H. Fugner, 1822~1865)와 티르시(Dr. M. Tyrs, 1832~1884)는 민족성 고양을 위해 결성된 독일의 '체조단체(die deutschen Turnvereine)'를 모방하여 '소콜(Sokol, 매)'이라는 단체를 구성했다. 그리고 이들은 이 단체를 통해 체코 청년들의 신체적 건강뿐만 아니라 정신적 건강도 함양하고자 했는데 그것은 건강한 정신이 건강한 육체에서 비롯된다는 인식에서 비롯된 것 같다. 이후 소콜은 과격한 정치 성향을 지향한 소시민 계층의 지지를 얻게 되었고 그러한 것은 이 단체로 하여금 정치적 문제에 대해서 직접적으로 개입하게 하는 요인도 되었다. A. Fischel, *Das tschechische Volk*, Bd.,1(Breslau,1928), p.42.

14 E. Somogyi, *Vom Zentralismus zum Dualismus*(Wiesbaden, 1993), p.71.

것은 이 당의 핵심 인물들, 즉 팔라츠키와 리게르가 3월혁명 이후 일관적으로 지향한 정치적 성향에서 비롯되었다 하겠다. 점차 이 당은 통합 보헤미아 지방의회의 개원 필요성을 인지했을 뿐만 아니라 모라비아 및 슐레지엔 지방에서 민족운동을 확산시킬 경우 이들 지방의회 역시 보헤미아 지방의회와의 협력 및 통합에 관심을 가지게 될 것이라는 부수적인 예견도 했다. 아울러 구체코당은 보헤미아 지방에서 언어적 동등화와 자치권 확대를 지향했고 거기서 보헤미아 귀족 계층과의 협력을 통해 자신들의 정치적 목표를 실현시킬 수 있다는 확신도 가지고 있었다.[15] 구체코당의 이러한 입장 표명에 대해 대토지 소유자들과 보수적 성향의 지식인 계층 및 문화 단체들은 호의적인 반응을 보였을 뿐만 아니라 모라비아 지식인 계층에서도 그 지지 세력이 등장했는데 프라자크(Pražák)가 바로 이 세력의 핵심적 인물이었다.

1860년대 중반에 접어들면서 오스트리아 제국에 대한 입장 차이로 구체코당을 이탈하는 정치가들이 등장하게 되었고 이들의 주도로 신체코당이 결성되었다. 이렇게 결성된 신체코당은 형제전쟁 이후부터 여러 분야에서 구체코당과 관점을 달리하기 시작했다. 비록 이 당이 구체코당과 마찬가지로 오스트리아 제국의 존속을 원칙적으로 인정했지만 이들은 실용적 측면과 정치적 능동성을 강조하면서 자신들의 정치적 입장을 보다 구체화하는 노력을 펼치기 시작했다. 점차 이들은 친오스트리아슬라브주의에 회의를 가지게 되었지만 이들은 당

---

15 이 당시 귀족적–보수당은 보헤미아 지방에서 자신들의 역사적 권리를 보장받으려고 했고 그러한 것은 구체코당과의 협력을 통해 가능하다는 확신을 가지고 있었다.

시 프리치가 지향한 극단적 민주주의를 추종하지 않았는데 그것은
이들이 형제전쟁 이후 베를린 정부와의 연계에 동의하지 않은 데서
확인할 수 있다.[16] 구체코당과는 달리 신체코당은 귀족 계층과의 협
력에도 부정적이었는데 그것은 이들이 귀족 계층을 신임하지 않았기
때문이다. 따라서 이 당은 중산 계층, 특히 도시의 소시민 계층과 농
민 계층의 지지를 확보하려고 했고 지방의 목사들과 교사들 역시 이
당의 포섭 대상이 되기도 했다. 신체코당은 자신들의 정치적 강령도
제시했는데 거기서는 자치권 획득 같은 민족적 요구들과 더불어 일
련의 민주주의적인 요구들도 부각되었다. 예를 든다면 국가와 로마
교황 간의 정치 및 종교에 관한 조약(Konkordat) 폐지, 교회에 대한
국가의 간섭권 포기, 그리고 교회 재산에 대한 국가 채무 말소 등을
들 수 있을 것이다.[17]

136

형제전쟁에서 오스트리아 제국이 패전함에 따라 신체코당의 스
크레예소브스키(K. Skrejšovsky)는 빈에서 폴란드 및 남슬라브 정치
가들과 협상을 벌였고 거기서 이들은 자신들이 향후 오스트리아 제
국에서 어떻게 대응해야 하는지에 대해서 구체적으로 논의하기도
했다. 논의 과정에서 스크레예소브스키는 체코 왕국의 독립 필요성
을 역설했지만 그러한 관점에 대한 참석자들의 반응은 부정적이었
다. 그러나 이들은 비스마르크의 제안을 거부한다는 데 시각을 같이
하는 성과를 거두었다.[18]

---

16 이 당시 프리치는 보헤미아 독립국가 건설을 지향했다.

17 Státní Ústřední Archiv v Praze(SÚA Prag), Presidium místodržitelství tajné,
K.10, Nr. 1765.

18 E. Somogyi, *Vom Zentralismus zum Dualismus*, p.71.

그러나 팔라츠키와 리게르는 이러한 젊은 지식인 계층의 관점에 동의하지 않았다. 따라서 이들은 자신들의 입장을 정리하기 위해 7월 19일 프라하에서 간담회 형식의 모임을 가졌다. 여기서 이들은 비스마르크 제의에 대한 자신들의 입장 및 대응책을 논의하고 그것을 문서화했는데 그것에 따를 경우 참석자들 모두가 비스마르크의 제안을 거부했다는 것이다. 아울러 이들은 빈 정부가 제국 내 제 민족의 법적·사회적 동등화를 보장할 수 있는 제도적 장치를 가능한 한 빨리 마련할 것도 촉구했다. 여기서 이들은 사문화된 10월칙령을 원상 복귀시킬 경우 그러한 것의 실현이 가능하다는 입장을 밝혔다. 그리고 이들은 만일 빈 정부가 자신들의 요구를 수용할 경우 제국의 붕괴를 유발시킬 수 있는 현재적 상황 역시 극복할 수 있다는 주장을 펼치기도 했다. 간담회에서는 빈 정부가 국사조칙에서 명시된 체코 왕국의 제 특권을 인정해야 한다는 것 등도 아울러 제기되었다.[19] 결국 이들의 주장은 빈 정부가 이중체제의 도입을 포기하고 연방체제의 도입을 통해 제국 내 민족문제를 해결하라는 것으로 요약할 수 있을 것이다. 이 당시 팔라츠키와 리게르는 제국 내 슬라브 정치가들의 정치적 관점을 집약할 필요성을 인지했기 때문에 프라하 간담회가 끝난 다음 날부터, 즉 7월 23일부터 빈에서 소슬라브 민족회의

---

19 이 간담회는 7월 22일까지 계속되었다. E.J. Görlich, *Grundzüge der Geschichte der Habsburgermonarchie und Österreichs*, p.230; K.G. Hugelmann, *Das Nationalitätenrecht nach der Verfassung von 1867*(Wien, 1934), p.95; A.O. Zeithammer, *Zur Geschichte der böhmischen Ausgleichversuche* I.(Prag, 1912), pp.15~16; F. Prinz, *Geschichte Böhmens 1848~1948*, pp.114~116; .Jandásek, *Přehledné dějíny Sokolstva*(Praha, 1923), pp.27~28; Anonymus, *Verrat an dem deutschen Volkhoch Österreich! hoch Deutschland! Auf gegen Preßen!*(Wien, 1866), p.4.

의 개최를 공식적으로 제안했고 그것에 대한 제국 내 슬라브 정치가들의 반응 역시 긍정적이었다. 이에 따라 7월 25일 저녁부터 회의 참석자들은 빈에 도착하기 시작했는데 이날은 바로 니콜스부르크(Nikolsburg)에서 오스트리아와 프로이센 사이에 휴전 조약이 체결된 날이기도 했다. 슬라브 정치가들의 이러한 행보에 빈의 언론들도 큰 관심을 보였다. 특히 이들은 슬라브 정치가들이 오스트리아 제국의 어려운 상황을 악용하지 않을까에 심한 우려를 표명하기도 했다. 실제적으로 빈의 언론들은 슬라브 정치가들이 자신들의 정치적 목적, 즉 오스트리아 제국의 연방체제화를 구체화하지 않을까 하는 두려움을 가졌기 때문에 그것의 저지가 바로 자신들의 과제라고 인식했다.

138

\\\\\ 소슬라브 민족회의의 활동

빈에 집결한 슬라브 정치가들은 1848년 5월말 프라하에서 개최되었던 슬라브 민족회의에서와 같이 자신들의 정치적 요구 사안들을 집약시킨 선언문(Proponendum) 작성을 결의하고 그러한 과제를 팔라츠키와 리게르에게 위임했다. 슬라브 정치가들의 이러한 입장 표명은 그들이 급격히 변화되는 국내적 상황에 더 이상 수수방관하지 않고 적극적으로 대처하여 그들의 민족적 이익을 보호하고 증대시키겠다는 의지의 표현으로도 볼 수 있을 것이다. 소슬라브 민족회의가 진행되는 동안 팔라츠키와 리게르는 프란츠 요제프 1세를 알현할 기회를 가졌다. 여기서 이들은 슬라브 정치가들이 1848년 이후부터 강조했던 친오스트리아슬라브주의가 제국에게 어떠한 이점을 가져다주었는가를 상세히 언급했다. 아울러 이들은 빈 정부가 추진하던 이중체제의 문제점들에 대해서도 비교적 자세히 거론했다. 그러나 프란츠 요제프 1세는 이들의 견해에 깊은 관심을 보이지 않았는데 그것은 그가 슬라브 정치가들의 견해를 수용할 경우 야기될 수 있는 제국의 슬라브화와 거기서 파생되는 문제점들에 대해서만 우려했기 때문이다.

이 당시 슬라브 정치가들, 특히 체코 정치가들로부터 지지를 받던 벨크레디가 슈멜링에 이어 1867년 7월 27일 빈 정부의 수상으로 임명되었다.[20] 취임 즉시 그는 2월헌법의 효력을 정지시켰을 뿐만 아니라 보헤미아 지방에서 체코어와 독일어의 사회적·법적 동등화를 실현하기 위해 1864년 초에 제정된 언어강제법(Sprachenzwangsgesetz)의 시행 역시 필요하다는 관점도 피력했다. 그런데 언어강제법은 고등학교 및 실업학교(Realschule)에 재학 중인 학생들 모두가 자신들이 사용하는 국어뿐만 아니라 당시 통용 중인 다른 언어 역시 반드시 배워야 한다는 내용을 담고 있었다. 벨크레디가 실시한 일련의 정책은 슬라브 정치가들, 특히 체코 정치가들의 관심과 지지를 얻기에 충분했다. 뿐만 아니라 벨크레디는 당시 슬라브 정치가들의 최대 관심 현안으로 부각된 이중체제의 도입을 반대했을 뿐만 아니라 민족문제도 나름대로 해결하고자 했는데 그것은 민족 단위체 원칙에 따라 제국을 5원화(Pentarchie)하는 것이었다.[21]

---

20 벨크레디는 빈 정부의 수상으로 임명되기 전에 프라하 총독으로 활동했다. K. Bosil, *Handbuch der Geschichte der böhmischen Länder* Bd., Ⅳ(Stuttgart, 1968), p. 126.

21 M. Erbe, *Die Habsburger 1493~1918*(Stuttgart–Köln–Berlin, 2000), p.227; H. Traub, "Ze života a působeni Egbĕrta hrabeta Belcrediho", in: *Česká revue* 10(1917), pp.82~86; K. Bosil, *Handbuch der Geschichte der böh-*

① 독일 알프스 지역

② 보헤미아–모라비아 지방의 주데텐 산맥 분지 지역

③ 헝가리 중부 도나우 지역

④ 폴란드–루테니아–갈리치아 지역(오늘날의 폴란드 남부 지역)

⑤ 남슬라브–칼스트 지역

그러나 프란츠 요제프 1세는 벨크레디의 구상이 독일 민족의 법적·사회적 지위를 약화시킬 수 있다는 판단을 했기 때문에 가까운 시일 내에 그를 해임하고 보이스트(Beust)를 차기 수상으로 임명하려고 했다. 이 당시 벨크레디 내각에서 외무장관으로 활동하던 보이스트는 적어도 제국의 1/2 이상의 지역(라이타 강 서부 지역)에서 독일 민족의 우위권을 보장받는 이중체제를 지지했을 뿐만 아니라 그것의 조속한 실행 역시 필요하다는 주장도 펼치고 있었다.[22]

프란츠 1세와의 독대에서 아무런 성과를 거두지 못함에 따라 팔라츠키와 리게르는 슬라브 정치가들의 요구 사항들을 집약시키는 작업에 착수했고 그것을 토대로 한 선언문도 작성했다.[23]

---

mischen Länder, pp.126~128; Robert A. Kann, *Das Nationalitätenproblem der Habsburgermonarchie*, p.303; J. Křen, "Palackýs Mitteleuropavorstellung", p.138.

22 1866년 10월 30일 빈 정부의 외무장관으로 임명되기 전에 작센(Sachsen) 왕국의 외무장관으로 활동했던 보이스트는 다음 해 2월 7일 빈 정부의 수상으로 임명되었다. M. Erbe, *Die Habsburger 1493~1918*, p.227; Robert A. Kann, *Das Nationalitätenproblem der Habsburgermonarchie*, p.303; G. Morava, *Franz Palacký*, p. 205.

23 K. Bosil, *Handbuch der Geschichte der böhmischen Länder*, p.127; F. Prinz, *Geschichte Böhmens 1848~1948*, pp.123~126. 리게르는 이미 1865년에 역사적 전통에 따라 제국을 분할하는 것이 주어진 상황에서 채택할 수 있는 최선의 방법이라고 언급했다.

1) 향후 빈 정부는 어느 특정 민족의 특성과 이익만을 강조하고 그것을 보호하는 정책을 펼쳐서는 안 될 것이다. 왜냐하면 우리는 그러한 정책의 시행 과정에서 발생한 문제점들과 그것들이 가지는 심각성을 잘 알고 있기 때문이다.

2) 역사적—국법상으로 나눈 5개의 지방군([구오스트리아 지역은 ① 상오스트리아 지방과 ② 하오스트리아 지방으로 나눈다] ③ 보헤미아 지방 ④ 부코비나를 포함한 갈리치아 지방 ⑤ 헝가리 지방)은 빈 정부에 그들 지방군의 권익 옹호 및 문제점들을 정확히 전달하기 위해 궁내대신(Hofkanzler)을 파견할 수 있다. 또한 각 지방군은 독자적으로 그들 지역의 사법 문제를 처리·해결할 수 있게끔 지방 재판소(Gerichtshof)를 설치·운영할 권한을 가진다.

3) 궁내대신의 제안으로 각 지방군은 지방정부를 구성할 수 있다. 아울러 빈 정부는 각 지방정부의 정무장관을 지방정부의 동의 없이 임명할 수 있는데 그것은 통합국가 유지에 절대로 필요하기 때문이다. 그리고 각 지방정부는 중앙정부의 이러한 권리 행사에 이의를 제기할 수 없다.

4) 지방군민들은 지방군 의회 의원들을 직접 선출한다. 이렇게 구성된 각 지방군 의회는 그들 지방 통치에 필요한 법률도 제정할 수 있다.[24] 제국의 황제는 각 지방군 의회에서 통과된 법률에 절대적인

---

24 이 당시 팔라츠키는 보통·평등선거 제도를 지방군 의회 선거에 도입해야 한다는 관점을 피력했다. 이렇게 할 경우 선거권을 가진 슬라브인들의 수는 급격히 늘어날 것이고 그러한 것은 분명히 독일인들의 반발을 유발시키는 요인이 될 것이다. K. Bosil, *Handbuch der Geschichte der böhmischen Länder*, p.128.

거부권을 행사할 수 없고 입법을 지연시키는 권한만을 가진다.[25] 아울러 각 지방군 의회는 학교와 관공서 등의 사회생활에서 민족적·언어적 동등화를 실현시키고 그것의 유지에 대해서도 관심을 보여야 할 것이다.

제국에 대한 각 지방군의 조세 및 국방비 부담은 그들의 경제적 능력에 따라 공평히 결정되어야 한다. 그리고 국민들로부터 징수하는 세금 중 간접세는 국가의 중요한 정책 과제의 재원으로 사용해야 한다. 이에 반해 각 지방군은 자신들의 지방에서 징수하는 직접세를 지방 예산의 중요한 재원으로 활용할 수 있는데 빈 중앙정부는 그것에 대해 이의를 제기하거나 간섭할 수 없다.

5) 빈 정부는 조속한 시일 내에 국민에게 부담을 주고 있는 조세제도를 전반적으로 개편해야 할 것이다. 국민에게 과다한 세금을 부과한다는 것은 정부와 정부 정책에 대한 불신 및 무관심만을 유발시키기 때문에 국가경제 운용에 저해 요소로 작용할 수 있다.

6) 제국의회는 각 지방군과 직속령에서 선출된 인물들로 구성한다. 각 지방군은 그들의 인구 및 담세 능력에 따라 할당된 정족수를 선출하면서 그들 지방의 지역적인 상황도 고려할 수 있다. 이렇게 구성된 제국의회는 제국 내 제 민족의 법적·사회적 동등화를 구현하고 그것을 유지하기 위한 정책 마련에도 관심을 가져야 할 것이다. 아울러 제국의회는 지방군들 사이에서 발생할 수 있는 충돌이나 이해관계를 공명하고 신속히 해결할 수 있는 기구도 마련해야 할 것

142

---

25 팔라츠키가 빈 제국회의에서 언급한 황제의 권한이 여기서 다시 축소되었음을 확인할 수 있다. K. Bosil, *Handbuch der Geschichte der böhmischen Länder*, p.128.

이다.

팔라츠키와 리게르가 작성한 선언문은 연방체제로 제국 내 제 문제를 해결할 수 있다는 것을 강조했을 뿐만 아니라 슬라브 민족의 사회적 지위 향상과 법률적 권익 옹호 역시 그러한 체제하에서 가능하다는 것을 부각시켰다. 아울러 여기서는 오스트리아 제국의 경제적 상황이 프로이센 왕국이나 작센 왕국보다 열악하기 때문에 그것의 개선이 절실히 필요하다는 주장도 제기되었다. 즉 팔라츠키와 리게르는 빈 정부에게 경제적 활성화에 필요한 조치들을 신속히 마련할 것을 요구했고 그것을 위해서는 국방비의 대폭적인 삭감이 선행되어야 한다는 입장도 강력히 피력했던 것이다.

빈 회의에 참석한 대다수의 슬라브 정치가들은 팔라츠키와 리게르가 작성한 선언문에 긍정적인 반응을 보였지만 참석자들의 일부, 특히 3월혁명 이후 줄곧 과격한 노선을 지향한 폴란드 참석자들은 이 선언문에 동의하지 않았다. 그것은 아마도 이들이 지방군 편성에서 그들 민족이 당하게 될 불이익을 생각했을 뿐만 아니라 그들 민족이 오스트리아 제국의 지배로부터 벗어나야 한다는 주장과도 일치되지 않았기 때문이다.[26]

1848년 5월에 개최된 슬라브 민족회의에서와 같이 이번 모임에서도 슬라브 정치가들은 그들 사이의 의견 대립으로 어떠한 합의점도 찾지 못하는 우(愚)를 다시금 범했다. 프란츠 요제프 1세 역시 처음부터 이 소슬라브 민족회의에 관심을 보이지 않았고 프로이센과의 전쟁에서 패한 후 거의 기정 사실화된 제국의 이원화를 위해 언

---

26 K. Bosil, *Handbuch der Geschichte der böhmischen Länder*, pp.128~129.

드라시(J. Andrassy) 백작[27]을 비롯한 일련의 헝가리 정치가들과 펼치던 정치적 타협을 최종적으로 마무리하려고 했다.[28]

\\\ 제국 내 독일 정치가들의 활동과 지향 목표

쾨니히그래츠 패전 이후 제국 내 슬라브 정치가들, 특히 체코 정치가들이 펼친 긍정적 행보와는 달리 제국 내 독일인들은 커다란 충격에서 벗어나지 못했다. 실제적으로 형제전쟁에서 패한 직후 제국 내 많은 독일인들은 공황적 상태에 놓이게 되었고 이들 중의 상당수는 깊은 절망에 빠지기도 했다. 게다가 제국 내에서 독일인들의 위상이 이전보다 크게 격하되었는데 그것은 벨크레디의 빈 정부가 전쟁 이후 제국을 근본적으로 개편하려고 한 데서 비롯된 것 같다.[29] 실제적으로 제국 내 독일인들은 제국의 이러한 체제 변경에서 배제되었을 뿐만 아니라 독일권으로부터의 지원마저 차단된 상태에 있

---

27 그는 1851년 오스트리아 제국에 대한 반역죄로 체포 즉시 처형한다는 선고를 받았다. K. Bosil, *Handbuch der Geschichte der böhmischen Länder*, p.129; E.J. Görlich, *Grundzüge der Geschichte der Habsburgermonarchie und Österreichs*, p.231

28 K. Bosil, *Handbuch der Geschichte der böhmischen Länder*, pp.130~131; E.J. Görlich, *Grundzüge der Geschichte der Habsburgermonarchie und Österreichs*, p.231; J. Křen, "Palackýs Mitteleuropavorstellung", pp.142~143; F. Prinz, *Geschichte Böhmens 1848~1948*, pp.124~128; F. Weissensteiner, *Große Herrscher des Hauses Habsburg*, p.320. 이들의 정치적 타협은 1867년 2월 8일에 끝났다.

29 W. Mertel, *Graf Richard Belcredi 1823~1902. Ein Staatsmann aus dem Österreich Kaiser Franz Josephs*(Wien, 1962), pp.29~32.

었다.[30]

　이러한 위기적 상황에서 슈타이어마르크의 독일 정치가들은 자신들의 정치적 관점을 피력하는 능동성을 발휘하기 시작했다. 이 당시 이들은 패전 이후 그들 민족이 놓이게 될 상황과 거기서 야기될 불합리성을 인지했기 때문에 제국에 대해 무관심을 표명하기보다는 민족적 위상 및 권한 증대를 위한 능동성 발휘에 관심을 보였다. 여기서 이들은 오스트리아 제국의 초민족주의적 특징을 활용하여 그들 민족의 우위권 유지에 필요한 방안들을 강구했고 거기서 이전의 영역보다 제한되거나 축소된 오스트리아가 그 대안이 될 수 있다는 것도 파악했다. 이러한 관점을 토대로 이들은 제국을 오스트리아와 헝가리의 지배하에 놓이게 할 경우, 즉 제국을 양분할 경우 그것이 바로 독일인들의 위상을 오스트리아 제국에서 보장받는 최상의 방법이라는 것도 인지하게 되었다. 또한 이들은 통합 독일과 우호적 외교정책을 펼치고 내정에서 독일화 정책을 강력히 추진할 경우 이것 역시 독일인들의 위상을 보장받을 수 있는 또 다른 대안이 될 수 있다는 주장도 펼쳤다. 따라서 이들은 1866년 이후 제국에 등장한 새로운 상황과 빨리 타협할 수 있는 유연성도 갖추게 되었는데 이것은 제국 내 민족적 자유주의자들, 즉 정통 자유주의자들이 제국을 포기한 것과는 달리 새로운 상황에서 그들의 존재 가능성을 모색하면서 찾아낸 방안들을 빨리 실천하려고 한 데서 확인할 수 있다.[31]

　쾨니히그래츠 패배 이후 오스트리아 제국 내 독일 정치가들은

145

30　E. Somogyi, *Vom Zentralismus zum Dualismus*, p.60.

31　이들 독일 정치가들은 독일자치주의자로 지칭되기도 했다. E. Somogyi, *Vom Zentralismus zum Dualismus*(Wiesbaden, 1983), p.60.

주로 언론을 통해 그들의 정치적 관점을 피력했다. 전투가 끝난 지 몇 주 안 된, 1866년 8월 초 당시 언론가로 활동하던 피시호프(Fischhof)가 그라츠(Graz)에서 간행되던 『텔레그라프(Telegraf)』에 시론 (Meinungsäusserung)을 투고했는데 그 내용으로 인해 이 투고문은 바로 세간의 주목 대상이 되었다. 피시호프는 패전 이후 오스트리아 제국에서 전개되던 상황을 긍정적 측면에서 접근했는데 이것은 당시 슈타이어마르크 지방 내에서 확인되던 특유의 염세주의적 성향과는 대치된다고 하겠다.[32] 피시호프는 얼마 안 되어 시론의 후속 글을 『오스트리아 상황에 대한 조망(Ein Blick auf Österreichs Lage)』이라는 소책자에 게재했다.[33] 이 책자에서 피시호프는 전쟁의 후유증이 심각하지만 오스트리아인들은 당시 상황을 올바르게 직시해야 한다는 것을 강조했다. 패전으로 오스트리아 제국이 이탈리아 북부 지역을 상실했지만 이 지방은 현실적으로 도나우 제국에 완전히 동화될 수 없는 지방이라는 것이다. 따라서 이러한 영토 상실에서 비롯되는 후유증은 의외로 쉽게 극복할 수 있다는 것이 그의 주장이었다.[34] 피시호프는 독일과 관련된 상황에 대해서도 입장을 밝혔다. 그에 따를 경우 오스트리아 제국 내 독일인들은 지난 10년간 그들 제국 존속을 위해 혼신의 노력을 기울였다는 것이다. 그러나 그는 민족의 평화로운 공존이 원래의 독일권, 즉 독일 연방체제하에서 정착

---

32 이 지방의 독일인들은 그들이 어떠한 상황에 직면할 경우 항상 최악의 경우만을 생각하기 때문에 쉽게 그들의 목표를 포기하곤 했다. E. Somogyi, *Vom Zentralismus zum Dualismus*, p.60.

33 A. Fischhof, *Ein Blick auf Österreichs Lage*(Wien, 1866), pp.25~26.

34 피시호프가 지적한 이탈리아 북부 지역은 베네치아(Venezia)를 지칭한다. A. Fischhof, *Ein Blick auf Österreichs Lage*, pp.1~3.

될 수 없다는 것을 지적했다. 그리고 현재 제국 내에서 수적 우위를 점유하는 슬라브 민족들의 위상 또는 영향력을 보다 증대시키기 위한 제 방안이 구체적으로 강구되면서 제국 내 독일인들은 더 이상 그들의 지위를 보장받을 수 없게 되었다는 것이 피시호프의 분석이었다. 그리고 이러한 분석은 제국 내 제 민족이 그들의 민족적 권한 증대에도 불구하고 공동제국에 대한 그들의 의무이행에 대해서는 등한시하고 있다는 불만에서 비롯된 것 같다.[35]

여기서 피시호프는 오스트리아–헝가리와의 타협 실현을 위한 실용적 제안을 했고 그 과정에서 그는 제국 내 독일 정치가들의 주도권을 배려하는 섬세성도 보였다. 피시호프는 자신의 구상을 구체화하기 위해 당시 같은 관점을 가졌던 카르네리(Carneri)와도 협상을 모색했다.[36] 이를 위해 그는 카르네리에게 서신을 보냈는데 거기서 그는 오스트리아 제국의 현재적 상황을 직시하고 아직까지 구할 수 있는 것들이 있다면 반드시 구해야 한다는 것을 강조했다. 또한 서신에서는 오스트리아 제국이 이원 체제로 변형되어야 한다는 것도 강조되었다. 그리고 피시호프는 오스트리아 제국이 세계에서 가장 자유로운 국가가 된다면 언젠가는 다시 독일 제국이 오스트리아 제국에 편입될 것이라고 언급했지만 당시 지식인들은 그러한 것이 현실적으로 불가능하다는 것을 잘 알고 있었다.[37]『텔레그라프』에서 거론된 피시호프의 이중체제를 가지고 제국 내 대표적 자치주의자였던 레흐

---

35 A. Fischhof, *Ein Blick auf Österreichs Lage*, pp.4~6.

36 B. Carneri, *Österreich nach der Schlacht bei Königsgrätz*(Wien, 1866), p.11.
　　A. Fischhof, *Ein Blick auf Österreichs Lage*, pp.14~17.

37 R. Charmatz, *Adolf Fischhof. Das Leben eines österreichischen Politikers*(Stuttgart, 1910), pp.210~211.

바우어(Rechbauer)는 1866년 11월 3일 카르네리와 대화를 했다.[38]

1866년 가을 그라츠 일간지 『텔레그라프』는 1862년 「오스트리아 제국의 통합(Zur Einigung Österreichs)」이라는 제목으로 공개된 프리드만(Friedmann)의 논문에 관심을 표명하면서 그 내용 분석도 시도했다.[39] 논문에서 프리드만은 1861년에 출간한 자신의 소책자에서 강조한 권리 상실론을 다시금 부각시켰는데 그에 따를 경우 이 이론은 오래된 역사적 제 권한에 집착하던 헝가리 정치가들로부터 제기되었다는 것이다. 신문에 따를 경우 프리드만은 이미 1860년대 초반부터 온건적 이중체제의 도입을 언급했고 이것은 1865년부터 제기되던 독일 자치론자들의 기본적인 입장과도 일치한다는 것이었다.[40] 이 당시 언론을 통해 자신의 관점을 피력했던 프리드만은 이중체제뿐만 아니라 다음의 것들에 대해서도 구체적으로 언급했다. 그에 따를 경우 이제 합스부르크 왕조는 독자적으로 헝가리, 폴란드, 독일, 그리고 남슬라브와 관련된 문제들을 해결할 수 없게 되었는데 그것은 이러한 문제점들이 제국 내에서 제기되던 문제들과 연계될 뿐만 아니라 오스트리아 제국의 외교정책과도 직접적으로 관련되기 때문이라는 것이다. 그리고 프리드만은 독일 연방헌법을 근본적으로 개혁해야 할 상황에 놓여 있음을 지적했다. 만일 이러한 개혁이 시행될 경우 오스트리아 제국은 더 이상 독일 연방의 일원이 될 수 없기 때문에 국제법상 통합 독일과 동맹 체제를 구축해야 한다는

148

---

38 P. Molisch(ed.), *Briefe zur deutschen Politik in Österreich von 1848 bis 1918*(Wien, 1934), pp.33~34.

39 O.B. Freidmann, *Zur Einigung Österreichs. Ein Denkschrift*(Stuttgart, 1862), pp.1~10.

40 Telegraf(1866.11.28.)

것이다. 이렇게 될 경우 오스트리아 제국은 근본적 개혁을 시행하여 제국 내 제 민족에게 어느 정도의 문화적 또는 행정적 자치권을 부여해야 하는데 이 과정에서 제국을 이원 체제로 재구성해야 한다는 것이 프리드만의 구상이었다.[41]

그런데 왜 『텔레그라프』의 편집진이 1866년 가을 프리드만에게 '쾨니히그래츠 패전 이후의 왕조적 상황에 대해 언급하게 했을까' 라는 의문이 제시되는데 그것에 대한 구체적 해답은 아직까지 확인되지 않고 있다. 프리드만은 1866년 11월 말부터 12월 초까지 『텔레그라프』에 게재한 「우리는 오늘날 어디에 있는가(Wo stehen wir heute)」에서 자신이 1862년부터 온건적 이중체제를 지향했음을 다시금 밝혔다.[42] 프리드만은 이중체제 또는 독일−슬라브 세습 영역들과 헝가리 영역 간의 정치적 동맹만이 계몽주의적 절대왕정 체제에서 입헌군주정 체제로 넘어가는 과도기적 상황에서 활용할 수 있는 국가 연합 체제라고 했다. 이 과정에서 헝가리의 역사적 제 권리를 인정하고 헝가리가 독자적으로 발전할 수 있게끔 제도적 장치를 마련해야 한다는 것이 그의 견해였다. 그리고 프리드만은 공동 관심사에서 비롯된 일련의 제 요구를 실현시키기 위해 이중체제를 정합국의 형태로 변형시켜야 하고 거기서 공동의 제국의회를 구성하고 단일 헌법을 제정해야 한다는 입장도 밝혔다.[43] 또한 프리드만은 이러

---

41 Telegraf(1866.11.28.)

42 Telegraf(1866.11.28., 1866.11.30.,1866.12.2.,1866.12.5)

43 E.T.v. Falkenstein, *Der Kampf der Tschechen um die historischen Rechte der böhmischen Krone im Spiegel der Presse 1861~1879*(Wiesbaden, 1982), p.46 ; F. Palacký, *Spisy drobné* Bd., I(1898), pp. 387 ff ; G.J. Morava, *Franz Palacký*(Wien, 1990), p.198.

한 질서 체제하에서 오스트리아 제국 내 독일인들이 제국 내에서 그들 민족의 민족적 발전을 보장받고 행정 분야 및 경제생활에서 그들의 관심사를 증대시킬 경우 제국 내에서 이들은 그들의 버팀목을 자연스럽게 확보하게 되리라는 분석도 했다. 즉 독일인들은 오스트리아 제국에서 그들 존재를 법적으로 보장받을 경우 이들 역시 기꺼이 합스부르크 왕조를 위해 희생할 준비를 갖추게 될 것이라는 것이다. 또한 프리드만은 오스트리아 제국 내 독일인들의 지위가 통합 독일과의 관계 여하에 따라 향상될 수 있음을 언급했는데 그것을 위해 빈 정부가 프로이센과 건설적 우호 관계를 수립하고 프라하 평화조약에 따른 독일 통합 지원도 이행해야 한다는 것이다. 그리고 빈 정부가 통합 독일과 정신적, 민족적 연계를 계속 유지해야 한다는 것이 프리드만의 주장이었다.[44]

이렇게 프리드만의 이론이 구체적으로 언급된 것은 그가 속한 정당, 독일자치당의 기본적 지향 노선이 그대로 그의 이론에서 표출되었기 때문이다. 이 당시 제국 내 자치주의자들은 자유주의적 제 권리 증대를 통해 외부 세력으로부터 도나우 제국을 보호하고 동시에 제국 내에서 독일인들의 위상 역시 보장받을 수 있다는 확신을 가지고 있었다. 이것은 이들이 이중체제와 더불어 프라하 평화조약의 중요성을 간파했기 때문이다. 그러나 독일의 자치주의자들은 아직까지 이원 체제가 정립되지 않은 사실을 간과하지 않았다. 따라서 자치주의적 정당들은 벨크레디의 연방주의적 실험에 대한 지원을 거부하면서 동시에 정통적 중앙주의적 자유주의 진영과도 타협해야 하는 이중적 과제를 부여받았다고 할 수 있다. 그리고 신생 통합 독

---

44 Telegraf(1866.11.28., 1866.11.30.,1866.12.2.,1866.12.5)

일과 우호적 관계를 유지해야 한다는 자치주의자들의 관점은 누가 이 집단을 주도하든 변할 수 없는 사안으로 간주되기 시작했다.[45]

　이 당시 또 다른 대표적 독일 자치주의자였던 카이저펠드(Kaiserfeld)도 1866년 7월 5일 프리드만과 유사한 관점을 피력했는데 그것은 그가 통합 독일과의 관계 지속을 통해 오스트리아 제국이 현재적 지위를 보장받을 수 있다고 언급한 데서 확인할 수 있다. 따라서 그는 오스트리아 제국이 통합 독일과 미래 지향적이고 건설적 관계를 정립해야 한다고 했다. 카이저펠드는 오스트리아 제국이 통합 독일과 우호 정책을 펼칠 경우 이 제국은 향후 보다 건실해지리라는 예견을 하면서 프로이센에 대한 보복 전쟁은 더 이상 고려 대상이 될 수 없다는 현실론적인 입장도 부각시켰다.[46] 1866년 10월 3일 그는 『텔레그라프』에 다시 기고했는데 거기서 그는 오스트리아 제국 내 독일인들이 대독일 민족의 일원이라는 것과 수백 년에 걸쳐 독일과 연계되었던 사실을 망각해서는 안 된다는 언급을 했다. 아울러 그는 앞으로도 그러한 구도가 유지될 수 있게끔 제국 내 독일인들이 혼신의 노력을 기울여야 한다는 주장을 펼치면서 자신을 비롯한 자치주의자들이 그러한 것을 실현하는 데 필요한 행동에 나서야 한다는 견해를 제시하기도 했다.[47] 실제적으로 쾨니히그래츠 패배로 중앙주의적 이념을 대신하여 독일 자치론자들이 제시한 이중체제가 제국 내

45　E. Somogyi, *Vom Zentralismus zum Dualismus*, p.62.

46　*Orszagos Széchényi Könyvtár*(=OSzK) Budapest, Handschriftsammlung (1866.7.5.).

47　OSzK Budapest, Handschriftsammlung(1866.10.3.); F. Krones, *Moritz von Kaiserfeld. Sein Leben und Wirken als Beitrag zur Staatsgeschichte Österreichs in den Jahren 1848 bis 1884*(Leipzig, 1888), pp.248~250.

팔백만 독일인들을 결속시킬 유일한 대안으로 부각되고 있었다.[48]

\\\ 이중체제의 도입과 슬라브 정치가들의 반발

프란츠 요제프 1세는 1867년 3월 15일 오스트리아 제국의 이원
화를 공식적으로 선포했고 그것에 따른 효력 발휘는 1867년 6월 12
일부터 시작되었다. 이에 따라 독일 민족과 헝가리 민족은 제국 내
에서 지배 민족으로 등장하게 되었고 이들 민족은 자신들에게 할당
된 영역을 아무런 제한 없이 통치하게 되었다.[49] 오스트리아-헝가리
제국은 독자적 주권을 보유한 2개의 개별 왕국이 1명의 군주를 정점
으로 하여 하나의 국가 형태를 취한 것이다. 외교, 국방, 그리고 재
정 부문은 양국의 공동 사안으로 간주하여 개별 국가 내에 별도의 부
처가 설치되지는 않았지만 기타 업무는 각각의 정부가 독자적 부처
를 설치하여 해결하도록 했다. 즉 한 국가에 2개의 중심(2개의 정부,
2개의 의회)이 존재하는 이중 왕국으로 변형된 것이다. 양국 간의 공
동 업무 사항으로 간주된 분야는 양국 정부와 의회 대표들에 의해 통
제하게끔 규정되어 있었다. 관세와 무역에 관한 규정, 그리고 발권
은행으로서의 중앙은행 설치와 운영 문제 등을 비롯한 경제적 업무
사안들은 매 10년마다 양국이 새로 타협하여 협정을 맺기로 했다.
1867년 6월의 타협으로 합스부르크 황제는 군주로서의 절대적 지위

152

---

48 Telegraf(1866.8.25.); E. Somogyi, *Vom Zentralismus zum Dualismus*, p.64.

49 K. Bosil, *Handbuch der Geschichte der böhmischen Länder*, p.131; E.J.
Görlich, *Grundzüge der Geschichte der Habsburgermonarchie und Öster-
reichs*, p.231; F. Herre, *Kaiser Franz Joseph von Österreich*(München, 2001),
pp.226~227.

를 보장받았고 양국 간의 이해가 상충할 때 그것을 최종적으로 결정할 수 있는 권한도 확보하게 되었다.[50] 그런데 빈 정부가 도입한 이중체제는 팔라츠키가 자신의 저서인『오스트리아 제국의 국가 이상』에서 밝힌 이중체제의 제 유형에서 '정합국'에 해당된다 하겠다.[51]

　이중체제가 공식적으로 도입된 후 보헤미아 지방의회에서 활동하던 81명의 체코 정치가들은 의원직을 포기했다. 이에 따라 빈 정부는 새로운 지방의회를 구성하겠다는 입장을 밝혔고 가까운 시일 내에 의회 구성에 필요한 선거도 실시하겠다는 언급도 했다. 체코인들은 빈 정부의 이러한 대응에 격분했고 그것은 이들로 하여금 프라하를 비롯한 보헤미아 지방의 여러 도시에서 '타보리(tabory)'라는 옥외 집회를 개최하게 했다. 집회에 참석한 사람들은 빈 정부가 국사조칙에서 확인, 강조된 체코 왕국의 지위 및 권한을 인정할 의무가 있다고 주장했다. 이러한 체코인들의 반정부 집회가 확산됨에 따라 빈 정부는 우려를 표명하게 되었고 그 대책 마련에도 고심하게 되었다. 점차 빈 정부는 헝가리인들에게 부여한 권한의 일부를 체코인들에게도 허용해야 한다는 것을 감지하게 되었고 그것을 정책

50　K. Bosil, *Handbuch der Geschichte der böhmischen Länder*, pp.131~132; M. Erbe, *Die Habsburger 1493~1918*, pp.222~223; F. Herre, *Kaiser Franz Joseph von Österreich*, p.227.

51　1867년 오스트리아 제국에 도입된 이중체제를 '군합국가'로 보는 관점이 많다. 그러나 양국 정부의 의회가 제국의 공동 사안인 국방, 외교, 그리고 재정 문제를 제외한 여타의 국정 사안들을 독단적으로 입안 · 처리할 수 있었다는 것을 고려한다면 군합국가보다는 정합국가(Volle Realunion)로 보는 것이 오히려 타당할 것이다. K. Bosil, *Handbuch derGeschichte der böhmischen Länder*, p.132; M. Erbe, *Die Habsburger 1493~1918*, p.223;F. Herre, *Kaiser Franz Joseph von Österreich*, p.228.

에 신속히 반영하겠다는 의지도 대외적으로 천명했다.[52] 그러나 체코인들은 빈 정부의 이러한 입장 표명에도 불구하고 자신들의 반발 강도를 높여갔다. 2만 명에 달하는 체코인들이 프라하의 판 광장(Panplatz)에 모여 빈 정부의 정책을 강력히 비난한 것과 체코 민족의 전설적 시조인 체흐(Čech)의 성지가 있는 르지프(Říp) 산과 후스(Hus) 전쟁의 영웅이었던 지슈카(Žižka) 장군의 승전지였던 지슈코프(Žižkov)의 비트코프(Vítkov) 산에 수만 명이 모여 시위한 것을 그예로 제시할 수 있을 것이다. 이에 빈 정부의 위정자들은 체코인들의 반정부 시위를 현 시점에서 중단시키지 않을 경우 야기될 수 있는 상황의 심각성을 고려하게 되었다. 따라서 빈 정부의 치안 관계자들은 여러 차례의 회합을 가지게 되었고 거기서 프라하 전역을 계엄령하에 두기로 결정했다.[53] 팔라츠키와 리게르를 비롯한 체코 정치가들은 빈 정부의 정책에 대해 심한 불만과 배신감을 토로하면서 제국의 이원화를 기정 사실로 인정했다.

이후 이들은 더 이상 빈의 위정자들과 어떠한 정치적 타협도 모색하지 않았다.[54] 아울러 이들은 그들 민족의 법적·사회적 지위 향상 및 민족성 유지를 오스트리아 제국이 아닌 다른 질서 체제에서 찾고자 했다. 즉 이들은 당시 범슬라브주의의 기치 아래 슬라브 제

154

---

52 K. Bosil, *Handbuch der Geschichte der böhmischen Länder*, p.132; G.J. Morava, *Franz Palacký*, p.205.

53 K. Bosil, *Handbuch der Geschichte der böhmischen Länder*, p. 133; G.J. Morava, *Franz Palacký*, p.206.

54 F. Palacký, *Politisches Vermächtnis*(Prag,1872), p.26; F. Prinz, *Geschichte Böhmens 1848~1948*, pp.127~128; R. Hill, *Deutsche und Tschechen*(Opladen, 1986), p.32.

민족의 단결을 강조하던 러시아와의 접촉을 모색하게 되었고 그러한 움직임의 일환으로 팔라츠키와 리게르를 비롯한 84명의 체코 지식인들이 1867년 5월 15일 러시아 방문을 위해 프라하를 떠났는데 여기에는 슬라드코브스키, 마네스(J. Manes), 에르벤(K.J. Érben) 등도 참여했다. 그리고 팔라츠키와 정치적 견해를 달리했던 인물들도 러시아 방문에 동참했는데 그것은 이중체제의 도입을 반대한다는 공통분모에서 비롯된 것 같다.[55] 이 당시 팔라츠키와 리게르는 러시아 방문에 앞서 파리에서 개최 중이던 세계박람회에도 참석하려고 했다. 따라서 이들은 러시아 방문 본진과는 달리 1867년 5월 15일 파리로 향했고 다음 날 늦게 프랑스의 수도에 도착했다. 파리에 도착한 직후 이들은 박람회 관람보다는 프랑스의 정치가들, 특히 국회의원들과 접촉을 모색했고 거기서 체코 문제를 외교적 쟁점으로 비화시키려고 했다. 그리고 이들의 이러한 시도는 예상외의 성과를 거두었는데 그것은 적지 않은 국회의원들이 체코 문제에 지대한 관심을 표명했기 때문이다. 예상하지 않은 프랑스에서의 상황에 고무된 팔라츠키와 리게르는 베를린과 바르샤바를 거쳐 1867년 5월 19일 체코 정치가들의 본진이 머무르고 있던 빌나(Wilna)에 도착한 후 자신들의 파리 방문 업적을 상세히 보고했다. 아울러 팔라츠키는 체코 정치가들과 더불어 러시아 방문에 필요한 절차들을 재점검했다. 다음 날 체코 정치가들은 페테르스부르크(Petersburg)에 도착했고 이

---

55 F. Palacký, *Politisches Vermächtnis*, p.26; J. Křen, "Palackýs Mitteleuropavor-stellung", pp.139~140; G.J. Morava, *Franz Palacký*, p.206; A. Moritsch, *Briefe zur deutschen Politik in Österreich von 1848 bis 1918*, p.22; R. Hill, *Deutsche und Tschechen*, pp.709~710.

들은 지나칠 정도의 환영 및 후한 대접도 받았다. 리게르는 러시아에서의 이러한 상황을 부인에게 알리기 위해 편지를 썼는데 거기서 그는 장인 팔라츠키의 명성에 대해 적지 않은 러시아인들도 알고 있다는 사실을 언급했다. 또한 그는 일련의 환영 파티, 축제, 그리고 훌륭한 공연 등을 상세히 거론했을 뿐만 아니라 당시 러시아 주재 오스트리아 대사가 예상외로 보이스트와 러시아 수상이었던 고르차코프(Gortschakow) 사이의 외교적 용건을 비교적 객관적 관점에서 접근하고 있다는 사실도 알렸다. 러시아 방문 중 리게르는 가능한 한 정치적 언급을 하지 않았지만 팔라츠키는 고르차코프와의 대화에서 독일 민족과 헝가리 민족으로부터 위협을 받고 있는 슬라브 민족들이 러시아에 대해 큰 희망을 가지고 있음을 피력했다. 팔라츠키의 이러한 언급은 향후 오스트리아 제국이 멸망할 경우 보헤미아 지방이 프로이센의 전리품이 될 수 있다는 두려움에서 비롯된 것 같다.

1876년 5월 26일 체코 정치가들은 차르스코예셀로(Tsarskoe Selo)로 이동했다.[56] 여기서 팔라츠키, 브라우너, 에르벤, 그리고 하메르니크는 알렉산데르 2세의 여름 별궁도 방문했는데 이들에 대한 황제의 태도는 매우 우호적이었다. 그는 슬라브 제 민족의 조국인 러시아에서 슬라브 형제를 맞이한다는 자체에 큰 의미를 부여하고자 했다. 러시아 주재 오스트리아 대사는 차르스코예셀로에서의 상황도

---

56 차르스코예셀로는 '차르의 마을'이라는 뜻이다. 상트페테르부르크에서 남쪽으로 24킬로미터 떨어진 이곳에 별궁이 건축된 것은 예카테리나 1세 때였다. 차르스코예셀로라는 지명은 1937년 이 도시에서 교육을 받은 알렉산드르 푸시킨의 사망 100주기를 기념하기 위해 푸시킨(Pushkin)으로 바뀌었다.

빈에 자세히 보고했는데 그에 따를 경우 러시아인들이 체코 정치가들을 환영하기 위해 그들이 탄 마차 뒤를 따랐으며 이들은 마치 폴리네시아 제도에서 새로운 섬이 발견된 것처럼 기쁨에 들떠 있었다는 것이다. 1867년 5월 28일 팔라츠키를 비롯한 체코 정치가들은 모스크바에 도착했다. 이들은 이 도시에서 개최된 환영식에 초대되었고 인근 여러 지역에 대한 방문과 시찰을 하기도 했다. 이 도시에서 체코 정치가들은 러시아 방문의 외형상 목적으로 제시한 민속학 전람회를 참관하면서 셸링(Schelling)과 샤토브리앙(Chateaubriand), 그리고 드 메스트로(de Maistre)의 민족주의 이론을 수용한 일련의 러시아 지식인들과 접촉을 하기도 했다. 이러한 접촉에서 팔라츠키는 존경받는 슬라브 역사가로 소개되었고, 도브로프스키와 1861년에 사망한 샤파르지크 역시 학문적으로 높은 평가를 받았다. 팔라츠키는 러시아 지식인, 특히 민족주의자들을 상대로 연설할 기회도 가졌는데 이 자리에서 그는 체코 민족의 현재적 상황을 언급했다. 그는 우선 빈 정부가 체코 민족의 문화적 자치 요구에 무관심으로 대응하고 있다는 것과 주변 강대국들에 의해 체코 민족의 생존권마저 위협받고 있다는 사실을 거론했다. 이어 그는 러시아가 지속적으로 추진하던 범슬라브주의의 문제점에 대해서도 지적했다. 그는 러시아인들이 일방적으로 지향하는 슬라브 세계의 통합을 포기해야 한다고 했는데 그것은 단지 슬라브 세계의 파멸만을 유발시키기 때문이라는 것이다. 이어 그는 러시아 지식인들이 슬라브 제 민족이 독자적으로 발전할 수 있는 방안을 강구해야 한다는 것도 강력히 피력했다. 여기서 팔라츠키는 러시아 지식인들이 슬라브 제 민족을 동등한 동반자로 간주할 경우 슬라브 세계의 통합은 자연스럽게 이루어질 것이라는 입장을 밝히기도 했다. 그러나 악사코프(I. Akasakov),

카트코프(M.N. Katkow), 그리고 포고진(M. Pogodin)[57] 등은 팔라츠키의 이러한 관점에 동의하지 않았을 뿐만 아니라 슬라브 제 민족의 통합은 반드시 러시아의 주도로 진행되어야 한다는 견해도 고수했다. 아울러 이들은 슬라브 제 민족의 언어, 풍습, 그리고 종교적 독자성을 인정하지 않으려고 했다. 팔라츠키가 접촉한 러시아의 민족주의자들은 2차적 민족주의라 간주되는 문화적 민족주의보다는 혈연적 민족주의를 지향했기 때문에 이들은 슬라브 제 민족의 통합 실현을 자신들의 선결 과제로 인식했던 것이다.

점차 팔라츠키를 비롯한 체코의 지식인들은 러시아에서 펼친 자신들의 활동이 아무런 성과를 거둘 수 없다는 것도 인지하게 되었다. 여기서 이들은 알렉산데르 2세뿐만 아니라 러시아 지식인들이 자신들의 주도로 슬라브 세계가 통합되어야 한다는 입장을 포기하지 않는 한 자신들의 노력은 아무런 의미가 없다는 사실도 알게 되었다.[58] 러시아에서의 시도가 아무런 성과 없이 끝나게 됨에 따라, 리게르와 그의 추종자들은 당시 민족운동에 관심을 보였던 나폴레옹 3세(Napoleon III)의 지원을 받아 그들 민족을 오스트리아 제국으

---

57 M. Alexander, *Kleine Geschichte der böhmischen Länder*, p.343; M. Mauritz, *Tschechien*, p.36; F. Prinz, *Geschichte Böhmens 1848~1948*, p.133; R. Hill, *Deutsche und Tschechen*, p.33.

58 팔라츠키는 후에 자신의 러시아 방문을 평가하면서 '연방화된 오스트리아'가 향후 체코 민족이 추구해야 할 정치적 목적이라고 했다. J. Křen, "Palackýs Mitteleuropavorstellung", p.144; M. Mauritz, *Tschechien*, p.36; G.J. Morava, *Franz Palacký*, pp. 206~209; J. Moritsch, *Briefe zur deutschen Politik in Österreich von 1848 bis 1918*, p.22; B. Rill, *Deutsche und Tschechen*, p.710.

로부터 이탈시키고자 했다.[59] 팔라츠키 역시 1850년대 초반부터 체코 민족에 관심을 보인 로베르(C. Robert), 생 르나르(G. E. Saint-Renard Taillandier), 레제르(L. Léger), 드니(E. Denis) 등의 학자들과 학문적 교류를 지속했고 거기서 이들의 지원을 받을 경우 체코민족의 국제적 지위 향상도 가능하다는 판단을 하고 있었다. 아울러 그는 자신의 파리 방문에서 호의적 반응을 보인 프랑스 정치가들의 도움도 받을 수 있다는 확신을 가지고 있었다. 따라서 그는 리게르의 시도에 전적으로 동의했다. 이후 리게르는 약 1년 간 나폴레옹 3세와 비밀 접촉을 가졌는데 거기서 활용된 방법은 서신 교환이었다.[60]

나폴레옹 3세와의 접촉에서 리게르는 보헤미아 지방이 오스트리아 제국으로부터 독립할 경우 이 국가가 프랑스의 중부 유럽 정책, 특히 대프로이센 정책에 얼마나 효율적으로 활용할 수 있는가를 강조하는 데 주력했다. 즉 그는 프랑스가 보헤미아의 도움을 받을 경우 프로이센의 영토 확장 정책 및 독일권의 통합 계획을 보다 효율적으로 저지할 수 있음을 나폴레옹 3세에게 인지시키려 했던 것이다. 그렇지만 이 당시 나폴레옹 3세를 비롯한 프랑스의 정치가들은 비스마르크가 형제전쟁 발발 이전에 프랑스에게 약속한 영토적 보상을 확신했기 때문에 반프로이센 정책을 공식적으로 전개하려는 의도가 없었다. 따라서 나폴레옹 3세나 이 당시 파리 정부의 실세였

---

59 G.J. Morava, *Franz Palacký*, p.206 ; F. Prinz, *Geschichte Böhmens 1848~1948*, pp.138~140.

60 M. Görtemaker, *Deutschland im 19. Jahrhundert*(Opladen,1989) pp.298~302 ; F. Prinz, *Geschichte Böhmens 1848~1948*, pp.140~141 ; A. Wandruszka u. P. Urbanistsc ed., *Die Habsburgermonarchie*(1848~1918) Bd.,III.(Wien, 1980), pp.594~595.

던 제롬 나폴레옹(J. Napoleon)은 보헤미아 지방의 독립을 보다 구체화하기 위해 1869년 1월 초 파리를 방문한 리게르와의 협상을 회피했다. 그러나 제롬 나폴레옹은 리게르의 계획에 깊은 관심을 표명한 바 있었다. 따라서 그는 1868년 여름 비밀리에 프라하를 방문하여 팔라츠키와 리게르를 만났다. 그리고 그는 이들과 더불어 보헤미아 왕국과 프랑스와의 협조 체제를 구체화하려고 했다. 그러나 나폴레옹 3세는 조카의 시도를 부정적으로 보았기 때문에 그의 계획을 중단시켰다. 나폴레옹 3세의 이러한 조치는 비스마르크의 영토적 보상이 조카의 시도로 이루어지지 않을 수도 있다는 판단에서 비롯된 것 같다. 그럼에도 불구하고 리게르는 프랑스의 입장 변화를 기대했으나 결국 그러한 것은 실현되지 못했다.[61] 더욱이 파리 정부는 리게르의 시도를 빈 정부에 넌지시 알려 그의 정치적 행동 반경 및 그를 지지하던 체코 정치가들의 활동을 크게 위축시켰다. 프랑스의 도움으로 체코 민족의 독립을 모색했던 리게르의 시도는 파리 정부의 회피적이고, 이율배반적인 태도로 아무런 결실도 얻지 못했다.[62] 리

160

---

61 파리 정부와 체코 정치가들의 교섭을 취급한 저서들을 열거하면 ;
   E. Birke, *Frankreich und Ostmitteleuropa im 19.Jh.*(Köln-Graz, 1960)
   A. Grobelny, "K problematic ceskopolskych vztah u v letech 1868 az", in:
   Slovanske historicke studie 5(1963), S.5~83
   L. Thompson, *France, the Czechs and the Question of Austria 1867~1885*(Standford, Diss.,1946)

62 리게르의 시도가 실패로 끝나게 됨에 따라 팔라츠키는 러시아와의 재접촉을 구상했는데 그것은 그가 1870년 9월 5일 딸 마리에에게 보낸 서신에서도 확인되었다. 그러나 팔라츠키는 이러한 구상을 실천시키지는 않았다. K. Stloukal ed., *Rodinne listy Frantiska Palackeho dcere Mariia zeti F.L. Riegrovi*(Praha,1930), p.251.
   "나는 보헤미아 왕국을 독립시키거나 또는 시스라이타니엔이라 지칭되

게르와 프랑스 정치가들 사이의 비밀 협상이 밝혀짐에 따라 프란츠 요제프 1세는 체코 정치가들과의 타협을 유보하고 보수적 정치가로 알려진 하스너(Hasner)를 새로운 수상으로 임명하여 중앙체제를 보다 강화시키고자 했다. 그러나 그는 자신의 이러한 계획을 실행하지는 않았는데 그것은 그 자신이 보헤미아 문제의 심각성을 정확히 파악했을 뿐만 아니라 가능한 한 빨리 체코 정치가들과 정치적 타협도 모색해야 한다는 인식을 가졌기 때문이다. 프란츠 요제프 1세의 이러한 자세에도 불구하고 오스트리아에 대한 체코 정치가들의 반감은 약화되지 않았다.[63]

\\\ 소극정치와 능동정치

이중체제가 도입된 이후 제국 내 체코 정치가들은 그러한 질서체제를 인정하지 않으려고 했다. 따라서 이들은 외부 세력, 특히 러시아와 프랑스의 지원을 받아 자신들이 지향하는 정치적 목표, 즉 자치권 획득 내지는 민족적 독립을 쟁취하려고 했지만 실패하고 말았다. 이렇게 체코 정치가들의 시도가 실패로 끝났음에도 불구하고

는 지방을 멸망시키는 것이 체코 민족의 최대 과제라는 사실을 잘 알고 있다. 지금까지 우리 민족은 인위적 지배에 굴복하지 않았고 앞으로도 그러한 원칙을 견지할 것이다. 따라서 우리 민족은 우리에게 적대적 자세를 취하는 독일적 요소에 대항해야 할 것이다. (…) 나는 내가 지향하는 목표를 생이 마감될 때까지 견지할 것이다." G.J. Morava, *Franz Palacký*, p.215.

63 E.Birke, *Frankreich und Ostmitteleuropa im 19.Jh.*(Köln-Graz, 1960), pp.26~29; A. Grobelny, "K problematic ceskopolskych vztah u v letech 1868 az", in: *Slovanske historicke studie 5* (1963), pp.55~59.

빈 정부는 이들의 행보가 제국 안전에 심각한 위험을 가져다줄 수
있다는 판단을 했다. 이에 따라 빈 정부는 문제 해결의 방안을 모색
했고 거기서 친체코 정치가로 알려진 헬퍼트(Helfert)를 정부 특사
로 임명하여 프라하로 파견하는 적극성도 보였다.[64] 그러나 헬퍼트
는 보헤미아의 주도(州都)에서 가시적인 성과를 거두지 못했는데, 그
이유는 빈 정부에 대한 체코 정치가들의 불신이 워낙 강했기 때문이
다. 체코 정치가들과의 접촉에서 헬퍼트는 체코 정치가들이 빈 정부
및 황제로부터 더 이상 아무것도 기대하지 않는다는 것을 인지했다.
아울러 그는 이들의 지향 목표가 이제는 자치권 확보가 아닌 민족의
독립이라는 사실도 파악했다.[65] 실제적으로 체코 정치가들과 지식인
들은 오스트리아 제국의 존속을 인정하고 거기서 슬라브 제 민족의
자치권 획득을 지향했던 친오스트리아슬라브주의에 더 이상 관심을
표명하지 않았다.[66]

162

---

64 M. Alexander, *Kleine Geschichte der böhmischen Länder*, p.340 ; J. Fisch, *Eu-
   ropa zwischen Wachstum und Gleichheit 1850~1914*(Stuttgart, 2002), p.109 ;
   J.v.Puttkamer, "Ungarn", in : H.Roth ed., *Studienhandbuch Östliches Europa* :
   Geschichte Ostmittel-und Südosteuropa(Köln-Weimar-Wien, 2009), p.423.

65 J. Bahlcke, "Böhmen und Mähren", in : H.Roth ed., *Studienhandbuch Östli-
   ches Europa* : *Geschichte Ostmittel-und Südosteuropa*(Köln-Weimar-Wien,
   2009), p.119 ; M. Rosler, *Das Ministerium Hohenwarth und die deutsch-
   böhmischen Ausgleichverhandlungen im Jahre 1871*(Wien, 1926), p.18 ; W.
   Rudolf, "Das böhmische Staatsrecht und der Ausgleichsversuch des Ministe-
   riums Hohenwarth-Schäffle :, in : *Bohemia*(1963), p.59.

66 친오스트리아슬라브주의에 대한 부정적 시각은 호레체크(J. Holeček)의 저
   서에서 확인할 수 있다. "슬라브적 오스트리아는 비슬라브적 관점에 불과
   하다. 현실화하기가 불가능한 친오스트리아슬라브주의는 러시아에 대한
   적대감에서 비롯된 관점이라 하겠다. 이러한 적대감은 슬라브 민족을 파멸
   로 유도할 뿐이다. 따라서 러시아를 배제한 소슬라브 민족의 상관성은 환

오스트리아 제국에 대한 체코 정치가들의 부정적 시각이 변하지 않았음에도 불구하고 호헨바르트(Hohenwarth)의 빈 정부는 이들과의 충돌을 끝내려고 했다.[67] 빈 정부의 이러한 움직임에 대해 프란츠 요제프 1세 역시 공감했는데 그것은 그 자신이 사안의 중대성을 인식하고 있었기 때문이다. 이후부터 그는 공식 석상에서 자신과 자신의 선조들은 체코 왕국의 국법적 존재를 한 번도 부인한 적이 없었음을 누누이 강조했다. 또한 그는 체코 민족이 그동안 합스부르크 왕조를 지속적으로 지지한 사실도 인위적으로 부각시켰다. 1871년 9월 12일 당시 통상장관이었던 셰플레(A. Schäffle)의 주도로 작성된 황제 선언서(fundamentálni články)가 공포되었는데 거기에는 체코 왕국의 제 권한을 인정한다는 것이 명시되었다. 이 선언서의 핵심적 내용은 체코 정치가들이 1867년의 이중체제를 인정한다면 여타 문제에 대한 자치권을 보헤미아 지방정부에게 부여하고 보헤미아 의회의 권한 역시 확대시켜준다는 것이었다. 또한 보헤미아 지방 내 체코인들과 독일인들 간의 문제는 기존의 지역 행정구역을 거주지에 따라 새롭게 획정하여 해결한다는 것도 약속했다. 이러한 기본 조항은 체코 민족의 자결과 자율을 위한 진일보적 발상이었다. 뿐만 아니라 선언서의 제9항에서는 향후 보헤미아 지방에서 관리로 활동하기 위해

영에 불과할 뿐이다. J. Holeček, *Ruskočeské kapitoly*(Praha, 1891), p.127.

67 가톨릭-보수당(Katholisch-konservative Partei)의 당수였던 호헨바르트는 1871년 2월 7일 빈 정부의 수상으로 임명되었다. M. Alexander, *Kleine Geschichte der böhmischen Länder*, p.343; E.J. Görlich, *Grundzüge der Geschichte der Habsburger-Monarchie und Österreichs*, p.236; M. Mauritz, *Tschechien*, p.37.

서는 독일어 및 체코어 모두 능통해야 한다는 것도 거론되었다.[68]

프란츠 요제프 1세 역시 선언서 발표로 체코 문제가 해결(české vyrovnání)될 수 있다는 확신을 가졌는데 그것은 도나우 제국이 오스트리아–헝가리 이중체제에서 오스트리아–헝가리–체코의 삼중체제로 변형될 수 있다는 자신의 판단에서 비롯된 것 같다.[69] 그러나 이 선언서는 제국 내 독일 정치가들과 헝가리 정치가들의 반발, 특히 보이스트, 홀츠게탄(Holzgethan), 그리고 언드라시의 강력한 반발로 실현되지 못했다.[70] 이 당시 독일 정치가들은 선언서가 공포될 경우 어떠한 상황이 초래될 것인가를 정확히 인지하고 있었는데 그것은 제국 내에서 슬라브적 우위가 현실화될 수 있다는 것이다. 따

---

68 M. Alexander, *Kleine Geschichte der böhmischen Länder*, p.343; E.J. Görlich, *Grundzüge der Geschichte der Habsburger–Monarchie und Österreichs*, p.237; F. Prinz, *Böhmen und Mähren*(Berlin, 1993), p.312; M. Rosler, *Das Ministerium Hohenwarth und die deutsch–böhmischen Ausgleichverhandlungen im Jahre 1871*, pp.21~22; W. Rudolf, "Das böhmische Staatsrecht und der Ausgleichsversuch des Ministeriums Hohenwarth–Schäffle, p.63.

69 E.J. Görlich, *Grundzüge der Geschichte der Habsburger Monarchie und Österreichs*, p.237; F. Herre, *Kaiser Franz Joseph von Österreich*, p. 2387; G.J. Morava, *Franz Palacký*, p. 219; F. Prinz, *Böhmen und Mähren*, p. 313; M. Rosler, *Das Ministerium Hohenwarth und die deutsch–böhmischen Ausgleichverhandlungen im Jahre 1871*, p.22; W. Rudolf, "Das böhmische Staatsrecht und der Ausgleichsversuch des Ministeriums Hohenwarth–Schäffle, pp.63~64.

70 이 당시 언드라시는 헝가리 정부의 수상이었다. 홀츠게탄은 호헨바르트 정부에서 재무장관직을 수행하다가 1871년 10월 30일 호헨바르트가 수상직을 사임함에 따라 그의 후임으로 임명되었다. 그러나 그가 수상으로 활동한 기간은 한 달에 불과했다. 1872년 프란츠 요제프 1세는 홀츠게탄을 오스트리아–헝가리 제국의 공동 재무장관으로 임명했고 홀츠게탄은 1876년 자신이 죽을 때까지 이 장관직을 수행했다. M. Mauritz, *Tschechien*, p.38; http://de.wikipedia.org/wiki/Ludwig-von-Holzgethan(검색일 : 2011.5.6.)

라서 이들은 빈 정부가 황제 선언서를 철회하지 않을 경우 통합 독일에 참여하겠다는 의사를 밝혔고 그러한 것은 프란츠 요제프 1세로 하여금 자신의 의도를 포기하게 하는 결정적인 요인이 되었다.[71] 이에 따라 프란츠 요제프 1세는 1871년 10월 24일 보헤미아 지방의회에서 황제 선언서를 공포하려는 공식적 일정을 취소했을 뿐만 아니라 같은 해 10월 21일에는 체코 대표들과 재협상하겠다는 입장도 밝혔다. 체코 정치가들, 특히 리게르, 프라차크(Pražák), 롭코비츠(Lob-kowicz), 그리고 클람-마르티니크는 프란츠 요제프 1세의 이러한 행동에 분노를 표시했고 그것은 이들로 하여금 빈 정부와의 어떠한 타협도 포기하게 했다. 상황이 이렇게 전개됨에 따라 빈 정부 역시 강경책으로 문제를 해결하려고 했다. 그리하여 빈 정부는 콜러(Koller) 남작을 프라하 총독으로 임명하는 무리수를 두었다.[72] 프라하에 도착한 콜러는 소요적 상황을 종식시키기 위해 체코 정치가들의 반정부적 활동을 강제적으로 중단시켰을 뿐만 아니라 반정부적 신문의 발행도 중지시켰다. 이후부터 체코 정치가들은 정치적 은둔 생활 내지는 소극정치(pasivní politika)를 본격적으로 펼치기 시작했다.[73]

---

71 M. Alexander, *Kleine Geschichte der böhmischen Länder*, p.344; E.J. Görlich, *Grundzüge der Geschichte der Habsburger-Monarchie und Österreichs*, p.237; F. Herre, *Kaiser Franz Joseph von Österreich*, p.228; M. Mauritz, *Tschechien*, p.38.

72 당시 콜러는 보수적 성향의 인물로 알려졌다. M. Mauritz, *Tschechien*, p.38.

73 O. Urban, "Der tschechische Austroslawismus nach dem österreichisch-ungarischen Ausgleich", in: A. Moritsch ed., *Der Austroslawismus*(Wien-Köln-Weimar, 1996), p.37 이 당시 독일 황제 빌헬름 1세(Wilhelm I)는 바드 가스타인(Bad Gastein)에서 비스마르크에게 시스라이타니엔에서 체코 민족을 독일 민족과 균등하게 하려는 빈 정부의 정책이 독일과 오스트리아-헝가리 관계를 악화시킬 수 있다는 우려를 표명했다. 그것은 오스트리

　　그러나 빈 정부 및 황제에 대한 실망에서 비롯된 소극정치는 많은 문제점들을 양산했다. 특히 보헤미아 지방의회의 참여 거부로 체코인들은 일상생활의 여러 분야에서 심대한 불편을 감수해야만 했다. 점차 이들은 누적되는 경제적 손실 및 교육 문제로 수동적 저항에 대한 자신들의 불만을 표시하는 적극성도 보이기 시작했다. 1873년 모라비아 지방의 대표들이 지방의회 참석을 결정하고 다음 해에 빈 제국의회에 참여한 것도 같은 맥락에서 비롯된 것이라 하겠다. 체코 정치가들 역시 유연하고 현실적인 정치를 통해 체코인들의 여론에 신속히 대응하고 자신들의 정치적 입지도 강화할 필요성을 점차 느끼기 시작했다.

　　1874년에 접어들면서 보헤미아 지방에서도 모라비아의 예를 따라야 한다는 주장이 공식적으로 제기되었다. 이러한 분위기에서 1874년 12월 27일 진보민족당(Národní strana svobodomyslná)이 공식적으로 출범했는데 이 당은 시간이 지나면서 신체코당으로 더욱 알려지게 되었다. 이후 이 당의 당원들은 제국의회의 참석을 공론화하는 데 주력했고 그것은 그동안 견지되었던 소극정치의 종료도 가져왔다. 그레그르(E. Grégr/J. Grégr) 형제와 슬라드코브스키의 주도

166

───────────

아-헝가리 제국 내의 독일 정치가들이 밝힌 입장이 현실화될 수도 있다는 자신의 판단에서 비롯된 것 같다. 이 자리에서 비스마르크 역시 빈 정부가 왜 체코 민족의 반발보다 훨씬 심각할 수 있는 독일 민족의 반발을 선택하려고 하는지를 모르겠다고 답변했다.

　　M. Mauritz, *Tschechien*, p.38; F. Prinz, *Böhmen und Mähren*, p.312; M. Rosler, *Das Ministerium Hohenwarth und die deutsch-böhmischen Ausgleichverhandlungen im Jahre 1871*, pp.22~23; W. Rudolf, "Das böhmische Staatsrecht und der Ausgleichsversuch des Ministeriums Hohenwarth-Schäffle", p.64.

로 탄생한 진보민족당, 즉 신체코당은 구체코당과 마찬가지로 지지 세력의 기반을 도시 시민계층에서 찾고자 했다. 이들의 정치적 이념 은 구체코당과 일치했지만 구체코당보다는 다소 진보적이었다. 그 리고 구체코당이 도시의 상류층과, 특히 진보민족당의 출현 이후 교 회의 절대적 지지를 받았고, 진보민족당은 상공인들과 교사 및 학생 들을 포함한 반교회적 인사들로부터 지지를 확보했다.[74]

　진보민족당의 조직은 이전의 어느 정당들보다도 체계화되었고 그들이 제시한 프로그램 역시 보다 구체적이었다. 이 당은 그동안 체코 정치가들이 거부한 빈 제국의회 및 보헤미아 지방의회 참석, 시민권의 확대, 보통선거제의 도입, 그리고 교육제도 개선 방안 마 련 등을 그들 정당의 중요한 강령으로 채택했다. 아울러 이들은 체 코 민족의 사회적 위상뿐만 아니라 경제적 위상 증대에 필요한 방안 도 강구한다는 입장을 표명했다. 진보민족당의 이러한 정책들은 유 리우스 그레그르(J. Grégr)가 창간한『민족신문(národní listy)』에 게 재되면서 널리 홍보되기 시작했다. 이렇게 출범한 진보민족당은 점 차 자신들의 정치적 영향력을 확대시켰고 구체코당에서 동조 세력 을 얻을 정도로 성장했다. 1878년 구체코당의 대표는 진보민족당의 현실 정치론을 수용한다는 입장을 밝힘에 따라 양당 간의 관계는 정 치적 사안을 공동으로 논의할 정도로 긴밀해졌다. 이후부터 양 당의 대표자들은 체코 지방의회의 참석 여부를 집중적으로 토론했고 거 기서 이들은 제국의회에도 등원해야 한다는 데 견해를 같이 했다. 이로써 체코 정치는 기존의 소극정치를 포기하고 능동정치(aktivní

74　마사리크는 후에 이 당을 '지역적 성향이 강한 과격한 인물들로 구성된 정
　당'이라고 평가했다.

politika)를 지향하게 되었던 것이다.[75]

아우에르스페르크(Auersperg) 정권이 등장한 이후 오스트리아-헝가리 제국은 어려운 상황을 극복하고, 정치 역시 활기를 보이기 시작했다. 그리고 국내 정치에서의 안정은 보다 적극적인 대외 정책을 펼치게 하는 요인으로 작용했다. 1878년 6월 13일부터 베를린에서 개최된 회의에서 오스트리아-헝가리 제국은 보스니아(Bosnia)와 헤르체고비나(Herzegovina)에 대한 점유권을 인정받았다.[76] 그러나 제국 내 독일 정치가들은 빈 정부의 이러한 점유에 심한 우려를 표명했는데 그것은 그렇지 않아도 슬라브인들이 수적 우세를 보이던 제국의 민족 구성에서 이들 민족이 차지하는 비율이 이전보다 훨씬 높아지리라는 것과 거기서 독일인들의 위상이 흔들릴 수 있다는 판단에서 비롯된 것 같다.

독일인들의 이러한 우려 속에 타페(Taaffe) 내각이 1879년 7월 12일 출범했다.[77] 타페는 체코 정치가들의 지지를 얻고자 했다. 따라서

---

75 F. Prinz, *Böhmen und Mähren*, p.313; V. Stastny, "Die slawische Idee bei den Tschechen nach dem österreichisch-ungarischen Ausgleich", in: A. Moritsch ed., *Die Slavische Idee*(Bratislava, 1991), p.51.

76 비스마르크의 주도로 개최된 베를린회의에서 오스트리아-헝가리, 프랑스, 영국, 그리고 이탈리아는 1878년 3월 3일 오스만튀르크와 러시아 사이에 체결된 산스테파노(San Stefano) 조약 내용을 수정해야 한다는 입장을 밝혔다. 즉 이들은 러시아가 오스만튀르크로부터 강제로 빼앗은 대불가리아를 포기해야 한다는 압박을 가했던 것이다. 그리고 이들은 베를린 회의에서 자신들의 관점을 관철시킬 수 있었다. M. Mauritz, *Tschechien*, p.39.

77 J. Bahlcke, "Böhmen und Mähren", p.119. 30년 종교전쟁(1618~1648) 때 발트슈테이나(Valdstejna)의 부관으로 활동한 인물의 후손이었던 타페 백작은 프란츠 요제프 1세와 매우 절친한 사이였다. 보헤미아 지방의 봉건 영주였던 이 인물은 가톨릭 신자였고 정치적으로는 보수주의적이었다. F.

그는 체코 귀족들의 지지를 얻은 후 사안에 따라 연합전선을 구축하고 있던 구체코당과 진보민족당의 지지를 얻는 데도 성공했다. 또한 그는 폴란드의 대귀족들과 오스트리아 가톨릭당의 우익 세력도 확보했다. 이에 따라 제국의회 내에서 그의 정책을 추종하는 의원들의 수는 179명에 달했다.[78] 초당파적인 정부를 표방하면서 사안에 따라 각기 다른 정당들의 지지를 이끌어낸 타페는 의심의 여지가 없는 보수주의자였지만 사회 안정을 위해서는 과감한 개혁도 주저하지 않던 실용주의자이기도 했다. 이 당시 타페는 체코 정치가들이 가장 우려했던 것을 정확히 직시했는데 그것은 독일의 자유주의자들이 빈 정부를 장악하는 것이었다. 타페의 분석처럼 체코 정치가들은 독일의 자유주의자들이 빈 정부를 주도할 경우 자신들의 수적 열세를 만회하기 위해 비독일계 민족에 대한 배려 정책을 포기하거나 축소하리라는 것을 잘 알고 있었다. 이러한 체코 정치가들의 아킬레스건을 잘 알고 있던 타페는 체코 정치가들에게 결정적인 양보를 하기보다는 약간의 양보, 즉 '부스러기 양보(drobeček)'를 통해 자신의 정치적 과업을 달성하고자 했던 것이다.[79]

별로 중요하지 않은 각료 자리를 체코 정치가들에게 양보한다든지 또는 1880년 4월 19일 이른바 스트레마이르 법령(Stremayr Decree)에 따라 보헤미아와 모라비아 관공서 및 법원에서 체코어와 독

Herre, *Kaiser Franz Joseph von Österreich*, p.309.

78 이이 당시 54명의 체코 의원들과 50명의 폴란드 의원들이 타페의 정책을 지지했다. M. Alexander, *Kleine Geschichte der böhmischen Länder* p.344; F. Herre, *Kaiser Franz Joseph von Österreich*, p.310.

79 M. Alexander, *Kleine Geschichte der böhmischen Länder*, p.344.; F. Herre, *Kaiser Franz Joseph von Österreich*, pp.309~310.

일어에 동등한 자격을 부여한다는 것 등이 그 일례라 하겠다.[80] 그런데 스트레마이르 법령에서 거론된 동등한 자격은 관공서와 개인의 관계, 즉 독일인이면 독일어를 사용하고, 체코인이면 체코어를 사용한다는 것일 뿐이지, 관공서와 관공서 간의 행정언어나 관공서내의 행정언어(innere Amtssprache)는 여전히 독일어로 한다는 단서가 붙어 있었다.[81] 그러나 이러한 작은 양보들 중에서 1882년에 시행된 프라하 대학의 분리는 매우 의미 있는 것이라 하겠다. 1620년 11월 8일에 벌어진 빌라 호라 전투 이후 완전히 독일화된 프라하 대학이 독일 대학과 체코 대학으로 분리됨으로써 향후 체코 교육 발전에 획기적인 전기가 마련되었다 하겠다. 이제 체코 학생들은 대학에서 자신들의 언어인 체코어로 공부하고, 졸업할 수 있게 되었다.[82]

또 하나의 의미 있는 정책으로 제시할 수 있는 것은 1882년에 개정된 선거법을 들 수 있다. 개정된 선거법에서는 기존의 차등선거하에서 적용되었던 선거권 부여 조건, 즉 직접세의 하한선을 10굴덴에서 5굴덴으로 하향시켜 체코인들에게 보다 많은 참정권을 부여하려고 했다. 새로운 선거법에 따라 1883년 보헤미아 지방의회 선거가 실시되었는데 거기서 체코인들은 167석의 의석을 차지했다. 이에

---

80 스트레마이르는 이 당시 문화부 장관이었다. F. Herre, *Kaiser Franz Joseph von Österreich*, p.310. M. Mauritz, *Tschechien*, p.55.

81 그럼에도 불구하고 독일인들이 많이 사는 지역에서는 심한 반발이 야기되었다. F. Herre, *Kaiser Franz Joseph von Österreich*, p.310.

82 M. Alexander, *Kleine Geschichte der böhmischen Länder*, p.344; B. Rill, *Böhmen und Mähren: Geschichte im Herzen Mitteleuropas*, p.722; O. Urban, "Der tschechische Austroslawismus nach dem österreichisch-ungarischen Ausgleich", p.40.

반해 독일인들이 차지한 의석은 75석에 불과했다.[83]

그런데 능동정치의 가장 중요한 성과는 이처럼 몇몇 양보를 얻어 내는 데 있었던 것은 아니었다. 체코의 정치가들이 보헤미아 지방의 회와 제국의회에서 합리적인 사고 및 전문성에 바탕을 둔 정치문화를 배우고 익힐 수 있었다는 점이 더 크고 중요한 성과라 하겠다. 이들이 소극정치를 펼칠 때는 도덕적인 고결성과 굽힐 줄 모르는 저항성 및 선동성으로 충분했지만, 이제는 내실 있는 전문성과 인내 및 타협을 도출할 수 있는 능력도 요구되었기 때문이다. 그리고 체코 정치가들에게 민족과 국가 간의 관계를 재정립할 수 있는 기회를 부여했다는 점이 의회 활동의 또 다른 성과로 제시될 수 있을 것이다. 이제 체코인들은 자신들이 오스트리아 제국의 관료로서 근무하는 것을 더 이상 반민족적인 행위로 간주하지 않게 되었고 그것은 체코인들의 사회 진출 및 지위 향상을 크게 신장시키는 계기도 되었다. 이후부터 사회 각 분야에서 체코 전문가들의 배출도 본격화되기 시작했다.[84]

83 J. Bahlcke, "Böhmen und Mähren", p.119; F. Herre, *Kaiser Franz Joseph von Österreich*, p.311; M. Mauritz, *Tschechien*, p.55.

84 O. Urban, "Der tschechische Austroslawismus nach dem österreichisch-ungarischen Ausgleich", p.41. 이 당시 보헤미아 지방에서 체코인들이 차지하는 비율은 63%였고, 독일인들은 그 절반에 불과한 37%였다. 점차 체코인들의 수적 우위는 독일인들의 문화적 우위를 누르게 되었고 그것은 그동안 독일인들이 보헤미아 지방에서 유지했던 우위권을 사라지게 하는 요인도 되었다.

5장

제국 존속에 대한 회의론 제기
: 마사리크의 민족자결론

\\\ 학문적 활동과 정치 활동의 참여

마사리크는 1850년 3월 7일 모라비아 남부의 호도닌(Hodonín)에서 태어났다. 슬로바키아인이었던 그의 아버지 마사리크(J. Masaryk)는 기수 하인과 마부였고, 모라비아 출신의 어머니(T. Masaryková)는 요리사와 하녀로 일하며 생계를 도왔다.[1] 마사리크는 유년 시절 부모의 출신 때문에 슬로바키아-모라비아 방언을 배웠고 경제적인 문제 등으로 거주지도 자주 옮겨야만 했다. 이러한 것은 후에 마사리크가 체코어와 독일어를 사용하는 데 많은 어려움을 가져다주었다. 체이코비체(Čejkovice) 초등학교를 졸업한 마사리크는 후스토페체(Hustopeče) 가톨릭 직업학교에 입학했다. 이어 그는 빈에서 말뒷굽 보호대를 생산하는 철물 공장에서 도제 교육을 받았다. 그러나 마사리크는 체이코비체 초등학교 교사 사토라(v. Satora) 보좌신부의 도움으로 다시 일반계 학교에서 공부할 수 있게 되었고 1865년에는 브르노(Brno)의 독일계 인문고등학교에 입학했다.[2] 이 당시 마사리크는 브르노 경찰청장 르 모니에(Anton Ritter v. Le Monnier) 아들에 대한 개인 보충 과외에 적지 않은 시간을 할애했는데 그것은 자신의 생계 유지에 절대적으로 필요했기 때문이다.[3]

174

---

1 마사리크의 부친은 후에 남서모라비아 지방의 황제관리처에서 지배인으로 활동했다. P. Demetz, *Prag in Schwarz und Gold*(München-Zürich, 2000), p.493; H.D. Zimmermann, *Tschechien*, pp.164~165.

2 체이코비치 초등학교에서 마사리크를 가르친 사토라 보좌신부는 그의 학문적 능력을 익히 알고 있었다. H.D. Zimmermann, *Tschechien*, p.165.

3 르 모니에는 1848년의 반정부 활동으로 잘츠부르크에서 유배 생활을 하던 하브리체크-보로프스키를 감시한 인물이었다. P. Demetz, *Prag in Schwarz und Gold*, p.494; H.D. Zimmermann, *Tschechien*, p.165.

르 모니에가 빈 경찰청장으로 승진함에 따라 마사리크도 빈에 소재한 인문계 고등학교로 전학하게 되었는데 그러한 배려는 르 모니에가 마사라크의 성실성과 학문적 능력을 인정했기 때문이다. 빈의 인문계 고등학교에서 마사리크는 종교, 독일어, 그리고 그리스어에서 두각을 나타냈지만 역사와 철학에서는 그리 좋은 성적을 올리지 못했다. 1872년 여름 졸업시험(Abitur)에 합격한 마사리크는 같은 해 겨울 학기 빈 대학에 입학했다. 입학 직후부터 그는 고대어 문학과 철학에 깊은 관심을 표명했다. 아울러 거의 같은 시기 그는 '체코학술협회(Die Tschechische Akademische Union)'에 가입한 후 자신이 최초로 작성한 논문을 이 협회의 학술지에 게재하려고 했으나 심사 과정에서 그 게재가 불허되었다. 편집위원회는 마사리크가 러시아어와 슬로바키아어가 포함된 '난잡한 체코어(Krause Tschechische Sprache)'로 논문을 작성했기 때문에 그 게재가 불가능하다는 입장을 공식적으로 밝혔다.

1875년부터 르 모니에를 대신하여 영국–오스트리아 은행의 은행장이었던 슐레징어(R. Schlesinger)가 마사리크에 대한 경제적 후견인으로 등장했는데 그것은 자신의 장남에 대한 마사리크의 학문적 보충수업이 기대 이상의 성과를 거뒀기 때문이다. 이렇게 경제적 어려움에서 벗어난 마사리크는 학문적 연구에 전념할 수 있게 되었고 1876년에는 플라톤(Platon)의 사상을 취급한 논문으로 박사학위도 취득했다. 박사학위를 취득한 직후, 즉 1876년 1월 15일부터 마사리크는 슐레징어의 아들과 함께 라이프치히(Leipzig) 대학에서 1년간 철학 공부를 하게 되었는데 이 시기에 그는 자신의 부인이 될 미

국 유학생 샬럿 개리그(C. Garrigue)를 만나게 되었다.[4] 샬럿 개리그
와의 접촉과정에서 마사리크는 지금까지 자신의 생활에서 등한시한
문학, 음악, 그리고 여성의 특성을 서술한 인류학 등에 깊은 관심을
보였는데 그것은 아마도 그 자신이 샬럿 개리그와의 만남을 일시적
조우로 간주하지 않았기 때문이다. 1878년 3월 15일 샬럿 개리그와
결혼한 후 마사리크는 자신의 학문적 활동에 더욱 적극성을 보이게
되었다.[5]

　　1881년 마사리크는 '현대문명의 사회적 대중현상으로서의 자살
(Selbstmord als soziale Massenerscheinung der modernen Zivilisa-
tion)'이라는 논문으로 교수자격(Habilitation)을 취득했다. 논문에
서 마사리크는 자신이 수집한 자료들을 분석했고 거기서 그는 19세
기에 접어들면서 갑자기 높아진 자살률이 종교적 의무가 결여된 데
서 비롯되었다는 견해를 제시했다. 그에 따를 경우 유럽에서 급속히
확산되던 믿음의 결여는 인간의 토대 및 삶의 방향 상실로 연계되고
그러한 것이 결국 자살률을 대폭 높이는 요인으로 작용했다는 것이
다. 마사리크는 자살이라는 것이 사회적 위기의 징후(Indiz)이기 때
문에 각 개인의 자살의도와 1914년 이후, 즉 1차 세계대전 이후 열
광적으로 전투에 참가하여 죽음을 맞이하려고 한 젊은 지식인 계층
의 의식을 같은 맥락에서 이해하고자 했다.

176

4　라이프치히 음악학교(Konservatorium)에서 음악 공부를 하던 샬럿 개리그
　　는 브루클린(Brooklyn)의 프랑스계 신교도 집안에서 태어났다. P. Demetz,
　　Prag in Schwarz und Gold, p.495; H.D. Zimmermann, *Tschechien*, p.166.

5　샬럿 개리그와 결혼하기 위해 마사리크는 미국에 갔다. 여기서 그는 미국
　　의 민주주의 체제를 실제적으로 목격했고 그것은 향후 자신의 정치 활동에
　　도 큰 영향을 주었다. P. Demetz, *Prag in Schwarz und Gold*, pp.496~497;
　　H.D. Zimmermann, *Tschechien*, p.166.

교수자격을 취득한 이후 마사리크는 빈 대학에서 강사로 활동하면서 플라톤에 대한 강의를 주로 했다. 1882년 프라하에서 체코 대학이 신설되리라는 소식을 접한 마사리크는 이 대학에 지원하여 자리를 얻고자 했다. 1882년 겨울학기부터 그는 프라하 체코 대학(Česká univerzita)에서 강의를 하기 시작했는데 강의에서는 주로 국가의 정치체제, 민족과 도덕 문제, 그리고 당시 사회적 문제로 대두되었던 매춘문제 등을 거론했다.[6] 1897년 그는 자신과 정치적 관점을 같이 하던 지식인들과 더불어 '현실주의 모임'을 발족시켰다. 여기서 이들은 민족문제에 지나치게 집착하기보다는 경제 및 사회문제를 우선적으로 해결하고 오스트리아 제국을 연방화시키기에 앞서 민주화부터 선행시키는 것을 정치적 목표로 설정했다.[7] 이후부터 마사리크는 체코 문제를 해결하는 과정에서 현실주의적 원칙들을 적용시키려고 했다. 아울러 그는 체코 민족의 정치적 과제를 휴머니즘적 이상을 지향하던 체코정신과도 접목시키려고 했다. 그리고 그의 이러한 의도는 『체코 문제(Die Tschechische Frage : Česká otazka)』와 『우리의 현재적 위기(Unsere jetzige Krise)』라는 저서에서 구체적으로 언급되었다. 특히 1895년에 출간된 '체코 문제'에서 마사리크는 보헤미아 지방의 체코인들과 독일인들이 협력하여 오스트리아 제국 내에

---

6   P. Demetz, *Prag in Schwarz und Gold*, p.498; H.D. Zimmermann, *Tschechien*, pp.166~167. 이 당시 마사리크는 프라하 체코 대학의 철학과 외래교수(mimořádný profesor)였다. 그러다가 1897년 마사리크는 프라하 체코 대학의 정교수로 임용되었다.

7   마사리크는 1891년 신체코당과의 협력을 공식적으로 밝혔고 이 당의 후보로 제국의회 선거에 출마했다. 그러나 마사리크는 신체코당과의 정책적 대립으로 인해 1893년 이 당과 결별하게 되었다. P. Demetz, *Prag in Schwarz und Gold*, p.499.

서 보헤미아 지방이 독립적인 지위를 확보할 수 있게끔 해야 한다는 주장을 펼쳐 오스트리아 제국의 존속을 지지했는데 이것은 팔라츠키의 친오스트리아슬라브주의를 추종한 것으로 보아야 할 것이다.

또한 그는 과거에 대한 올바른 이해가 오늘날의 학문 활동에도 도움이 된다는 주장을 펼치면서 '우리가 종교개혁기가 아닌 오늘날의 진보적 사상을 언급하면서 후스, 코메니우스 등의 이론 및 활동을 배우고 논하는 것이 바로 그것에 해당 된다'라는 언급을 하기도 했다. 그런데 마사리크의 이러한 언급은 그 자신이 역사의 제 기능 중에서 교훈적 기능을 부각시킨 것으로 보아야 할 것이다. 아울러 마사라크는 그의 저서에서 정신적 능동성과 도덕적 용기에 따라 체코 민족이 역사 속에서 민족적 자결권을 가지거나 또는 열세적 상황, 즉 피지배적 상황에 놓였었음을 상기시켰다.[8]

178   점차 마사리크는 자신의 이러한 정치적 이념과 사상을 현실 정치와 연계시켜야 한다는 필요성을 인식하게 되었고 그것을 실천시키기 위한 방안으로 자신이 교수로 봉직하던 프라하 체코 대학의 구성원들과 더불어 1900년 '현실주의당(realisticka strana)'을 창당했는데 이 당은 자신이 발족시킨 '현실주의 모임'을 확대 · 개편시킨 것으로 볼 수 있을 것이다.[9] 마사리크가 주도한 이 당은 1907년 일반선거제의 도입을 요구했는데 그러한 것은 슬라브 민족이 오스트리아–헝

---

8   F. Böhm, *Prag*(München–Zürich, 1998), p.187; R.G. Hoffmann, *T.G. Masaryk und die tschechische Frage*(München,1998), pp.22~23; H.D. Zimmermann, *Tschechien*, p.175.

9   F. Bohm, *Prag*, pp.187~188; J. Opat, *Filozof a politik Tomáš Garrigue Masaryk 1882~1893*(Praha, 1992), pp. 126~127; J. Opat, *Masarykiana a jiné studie 1980~1994*(Praha, 1994), p.78.

가리 제국 내에서 차지하는 비율이 50% 이상이라는 현실적 상황에서 비롯된 것이라 하겠다. 즉 현실주의당은 빈 정부가 제국 내에서 절대다수를 차지하는 슬라브 민족에 대한 배려 정책을 펼쳐야 할 시점이 왔음을 우회적으로 강조했던 것이다. 그리고 같은 맥락에서 이 당은 도나우 제국 내에서 자치권 획득을 지향하는 민족들 모두를 지원하겠다는 입장도 밝혔다.[10] 같은 해 실시된 제국의회 선거에서 마사리크는 사회주의자들의 지원을 받아 빈 제국의회에 진출할 수 있었다.[11]

오스트리아-헝가리 제국이 1908년에 병합한 보스니아-헤르체고비나에서 발생한 모반사건으로 53명에 달하는 크로아티아인들이 공개재판을 받은 후 마사리크의 측근들과 프라하 대학의 학생들은 마사리크에게 위의 사건에 대한 공식적 개입을 요구했다.[12] 이에 따라 마사리크는 사건의 진앙지인 자그레브(Zagreb)와 벨그라드(Belgrad)를 방문했고 거기서 음모적발과 연계된 문서들이 변조되었음을 파악한 후 제국의회에 공식적인 조사도 의뢰했다. 이후 프란츠 요제프 1세는 자그레브에서의 유죄판결을 무효화했고 사건을 담당한 당시

---

10 J. Opat, *Tschechen, Deutsche, Österreich und T.G. Masaryk*, p.84.

11 마사리크는 자신의 첫 제국의회 연설에서 법학도 양성 과정을 개선해야 한다는 지엽적이고 단편적인 주장을 펼쳤으나 점차 국내외 정세를 정확히 파악하는 능력도 발휘하기 시작했다. 즉 그는 오스트리아-헝가리 제국이 1908년에 보스니아-헤르체고비나를 점령한 것에 신랄한 비판을 가했을 뿐만 아니라 슬로바키아와 남슬라브 문제에 대해서도 집중적으로 거론했다. 그리고 1907년 실시된 제국의회 선거에서 현실주의당은 2석을 차지했다. H.D. Zimmermann, *Tschechien*, p.176.

12 마사리크는 이전에도 사회적 문제로 제기된 사안들에 개입한 바 있었는데 보스니아-헤르체고비나 사건 역시 자신의 판단과 주변 지지자들의 요구에 의한 것이었다. H.D. Zimmermann, *Tschechien*, pp. 162~164.

179

5장 제국 존속에 대한 회의론 제기 : 마사리크의 민족자결론

외무장관이었던 아렌탈(Aerenthal) 백작에게는 강제휴가조치가 내려졌다.[13]

그러나 마사리크 개인이 당대의 정치, 사회, 문화 전반에 미쳤던 영향력과는 달리 현실주의당의 영향력은 미약한 상태에서 벗어나지 못했다. 그럼에도 불구하고 1907년부터 1914년까지 현실주의당의 의원으로 활동한 마사리크는 합스부르크 왕조의 정치적 목적을 정확히 파악하는 성과를 거두기도 했다. 여기서 마사리크는 오스트리아–헝가리 제국으로부터 더 이상 아무것도 기대할 수 없음을 인지했다. 즉 그는 개혁을 위한 모든 제안들이 위정자에 의해 거부되었고 특히 슬라브 민족에 대한 자치권 부여 등은 논의의 대상조차 되지 않는다는 사실에 충격을 받았던 것이다. 실제적으로 이 당시 빈 정부는 민족문제에 대한 어떠한 결정을 내리고 그것을 실행할 능력도 갖추지 못한 무능한 정부였다.

\\\ 제1차 세계대전 이후의 정치적 행보

1914년 6월 28일 보스니아의 사라예보(Sarajevo)에서 발생한 오스트리아–헝가리 제국의 황위 계승자 페르디난트(Ferdinand) 황태자 부부에 대한 저격은 제1차 세계대전 발발의 직접적 요인으로 작용했다.[14] 이렇게 시작된 세계대전은 체코 민족과 그들의 정치가들을 매우 당혹스럽게 했다. 전쟁이 발발하기 직전 체코인들은 자신들이 정치적, 경제적, 그리고 문화적 분야에서 괄목할만한 성장을 했

---

13 P. Demetz, *Prag in Schwarz und Gold*, pp.501~502.

14 H.D. Zimmermann, *Tschechien*, pp.176~177.

기 때문에 자신들의 민족이 기존의 독일화적 위험으로부터 벗어날
수 있다는 확신도 가지고 있었다. 비록 이들은 권력의 집중화와 관
료주의적 행정 체제에 불만을 가졌지만 가까운 장래에 체코 민족 역
시 제국 내에서 자신들의 역량에 적합한 자치 및 평등을 확보할 수
있다는 희망적 믿음도 가지고 있었다. 그러나 전쟁의 발발로 체코
민족과 그들의 지도자들은 선택적 상황에 놓이게 되었고 그것은 이
들로 하여금 기존의 친오스트리아슬라브주의적 관점을 포기하게 하
는 요인으로도 작용했다. 이러한 탈오스트리아적 분위기하에서 크
라마르시는 신슬라브주의를 제시하는 민첩성을 보였다. 여기서 그
는 체코 민족이 소극적인 저항으로 대응하기만 해도 가까운 시일 내
에 러시아가 체코 민족을 해방시켜 줄 것이고 체코 민족은 러시아의
로마노프왕조가 주도하는 대슬라브 제국의 일원으로 참여할 수 있
다는 견해를 제시했지만 그러한 견해에 동조하는 세력은 그리 많지
않았다.[15]

---

15 A. Bráf, "Listy politického kacíře", J. Gruber, ed., *Albin Braf. Život a
dílo.* 5(Praha, 1924), pp.22~24; Z. Sládek, *Slovanská politika Karla
Kramáře*(Praha, 1971), p.26; O. Urban, *Der tschechische Austroslawis-
mus*, p.42; J. Opat, *Filozof a politik Tomáš Garrigue Masaryk*, p.129; J.
Opat, *Masarykiana a jiné studie*, p. 80; Z. Sládek, *Slovanská politika Karla
Kramáře*(Praha, 1991), p.26.
　　이 당시 크라마르시는 대다수의 체코 정치가들이 지향한 친오스트리아
슬라브주의를 강력히 비판했는데 그것은 다음의 문장에서 확인할 수 있
다. "*Myšlenka slovanského Rakouska je myšlenka neslovanská. Nejsouc schopna
uskutečnění, je prec ideou antagonismu s Ruskem. Antagonism takový byl by
sebevraždou Slovanů* (…) *vzájemnost malých Slovanů bez Ruska je pára a
dým*(슬라브적 오스트리아라는 개념은 비슬라브적 생각에 불과하다. 불가
능한 것을 현실화하기 위해 이러한 생각은 러시아에 대한 대립이라는 아이

제1차 세계대전이 발발한 이후부터 마사리크는 국내외 정세를 객관적으로 분석하는 데 주력했고 거기서 그는 전쟁이 발발한 이상 오스트리아-헝가리 제국 내에서 체코 문제를 해결할 수 없다는 사실도 인지하게 되었다.[16] 따라서 그는 반합스부르크 항쟁을 통해 체코 문제를 해결해야 한다는 생각을 가지게 되었고 그러한 것을 실현하기 위해 필요한 방법도 구체적으로 모색하기 시작했다. 이 당시 마사리크는 독일-오스트리아 동맹국이 연합국에게 승리할 수 없다는 것을 알고 있었기 때문에 체코 민족이 향후 독일 민족과 마찬가지로 패전 민족으로 취급될 수 있다는 우려도 했다. 따라서 그는 프랑스, 영국, 그리고 미국의 도움을 받아 체코 문제를 해결해야 한다는 생각도 가지기 시작했다.

1914년 10월 마사리크는 네덜란드의 로테르담(Rotterdam)에서 영국의 역사가인 시튼-윗슨(Seton-Watson)을 만났고 여기서 이들

182

디어 속에 끊임없이 대입되었고 그러한 대립은 슬라브인들의 자살행위에 불과할 뿐이다. 러시아가 없는 소슬라브 민족들의 상관성은 단지 무상한 것에 불과하다)."

크라마르시는 자신이 피력한 관점 때문에 1915년 5월 21일에 체포되었고 반역죄의 명목으로 법정에 서게 되었다. 당시의 법정 문서는 크라마르시가 체코 언론인을 통해 러시아 외무장관과 비밀 접촉을 시도한 것을 기소 이유로 제시했다. 이에 따라 1916년 6월 3일 그는 사형선고를 받았지만 다음 해인 1917년 카를 1세로부터 사면 조치를 받았다. 카를 1세는 크라마르시뿐만 아니라 718명의 체코 정치범들을 같은 해 석방했다. J. Holecek, *Ruskočeské kapitoly*(Praha, 1916), p.27; M. Mauritz, *Tschechien*, p.68; H.D. Zimmermann, *Tschechien*, p.179.

16 이 당시 마사리크는 독일 제국과 오스트리아-헝가리 제국이 붕괴되리라는 확신을 가지고 있었다. M. Alexander, *Kleine Geschichte*, p.373.

은 오스트리아-헝가리 제국의 미래에 대해 심도 있게 논의했다.[17] 후에 출간된 시튼-윗슨의 회고록에 따를 경우 양인은 로테르담 회동에서 향후 진행될 연합국(dohodové mocnosti) 대표들과 체코 정치가들 사이의 대화에서 논의될 사안들을 거론했다. 여기서 시튼-윗슨은 마사리크와의 대화 과정에서 그의 강인한 면모와 나약한 면모를 동시에 확인했다. 그에 따를 경우 마사리크는 향후 보헤미아 지방에서 독립적 징후가 나타날 경우 그것을 반드시 실현시켜야 한다는 단호함을 보였지만 체코 내정에 대해서는 나약한 자세에서 벗어나지 못했다는 것이다. 실제적으로 마사리크는 보헤미아와 모라비아의 성직자들과 오스트리아 제국 내 독일 정치가들이 체코 민족의 독립을 반대하고 있음을 언급하면서도 그 자신이 그러한 상황을 극복하는 데 필요한 방안을 구체적으로 강구하지 않았던 것이다. 그러나 마사리크에 대한 시튼-윗슨의 이러한 우려는 기우에 불과했는데 그것은 이후 마시리크가 펼친 정치적 행보에서 확인할 수 있다.[18]

1914년 12월 8일 마사리크는 딸 올가(Olga)와 함께 이탈리아의 베네치아로 갔다.[19] 이후 그는 로마와 리옹을 거쳐 파리에 도착했다.

---

17 시튼-윗슨은 1916년부터 『신유럽(The New Europe)』이라는 학술지를 출간했는데 그는 이 학술지의 창간호에서 마사리크의 논문을 집중적으로 분석하는 열의도 보였다. M. Mauritz, *Tschechien*, p.71.

18 M. Mauritz, *Tschechien*, pp.71~72; P. Neville, *Czechoslovakia*(London, 2010), p.18; E. Wiskemann, *Czechs and Germans: A Study of the Struggle in the Historic Provinces of Bohemia and Moravia*(Oxford, 1966), p.77.

19 오스트리아-헝가리 제국에서 이탈리아로 넘어가는 국경역에서 마사리크는 역장에 의해 구금되었다. 이에 그는 자신의 딸과 함께 이탈리아로 출발하는 열차에 올라타는 민첩성을 보였다. P. Demetz, *Prag in Schwarz und Gold*, p.502.

1915년 7월 6일 제네바의 종교개혁강당(Reformationssaal)에서 후스 화형 500주년 추도식이 개최되었다. 이 추도식에 참석한 마사리크 는 그동안 오스트리아 제국이 수행한 전통적 역할, 즉 이교도로부터 중부 유럽을 지킨다는 것에 부정적인 입장을 표명했다. 아울러 그는 추도식에서 체코 민족의 역사적 연속성을 부각시켜 독립국가 등장 에 필요한 당위성도 부여받으려고 했다.[20] 같은 날 마사리크는 오스 트리아-헝가리 제국에 대한 체코인들의 항전 필요성을 공식적으로 제기했다. 행사가 끝난 직후 마사리크는 스위스에서 프라하로 돌아 오려고 했지만 자신의 정치적 동반자였던 베네시(E. Beneš)의 충고 로 귀국을 포기했다. 이 당시 베네시는 마사리크가 프라하로 돌아올 경우 즉시 그가 체포될 것이라는 것을 알고 있었기 때문에 마사리크 의 귀환을 적극적으로 막았던 것이다. 마사리크 역시 오스트리아 비 밀 경찰이 자신을 체포하려는 사실을 점차적으로 인지하게 되었고 그로 인해 그는 체코로의 귀환을 당분간 포기했다.[21]

\\\ 세계혁명론

1915년 11월 14일 마사리크는 자신을 지지하던 세력을 규합한 후 '체코 국외위원회(Český komitet zahraniční)'를 공식적으로 출범 시켰다. 이렇게 출범한 위원회는 1차 세계대전이 발생한 직후 마사 리크가 제시한 체코 민족의 독립보다 이 민족이 슬로바키아 민족과

---

20 M. Mauritz, *Tschechien*, pp.71~72.

21 실제로 오스트리아 비밀경찰은 2차례에 걸쳐 마사리크를 독살하려고 했 다. M. Mauritz, *Tschechien*, p.72.

더불어 체코슬로바키아라는 독립국가를 건설해야 한다는 데 더 큰 비중을 두었다. 그리고 국내에 잔류한 마사리크의 추종 세력은 체코 마피아(Česká Maffie)라는 비밀단체를 결성하여 체코 내의 동정을 마사리크와 그의 측근들에게 알리는 데 주력했다. 이 당시 마사리크와 그의 추종 세력은 연합국이 승리하고 오스트리아-헝가리 제국이 붕괴될 경우 자신들의 민족 국가도 건설할 수 있다는 확신을 가지고 있었다. 그리고 이러한 확신은 전쟁이 진행되면서 보다 구체화되기 시작했다.[22] 1915년 10월 1일 영국의 왕립대학(King's College)은 마사리크를 '동유럽 및 슬라브 연구(School of Slavonic Studies)' 담당 교수로 임명했다. 이에 따라 마사리크는 1915년 10월 19일 「유럽 분쟁기 소국들의 문제(The Problem of Small Nations in the European Crisis : Problém malých národů v evropské krizi)」라는 제목으로 취임 강연을 했는데 거기서 그는 체코 민족이 오스트리아-헝가리 제국으로부터 이탈하여 독립국가를 건설해야 한다는 주장을 다시금 펼쳤다. 아울러 마사리크는 이러한 과정에서 체코 민족과 슬로바키아 민족이 협력하여 체코슬로바키아 공화국을 건설해야 한다는 관점을 피력하여 체코 국외위원회의 입장을 다시금 대변했다.[23]

다음 해인 1916년부터 간행되기 시작한 『신유럽(The New Eu-

---

22 J.K. Hoensch, *Geschichte Böhmens: Von der slawischen Landnahme bis zur Gegenwart*(München, 1997), p.410; J. Opat, *Filozof a politik Tomáš Garrigue Masaryk*, p.132; J. Opat, *Masarykiana a jiné studie*, p. 83.

23 이 취임강의는 1926년 단행본으로 출간되었는데 거기서는 마사리크가 제 1차 세계대전 발생 이전부터 체코 운명에 관심을 가졌다는 것이 언급되었다. J.K. Hoensch, *Geschichte Böhmens*, p.410; J. Opat, *Filozof a politik Tomáš Garrigue Masaryk*, p.133.

rope)』창간호에서 마사리크는 당시 진행 중인 전쟁에서 독일인들이 지향하는 것이 바로 중부 유럽에서 그들의 절대적 우위를 확보하는 것이라고 했다. 이 당시 마사리크는 전쟁의 양상을 민족적 대립보다는 정치체제의 대립, 즉 신권정치와 민주정치와의 대립으로 이해하려고 했다. 그는 신권정치를 펼치는 대표적인 국가들로 오스트리아와 독일을 제시했다. 그리고 프랑스와 영국이 올바른 민주정치를 지향하고 있다는 것이 그의 관점이었다. 여기서 마사리크는 러시아를 이러한 대립적 구도에서 배제했는데 그것은 그 자신이 중부 유럽에 대한 러시아의 영향력을 그리 높이 평가하지 않았기 때문이다. 마사리크는 전쟁이 진행되면서 신권정치 체제가 민주정치 체제로 대체될 것이라는 확신도 가지고 있었다. 또한 그는 당시 전쟁의 산물로 간주되던 볼셰비키적 또는 파시즘적인 정치체제, 즉 전체주의적인 정치체제가 전쟁보다 더 심각하고 파괴적인 후유증을 가져다줄 것이라는 예견도 했다. 마사리크는 자신의 논문에서 기존 질서 체제의 붕괴와 그것을 대신할 새로운 질서 체제, 즉 민주주의 체제의 도입을 '세계혁명(Světová revoluce)'으로 간주했다. 여기서 그는 패전국의 신분으로 전락하게 될 독일과 오스트리아의 향후 처리 방안에 대해서도 거론했다. 그에 따를 경우 연합국은 독일인들이 타 민족에 대한 자신들의 우위권을 포기하지 않는 한 독일과 오스트리아의 존속을 허용할 필요가 없다는 것이다. 만일 독일인들이 민족 간의 동등권 또는 민족자결 원칙을 수용한다면 이들 역시 새로운 질서 체제하에서 동등하게 살아나갈 수 있다는 것이 마사리크의 입장이었다. 그리고 그는 이러한 세계혁명의 진행 과정에서 체코슬로바키아 공화국이 등장하게 되리라는 확신도 피력했다.[24] 여기서 마사리크는 체코 왕국에 포함되었던 지방들과 헝가리의 지배로부터 벗어날 슬로바키아가 통합해야 할 당위성을 도덕적 측면에서 찾고자 했다.[25]

즉 그는 체코슬로바키아 공화국을 단순히 한 국가의 건설이 아닌 혁신이란 측면에서 접근하고자 했던 것이다. 마사리크는 이러한 접근을 통해 체코 왕국의 유구한 역사뿐만 아니라 향후 등장할 체코슬로바키아의 새롭고, 시대순응적인 정치체제, 즉 민주주의적인 정치제제도 부각시키려 했던 것이다.[26]

앞서 거론했듯이 마사리크의 신생 체코슬로바키아는 옛 체코 왕국의 영역에다 독일인들의 집단 거주 지역과 슬로바키아 지방을 포함시켰다. 향후 예상될 수 있는 민족적 갈등에도 불구하고 마사리크가 이렇게 양 지방을 신생 독립국가에 포함시키려 했던 것은 안보적 또는 경제적 측면에서 생존이 가능할 정도의 규모를 신생 국가가 반드시 갖춰야 한다는 자신의 신념에서 비롯된 것 같다.[27]

---

24 마사리크에 의해 제시된 이러한 관점은 이중체제가 도입된 직후 일부 체코 정치가들에 의해 언급되었는데 이것은 혈연적 연방체제에서 비롯된 것이라 하겠다.

25 이 당시 헝가리의 지배하에 있던 슬로바키아의 면적은 4만 9,000제곱킬로미터였다.

26 R. Hein, *Staatstheorie und Staatsrecht in T.G.Masaryks Ideenwelt*(Zürich, 1999), pp.18~19. T.G. Masaryk, *Das neue Europa. Der slawische Standpunkt, Volk und Welt*(Berlin,1991),pp.7~8; H.D. Zimmermann, *Tschechien*, p.177; J. Opat, *Tschechen, Deutsche, Österreicher und T.G. Massaryk*, p.87.

27 이 당시 마사리크는 신생 공화국의 면적을 옛 체코 왕국으로 한정할 경우 너무 규모가 작은 국가가 될 수 있다는 판단을 했기 때문에 슬로바키아 지역뿐만 아니라 독일인들이 다수 거주하던 지역도 포함시켜야 한다는 관점을 피력했다. 여기서 그는 신생 공화국에 반드시 슬로바키아 지방을 포함

\\\ 체코슬로바키아 민족회의의 활동과 지향 목표

1916년 2월 파리에서 마사리크는 체코에서 망명 온 베네시,[28] 현실주의당 출신으로 오스트리아 제국의회에서 활동한 듀

시켜야 한다는 자신의 입장을 현실화하기 위해 체코 민족과 슬로바키아 민족이 단일민족이라는 체코슬로바키즘(čechoslovakismus)이라는 논리도 아울러 제시했다 그런데 마사리크는 자신이 제시한 체코슬로바키즘에서 언어적 측면을 부각시켰다. 즉 그는 슬로바키아인들이 체코어와 다른 독자적인 언어를 사용하는 것 자체가 중요하지 않다는 입장을 밝혔는데 그것은 체코인들이 슬로바키아어를 잘 이해하고, 슬로바키아인들 역시 체코어를 잘 구사한 데서 비롯된 것 같다. T.G. Masaryk, *Das neue Europa*. p.8; J. Opat, *Tschechen, Deutsche, Österreicher und T.G. Masaryk*, pp.87~88; J. Rychlík, "Tschechoslawismus und Tschechoslowakismus", W. Koschmal, ed., *Deutsche und Tschechen*(München, 2001), pp.91~92; R.W. Seaton-Watson, *Masaryk in England*(Cambridge, 1943), p.125.

28 베네시는 1884년 5월 24일 보헤미아의 코즈라니(Kozlany)에서 태어났다. 프라하에서 인문계 고등학교를 다닌 베네시는 프라하 대학에서 독일 문학과 철학을 공부했다. 그는 1905년부터 프랑스에서 철학을 공부할 수 있었는데 그것은 그가 프랑스 문화원으로부터 장학금을 받았기 때문이다. 그리고 베네시는 1907년에는 런던, 1909년에는 베를린에 머무르기도 했다. 프라하로 돌아온 베네시는 사회주의 일간지였던 『프라보 리두(Pravo Lidu, 인간의 권리)』에 근무했다. 이후 그는 일련의 사회주의적 성향의 출판사에서 활동하는 적극성도 보였다. 베네시는 1908년 디종(Dijon) 대학에서 「오스트리아 문제와 체코 논제(Le problème autrichien et la question tchèque)」라는 논문으로 박사학위를 취득했다. 베네시는 자신의 학위 논문에서 도나우 제국의 민족문제를 해결하기 위해서는 오스트리아 제국을 민주주의적-연방주의적인 체제로 변형시켜야 한다는 주장을 펼쳤는데 이러한 것은 그가 친오스트리아슬라브주의를 체계화한 팔라츠키의 영향을 받은 것으로 볼 수 있다. 박사학위를 취득한 이후 프라하로 돌아온 베네시는 1909년부터 5년제의 상업고등학교(Handelsakademie)에서 교사로 활동했다. 이 시기에 그는 프라하 대학 사회학과에서 교수 자격 취득 과정을 밟았고 「Quelques verites simples sur la federalisation de l'Autriche-Hongrie」라는 논문으로 교

리히(Dürich), 그리고 슬로바키아 출신의 천문학자인 슈테파니크 (Stefanik)[29]의 도움으로 기존의 체코 국외위원회를 '체코슬로바키아 민족회의(Československá národní rada ; Conseil National des pays tchèques)'로 확대 개편했는데 이 과정에서 그는 파리 정부의 적지 않은 도움을 받기도 했다.[30] 여기서 마사리크는 의장으로 선출되었고, 베네시는 서기로 중용되었다. 그리고 슈테파니크는 슬로바키아 대표로 선출되었고 듀리히는 러시아 황실과의 접촉을 전담하게 되었다.[31] 1917년 3월 중순부터 다음 해 4월까지 마사리크는 페테르스부르크, 모스크바, 그리고 키예프를 여행했는데 그것은 같은 해 초부터 체코 망명자들, 탈영병들, 그리고 전쟁 포로들을 중심으로 가시화되기 시작한 체코 군단 결성을 마무리시켜 이 군단을 연합

수 자격을 획득했다. 1912년 베네시는 프라하 대학의 교수로 임용되었다. 이후부터 그는 종종 마사리크와 더불어 오스트리아 제국 및 보헤미아 지방의 정치적 상황에 논의를 하는 등의 적극성을 보였다. M. Mauritz, *Tschechien*, p.70.

29 슈테파니크는 프라하 대학에서 마사리크의 강의와 세미나에 집중적으로 참석했다. 이후 그는 프랑스로 망명했고 1905년부터 파리 근처의 천체물리학 관측소(Astrophysikalisches Observatorium)에서 근무했다. 그러다가 슈테파니크는 1914년 프랑스 국적을 취득한 후 공군 장교로 입대했다. M. Mauritz, *Tschechien*, p.71.

30 이 당시 프라하에는 마사리크와 베네시를 추종하던 인물들이 적지 않았는데 이들은 국내의 상황을 정례적으로 마사리크와 베네시에게 알려주었다. J.v. Puttkamer, "Tschechoslowakei, Tschechische Republik", H. Roth,ed., *Studienhandbuch Östliches Europa: Geschichte Ostmittel-und Südosteuropa*(Köln-Weimar-Wien, 2009), p.408.

31 듀리히는 러시아에서 당시 러시아 지식인들이 지향한 범슬라브주의에 관심을 표명하게 되었고 그것은 이 인물로 하여금 체코슬로바키아 민족회의에서 탈퇴하게끔 했다. T.G. Masaryk, *Das neue Europa*, p.7.

국 측의 일원으로 전쟁에 참여시키겠다는 계획에서 비롯되었다. 이렇게 마사리크 주도로 결성되기 시작한 체코 군단의 수는 1년도 안 되어 6만 명을 돌파하는 성과를 거두었다. 그리고 프랑스와 이탈리아에서도 각기 1만과 2만의 병력으로 구성된 체코슬로바키아 군단(Československé legie)이 별도로 결성되었다.

1917년 10월 마사리크가 키예프에 체류하고 있을 때 프랑스에서는 클레망소(Clemenceau)의 신정부가 등장했다. 이 당시 프랑스는 매우 어려운 상황에 놓여 있었는데 그러한 것은 내부적 혼란, 즉 프랑스군 내부에서 발생한 폭동과 전쟁에 혐오감을 느끼기 시작한 노동자들이 펼친 강도 높은 파업에서 비롯되었다. 마사라크는 이렇게 어려운 상황에 놓여 있던 파리 정부를 지원하기 위해 체코 군단의 전선 투입을 클레망소에게 제안했다. 파리 정부가 이러한 제안을 전격적으로 수용함에 따라 12월부터 체코 군단은 알자스(Alsace)와 샹파뉴(Champagne) 전선에 투입되었고 다음 해인 1918년 초에는 이탈리아 전선에도 배치되었다. 이 당시 베네시는 더 많은 체코 군단의 전선 투입도 제안했는데 그것은 우크라이나로부터 귀환할 5만 명의 체코 군단을 의식했기 때문이다. 이후 체코 군단과 후에 결성된 체코슬로바키아 군단은 연합군의 일원으로 수차례 전투에 참여했고 그것은 체코슬로바키아 독립국가 결성에 부정적이었던 연합국의 시각을 반전시키는 계기도 되었다.

이 당시 마사리크의 주도로 진행된 독립운동은 두 가지 목표를 동시에 지향했는데 그 하나는 연합국 측이 체코슬로바키아의 독립 필요성을 인지한 후 그것을 전쟁 목표 중의 하나로 설정하게 하는 것이었고, 다른 하나는 체코슬로바키아 군단을 결성하여 향후 등장할 신생 공화국의 핵심 국방력으로 활용하겠다는 것이었다.[32] 그러나 이 당시 연합국은 오스트리아–헝가리 제국의 와해를 전쟁 목표에서 배제했는데 그러한 것은 오스트리아–헝가리 제국의 존속이 중부 유럽의 안정에 반드시 필요하다는 판단에서 비롯된 것 같다.

국외에서의 활발한 움직임과는 달리 체코와 슬로바키아에서는 독립 필요성을 여전히 인지하지 못한 상태였다. 빈 제국의회 의원들로 구성된 체코 연맹(Český svaz)은 1917년 1월 31일 성명서를 발표했는데 거기서는 연합국 측이 체코슬로바키아의 독립을 전쟁 목표에 포함시켜서는 안 된다는 입장이 표명되기도 했다.[33] 또한 성명서에서는 오스트리아–헝가리 제국 이외의 다른 국가에서 체코 민족의 장래 및 발전적 조건을 찾을 수 없다는 견해도 피력되었다. 그런데 체코 연맹이 밝힌 이러한 것들은 당시 만연되었던 친오스트리아적 기회주의 정치의 근간에 해당된다 하겠다.

그럼에도 불구하고, 체코 정치가들의 독자적인 관점이 부각되기 시작했는데 그러한 것은 국내의 정세 변화에서 비롯되었다 하겠다. 이 당시 프란츠 요제프 1세에 이어 오스트리아–헝가리 제국의 황제로 등극한 카를 1세(Karl I)는 의회 정치를 다소나마 활성화하려 했고 그러한 것은 체코 정치에 활기를 부여하는 계기도 되었다.[34] 이 당시 카를 1세는 수감 중이었던 체코 정치가들에 대한 대규모 사면

---

32 마사리크는 1915년 4월 당시 런던 정부의 외무장관이었던 그레이(E. Gray)에게 보헤미아 독립에 대해 거론하면서 체코와 슬로바키아의 합병 필요성도 역설했다. M. Mauritz, *Tschechien*, p.73.

33 1월 24일에 발표한 성명서에서도 같은 맥락의 주장이 제기되었다. J. Bartos, *Osobnosti českých dějin*(Praha, 1995), p. 267.

34 1916년 11월 21일 프란츠 요제프 1세가 사망함에 따라 그의 조카손자였던 카를 1세가 오스트리아–헝가리 제국의 황제로 등극했다.

을 발표했을 뿐만 아니라 이중체제의 근간을 유지한다는 전제하에서 제국 내 제 민족의 평등도 허용하겠다는 입장을 밝혔다. 이렇게 비독일계 민족에 대한 빈 정부의 우호적 정책이 밝혀짐에 따라 체코 연맹의 정책을 비난하는 문화계 대표들도 정치 일선에 적극적으로 나서게 되었다. 이들은 1917년 5월 17일 당시 프라하 국립극장의 연극 고문이었던 크바필(Kvapil)에게 매니페스트(Manifest českých spisovatelu)를 정리·발표하게 했다. 모두 220명의 작가, 화가, 그리고 언론가 들이 서명한 이 성명서에서는 체코 민족의 권리 보장과 시민권의 즉각적 회복 등이 구체적으로 거론되었다.

또한 민족 이익을 위해 제국의회의 의원으로 선출된 인물들이 더 이상 민족적 이익에 관심을 표명하지 않을 경우 이들 모두는 자발적으로 자신들의 의원직을 사퇴해야 한다는 주장이 성명서에서 언급되기도 했다. 이러한 성명서 발표에 자극받은 체코 연맹 역시 5월 30일 독자적 입장을 밝혔는데 거기서는 제국의 연방화 및 체코 민족에 대한 자치권 부여가 강력히 촉구되었다. 아울러 체코 연맹은 오스트리아–헝가리 제국을 연방화시키는 과정에서 등장하게 될 체코 민족 단위체에 체코는 물론 슬로바키아까지 포함시켜야 한다는 견해를 성명서에서 거론하기도 했다.[35]

\\\ 체코슬로바키아 공화국의 등장

1918년 여름, 전쟁이 막바지로 향하고 있을 무렵, 체코 및 슬로바키아 민족의 독립 시도 역시 보다 구체화되기 시작했다. 국외에서의

---

35 J. Bartos, Osobnosti českých dějin, pp.267~268.

독립투쟁이 가시적인 효과를 거둠에 따라 국내 상황도 전환기를 맞이했다. 7월 13일 프라하에서 소집된 '민족위원회(národní výbor)'는 기존의 친오스트리아 정책을 포기하고 독립국가 창설에 필요한 준비에 들어갔다. 체코의 모든 정당이 참여한 민족위원회에는 1911년의 선거 결과에 따라 사회민주당에 10명, 농민당에 9명, 신체코당을 중심으로 한 소수정당 연합에 9명, 국가사회당에 4명, 현실주의당에 4명, 구체코당과 가톨릭당에 각각 1명씩 배정되었으며, 의장은 크라마르시가, 부의장은 농민당 대표였던 슈베흘라(Švehla)와 클로파치(V. Klofáč)가 맡았다. 그리고 라신(A. Rašín), 클로파치, 그리고 소우쿠프(F. Soukup)는 '체코슬로바키아 민족회의'와의 협상을 전담하게 되었다. 점차 '민족위원회'는 파리에서 활동하고 있던 '체코슬로바키아 민족회의'와의 결속 및 협력에 관심을 보이기 시작했다.

'민족위원회'가 공식적 활동을 시작하기 이전인 1918년 5월부터 베네시는 '체코슬로바키아 민족회의'의 대표로 런던 정부와 협상을 벌이기 시작했는데 여기서는 특히 체코슬로바키아의 요구가 구체적으로 제시되었다. 협상을 개시한 지 한 달도 안 된 6월 3일 런던 정부는 '체코슬로바키아 민족회의'를 체코슬로바키아 민족의 대표기구로 인정한다는 성명을 발표했다.[36] 그리고 6월 29일에는 파리 정부 역시 이 민족회의를 체코슬로바키아 민족의 공식적 대표 기구로

---

36 이러한 입장을 표명하기 6개월 전인 1918년 1월 조지(L. George) 수상은 체코슬로바키아 독립공화국의 등장을 인정하지 않으려고 했다. 이 당시 그는 오스트리아-헝가리 제국 내에서 체코슬로바키아의 자치권만을 인정해야 한다는 관점을 피력했다. H.D. Zimmermann, *Tschechien*, p.180.

승인했다.[37) 미국과 이탈리아 등도 영국과 프랑스의 예를 따랐다.[38)
1918년 9월 26일 파리에서 기존의 '체코슬로바키아 민족회의'가 '체
코슬로바키아 임시정부'로 개편되었고 마사리크를 수상으로, 베네
시를 내무 및 외무 담당 장관으로, 그리고 슈테파니크를 국방장관으
로 기용한다는 것이 거론되었다. 이렇게 구성된 체코슬로바키아 임
시정부는 9월 28일 파리 정부와 조약을 체결했는데 거기서는 프랑
스가 역사적 국경을 토대로 한 체코슬로바키아 독립국가 창설에 적
극적으로 협조한다는 것이 언급되었다. 이 당시 미국에 체류 중이었
던 마사리크는 10월 18일 워싱턴 선언(Washingtonská deklarace)으
로 알려진 체코슬로바키아 독립선언을 미국 정부에게 전달했는데
거기서는 특히 자연권과 미국 및 프랑스의 민주주의 체제를 향후 독
립국가의 정치체제로 수용하겠다는 것이 명시되었다.[39) 이 당시 카
를 1세는 마사리크와 그의 추종 세력이 펼치던 국외 활동에 대응해
야 한다는 필요성을 느꼈기 때문에 10월 16일 자신의 마지막 성명
서인 「충성스런 오스트리아 제 민족(treue österreichische Völker)」에
서 '오스트리아-헝가리 제국을 민족국가의 연합체'로 변경시키겠다
는 입장을 밝혔다. 그러나 체코 정치가들은 곧 슬로바키아, 세르비
아, 그리고 루마니아인 들이 소수로서 남게 될 헝가리가 개혁 대상
에서 배제된다는 사실을 인지하게 되었고 그것은 이들로 하여금 더

---

37 프랑스(6월 29일)와 영국(8월 11일)은 체코슬로바키아군을 동맹군의 일원
    으로 인정한다는 입장도 밝혔다. H.D. Zimmermann, *Tschechien*, p.181.

38 미국은 1918년 9월 2일 '체코슬로바키아 민족회의'를 체코 민족의 공식적
    대표 기구로 인정했다. H.D. Zimmermann, *Tschechien*, p.181.

39 마사리크는 1918년 5월부터 워싱턴에서 체코슬로바키아 독립에 대한 미
    국의 지지를 얻어내려고 했다. H.D. Zimmermann, *Tschechien*, p.182.

이상 카를 1세의 개혁에 관심을 가지지 않게 했다.

10월 28일 오스트리아–헝가리 제국의 항복 소식이 프라하에 알려짐에 따라 시민들은 거리로 나섰고 같은 날 결성된 '10월 28일의 대표자'가 체코슬로바키아의 독립을 공식적으로 선언함에 따라 체코슬로바키아 공화국이 탄생하게 되었던 것이다.[40] 이러한 소식을 접한 체코와 슬로바키아의 교섭자들은 같은 날 스위스의 제네바(Genéve)에서 긴급 회동을 가졌고 거기서 크라마르시를 수상으로 하는 정부를 구성하고 마사리크를 초대 대통령으로 지명한다는 결정도 했다.[41]

체코 측의 능동적 대응과는 달리 슬로바키아는 사회 전반의 낙후성과 정치 기반의 취약성 등으로 체코와의 독립국가 창설에 대해 미온적인 자세를 보였다. 이에 반해 국외의 슬로바키아인들은 1918년 5월 30일 피츠버그(Pittsburg)에서 체코인들과 회동하는 등의 적극성을 보였고 거기서 체코와 슬로바키아의 통합에 대해 합의하는 등의 민첩성도 보였다. 그리고 같은 해 6월 30일 피츠버그 협약으로 알려진 합의문이 공포되었는데 거기서는 특히 슬로바키아인들이 독자적으로 정부, 의회, 그리고 법원을 구성할 수 있다는 입장이 표명되었다. 그러나 이러한 것은 향후 체코슬로바키아에서 그 시행을 둘러싸고 상당한 파란을 유발시키기는 요인이 되기도 했다.

하여튼, 국외 슬로바키아인들의 활동으로 슬로바키아의 국내 정

---

40 오스트리아군이 이탈리아 전선에서 붕괴됨에 따라 당시 오스트리아–헝가리 제국의 외상이었던 언드라시 백작은 연합국을 상대로 즉각적인 휴전을 제안했다. H.D. Zimmermann, *Tschechien*, pp.183~184.

41 E. Emeliantseva, A.Malz, D.Ursprung, *Einführung in die osteuropäische Geschichte*(Zürich, 2009), p.299.

치도 점차 체코와의 통합 쪽으로 가닥이 잡히면서 체코슬로바키아 연맹(československá jednota), 슬로바키아 가톨릭당, 슬로바키아 사회민주당(slovenšti sociální strana) 등도 차례로 이러한 움직임에 가세했다. 1918년 10월 30일 투르찬스키 스바티 마틴(Turčiansky Svätý Martin)에서 소집된 '슬로바키아 민족회의(Slovenská národní rada)'는 슬로바키아와 체코의 통합을 지지하는 슬로바키아 민족의 선언(Deklarace slovenského národa), 즉 마틴 선언(Martinská deklarácia)을 채택하게 되었다.[42]

그러나 체코와 슬로바키아의 독립선언만으로 체코슬로바키아 국가 탄생에 필요한 모든 절차가 다 끝난 것은 아니었다.[43] 이 당시 독일과 오스트리아 국경 지역에 거주하던 체코의 독일인들은 신생 체코슬로바키아를 국가적 존재로 인정하지 않고 자신들의 거주 지역을 독일-오스트리아 사회주의 공화국(Deutsche-Österreichische Sozialistische Republik)에 한시적으로 편입시킨 후 최종적으로 독일 사회주의 공화국(Deutsche Sozialistische Republik)에 합병되기를 기대했다. 그러나 이러한 노력은 이들의 거주 지역이 정치적, 지리적, 그리고 경제적 측면에서 체코와 분리될 수 없었기 때문에 성공하기가 사실상 불가능했다.

실제적으로 독일 사회주의 공화국은 보헤미아 지방, 모라비아 지방, 그리고 슐레지엔 지방에 살고 있던 독일인들의 이러한 주장에 적

---

42 J. Rychlík, "Tschechoslawismus und Tschechoslowakismus", W. Koschmal ed., *Deutsche und Tschechen*(München, 2001), p.99.

43 L. Ľubomir, *Slovensko v 20. storočí*(Bratislava, 1968), p.120 ; J.v. Puttkamer, "Slowakei/Oberungarn", H. Roth,ed., *Studienhandbuch Östliches Europa : Geschichte Ostmittel-und Südosteuropa*(Köln-Weimar-Wien, 2009), p.385.

극성을 보이지 않았는데 그것은 이들의 주장이 파리 평화회담에서 다시 허가를 받아야 할 사안이라는 데서 비롯된 것 같다. 연합국 측 역시 승전국의 일원인 체코를 희생시켜가면서 패전국인 오스트리아와 독일의 영역을 확장시키는 일에 동조하려고 하지 않았다.

따라서 연합국 측은 체코 독일인들의 거주 지역이 독일-오스트리아 사회주의 공화국으로 편입되는 것을 불허했을 뿐만 아니라 향후 20년간 독일-오스트리아 사회주의 공화국과 독일-사회주의 공화국 간의 합병마저도 금지했다. 그리하여 도이치뵈멘(Deutschböhmen), 주데텐란트(Sudetenland, 모라비아 북부 지방과 슐레지엔 지방), 도이치슈드뫼렌(Deutschsüdmähren), 뵈메르발트가우(Böhmerwaldgau) 등 네 곳의 독일인 거주 지역은 1918년 11월부터 체코슬로바키아 군대에 의해 점령되기 시작했다.[44]

---

44 점령 지역 내의 독일인들은 1919년 3월 폭동을 일으켰고 그 과정에서 52명의 독일 대학생이 체코슬로바키아 군에 의해 사살되었다. 이 당시 독일인들은 오스트리아 의회 선거에 자신들이 참여해야 한다는 주장도 펼쳤다. P. Neville, *Czechoslovakia*, p.84.

최근에 체코에서 간행된 저서들 중에서 체코슬로바키아 공화국 등장 이후 보헤미아 지방에 살던 독일인들 모두가 체코슬로바키아 공화국을 부정한 것이 아니라는 것과 이들 중의 일부는 신생 공화국의 질서 체제를 수용하려 했다는 새로운 주장도 제기되었다. 여기서는 이러한 주장을 펼치고 있는 역사가들 중에서 오쿠라(T. Okura)가 자신의 저서에서 거론한 내용을 거론하도록 하겠다. "Přinejmenším z českého pohledu byla tedy politicky nejdůležitější dělící linie mezi Němci definována otázkou 'negativismu', nebo 'aktivismu', přičemž posledně jmenovaný znamenal aktivní účast na politickém životě republiky a její principiální přijetí(적어도 '부정주의' 또는 '능동주의'라는 관점에 따라 독일인들 사이에 분리선이 형성되었는데, 특히 능동주의는 체코슬로바키아공화국에서 정치 활동의 참여를 통해 이 공화정의 기본적 질서 체제를 수용하려고 했던 것 같다)." T. Okura, *Zapomenutí Hrdinové*(Ústí nad Labem, 2008), pp.11~12.

슬로바키아 민족회의가 독립을 선포하던 시점에도 슬로바키아 전역은 헝가리의 지배를 받으면서, 헝가리군의 점령하에 있었다. 1918년 10월 31일의 부다페스트 혁명과 11월 11일의 종전에도 불구하고 이러한 상황은 바뀌지 않았다.[45] 이에 따라 체코슬로바키아 정부는 같은 날 군사작전을 통해 슬로바키아 지방을 찾으려고 했지만 헝가리군은 체코군의 진입을 강력히 저지했다.

이 당시 헝가리는 항복에 따른 제 책임을 이행하지 않은 상태였다. 다만 이들은 발칸주둔 프랑스군 지휘관이었던 데페레이(L.F. d'Esperey)와 분리 협상을 체결했을 뿐이다.[46] 헝가리인들의 반발 내지는 저항이 의외로 심각함에 따라 베네시는 연합국과의 협상을 통해 슬로바키아 문제를 해결하려고 했다. 연합국 측은 베네시와의 협상에서 체코의 입장을 지지했고 그것은 헝가리군이 1919년 1월 1일 브라티슬라바(Bratislava ; Possony)로부터 철수하는 요인이 되었다. 그리고 같은 해 7월 24일 슬로바키아와 카르파티아-우크라이나가 신생 체코슬로바키아 공화국에 공식적으로 편입되었다.

또한 체코와 폴란드의 국경 지대, 즉 슐레지엔 동북부에 위치한 테신(Tĕšin) 대공국에 대한 체코슬로바키아와 폴란드 사이의 분쟁도 신생 독립국가가 해결해야 할 중요한 사안들 중의 하나였다. 테신 대공국은 14세기 이후부터 보헤미아 지방에 포함되었지만 이 대공국에 사는 주민들의 70% 이상은 폴란드 인들이었다. 임시정부도 제대로 구성이 안 된 상태에서 폴란드군은 1918년 10월 31일 테신 대공국으로 진입했다. 폴란드군의 이러한 군사적 행동에도 불구하고

---

45 이미 1918년 11월 2일 마사리크는 미국에서 슬로바키아 지방 합병을 명령했다.
46 이 당시 프랑스군은 슬로바키아 지방의 많은 부분을 점령하고 있었다.

체코 정부는 풍부한 석탄 매장량 때문에 이 대공국을 포기할 수 없다는 입장을 밝혔고 그것에 따라 폴란드 정부는 11월 5일 대공국의 분할이라는 역제안을 했다.[47] 이 당시 연합국 측은 이 대공국을 전략적으로 분할하는 것보다 지역 주민들의 의사를 반영해야 한다는 관점을 가졌기 때문에 국민투표를 실시하고자 했다. 베네시는 연합국 측의 이러한 의도를 파악한 후 당시 폴란드 수상이었던 그라브스키(Z. Grabski)와 협상을 벌였다. 이후 양국은 1920년 7월 28일 파리 평화회담에서 연합국 측의 중재로 대공국을 양분한다는 데 합의했지만 분쟁의 불씨는 계속 남게 되었다.[48]

이에 비해 슬로바키아 동쪽의 카르파티아(Carpathia) 하부 지역인 포트카르파트스카루스(Podkarpatská Rus), 즉 12,639제곱킬로미터에 달하는 루테니아 지방의 체코 편입은 매우 순조로웠다. 물론 연합국 측의 결정도 있었지만, 무엇보다도 이곳 주민들과 정치 지도자들이 체코슬로바키아로의 편입에 적극성을 보였기 때문이다.

\\\ 체코슬로바키아 공화국의 등장과 해결사안

1918년 11월 여러 정당들의 대표들을 보강한 민족회의는 그 명칭을 '임시국민의회(Revoluční národní shromáždění)'로 변경했다. 이어 개최된 11월 14일의 첫 회의에서 민주공화정 체제의 도입이

---

47 1918년 11월 14일 피우수트스키(J. Piłsudski)가 임시정부를 구성했고 독립도 선포했다. 이로써 폴란드인들은 1795년 이후, 즉 러시아, 프로이센, 그리고 오스트리아에 의한 3차분할 이후 다시 독립국가를 가지게 되었다.

48 이후 양국 사이의 관계는 소원해졌고 70,000명에 달하는 폴란드인들은 타의적으로 체코 국민이 되었다. P. Neville, *Czechoslovakia*, p.68.

공포되었고, 마사리크를 체코슬로바키아 공화국(Československá re-publika)의 초대 대통령으로 선출했다. 이 당시 미국에 체류 중이었던 마사리크는 자신이 체코슬로바키아 공화국의 대통령으로 선출되었다는 소식을 접한 후 가능한 한 빨리 프라하로 귀환하려고 했다. 마사리크는 체코슬로바키아로 귀국하기 직전 윌슨 대통령과 재차 면담을 한 후 11월 20일 미국을 떠나 런던, 파리, 그리고 이탈리아를 거쳐 12월 21일 프라하에 도착했다.[49] 같은 날 크라마르시는 마사리크와의 독대에서 마사리크가 상징적 대통령으로 활동할 것을 요구했지만 마사리크는 그러한 요구를 정중히 거절했다.[50]

크라마르시와 면담을 끝낸 직후 마사리크는 공개석상에서 신생 공화국이 해결해야 할 선결 과제들을 거론했는데 그것은 첫째, 전쟁 기간 중 오스트리아-헝가리를 직간접적으로 지원한 협력자들에 대한 사면 문제, 둘째, 프라하에서 부각되던 반유대주의적 성향을 완화시키는 데 필요한 방법 강구 등이었다. 다음 날 마사리크는 '임시국민의회'에서 연설을 하면서 체코슬로바키아 내 독일인들의 법적·사회적 위상에 대해 거론했는데 이것은 전날 발표한 신생 공화국의 선결 과제에 이어 다시금 자신이 상징적 대통령으로 머무르지 않겠다는 의지를 우회적으로 표명한 것이라 하겠다.

---

49 귀국 길에 마사리크는 자신의 정책적 후견인이었던 시튼-윗슨을 런던에서 만났고 파리에서는 클레망소 수상과 면담도 했다. 그리고 이탈리아에서는 당시 이탈리아 국왕이었던 빅토르 에마누엘레 3세(Victor Emanuel III)의 영접을 받았다. P. Neville, *Czechoslovakia*, p.69; J. Opat, *Tschechen, Deutsche, Österreicher und T.G. Masaryk*, p.89.

50 이 당시 크라마르시는 마사리크가 당시 프랑스의 대통령과 같은 역할을 해야 한다는 생각을 가지고 있었다. P. Neville, *Czechoslovakia*, p.69.

이어 마사리크는 민주주의적 개념에 대해 거론했다. 그에 따를 경우 민주주의(demokracie)는 사회 성원의 관심사를 정의롭게 관리 하는 것이었다. 여기서 그는 당시 크라마르시와 그의 추종 세력이 지향한 신슬라브주의를 우회적으로 비판했는데 그러한 것은 러시아 인들이 지금까지 기존의 행정 체제에서 안주했기 때문에 민주주의 적 행정 체제의 장점을 알지 못한다는 지적에서 확인할 수 있다. 따 라서 신생 체코슬로바키아 정부는 러시아의 정치체제보다 서유럽의 정치체제, 즉 민주주의 체제를 도입해야 한다는 것이 마사리크의 기 본적 관점이었던 것이다.[51]

또한 마사리크는 연설에서 자신이 비록 반군국주의자이지만 신 생 공화국인 체코슬로바키아가 외부 세력의 개입으로부터 국가를 효율적으로 지키기 위해서는 강력한 군사력도 필요하다는 입장을 밝혔다. 이어 마사리크는 연설 서두에서 밝힌 신생 공화국 내 독일 인 문제에 대해 구체적으로 거론하기 시작했다. 그에 따를 경우 체 코슬로바키아는 어느 특정 민족을 위해 국가를 분리해서는 안 된다 는 것이다. 그 일례로 그는 미국이 남부 분리주의자들의 주장을 수 용하지 않고 오히려 전쟁이란 방법을 통해 분열을 저지한 역사적 사 실을 상기시켰다. 체코인들과 슬로바키아인들은 공동으로 신생 공

---

51 마사리크의 연설이 끝난 후 크라마르시와 그의 추종 세력은 러시아에 대한 마사리크의 부정적 관점에 동의하지 않았을 뿐만 아니라 마사리크가 슬라 브 세계를 와해시키려는 의도도 가졌음을 부각시켰다. 크라마르시의 이러 한 비판적 시각은 사회주의 체제가 존속되었던 1989년까지 하나의 정설로 수용되었고 그것에 따라 마사리크의 정치 활동에 대한 역사적 평가 역시 인위적으로 왜곡되었다. J. Opat, *Tschechen, Deutsche, Österreicher und T.G. Masaryk*, pp.89~90.

화국을 건설했고 독일인들은 단지 이주민의 신분으로 보헤미아 지방과 모라비아 지방에 정착했기 때문에 이들이 체코인들과 슬로바키아인들과 동등한 신분이 될 수 없다는 것이 마사리크의 견해였다.[52] 독일인들에 대한 마사리크의 관점이 알려진 후 공화국 내 독일 지식인들은 강력히 반발했고 그러한 반발은 장기간 지속되었다. 체코 정치에 대한 분석가로 알려졌던 페로우트카(F. Peroutka)가 1934년에 출간한 『공화국건설(Republikgründung)』에서 독일인들이 앞으로 얼마만큼 더 살아야 이주민이라는 족쇄로부터 벗어날 수 있을까라는 질문을 제시한 것이 바로 그 일례라 하겠다.

임시 국민의회가 임명한 최초의 체코슬로바키아 정부는 여러 정당의 대표가 참여하는 연합 정부로서, 각료회의 의장, 즉 수상에는 크라마르시, 외무장관에는 베네시, 국방장관에는 슈테파니크가 각각 임명되었다. 그리고 1920년 2월 29일에 제정된 체코슬로바키아 공화국 헌법은 프랑스 혁명에서 거론된 시민의 권리와 자유를 포함했을 뿐만 아니라, 프랑스 제3공화정 헌법과 미국 헌법의 영향을 받으면서 동시에 오스트리아와 체코 헌법의 유산도 간직했다. 더욱이 이 헌법은 서유럽의 선진화된 민주주의 국가들보다 한발 앞서 새로운 민주 사회의 요구에 부응하는 시민의 권리와 자유 등도 규정하고 있는데, 노동의 권리, 여성의 참정권, 결혼, 모성, 그리고 가정보호 등이 바로 그것에 해당된다 하겠다.[53]

1918년부터 체코슬로바키아 대통령직을 수행한 마사리크는

---

52 J. Opat, *Tschechen, Deutsche, Österreicher und T.G. Masaryk*, p.90.

53 이 헌법을 토대로 실시된 5월총선을 통해 체코슬로바키아의 정치적 안정은 더욱 공고해졌다.

1935년 노령으로 은퇴할 때까지, 그리고 은퇴 후부터 서거할 때까지 초당적 인물로서 신생 독립국가의 정치를 주도했으며, 그의 높은 인품, 풍부한 지혜, 그리고 인본주의적 도덕 정치는 국내뿐만 아니라 국외에서도 평가 및 칭송의 대상이 되었다.[54] 더욱이 체코슬로바키아 국가 형태가 내각 중심제와 대통령 중심제의 혼합형이었기 때문에 대통령의 권한 역시 매우 제한적이었다는 사실을 고려할 경우 마사리크의 정치적 지도력은 더욱더 뛰어나다 하겠다.

이 당시 마사리크는 현존하는 민주주의 체제 모두가 완벽하지 못하다는 주장을 펼쳤다. 비록 그가 미국 및 프랑스식 민주주의 체제를 가장 뛰어난 민주주의 체제로 간주했음에도 불구하고 이것을 그대로 체코슬로바키아에 이식할 의도는 없었다. 그것은 그가 "개별 국가의 민주주의 체제는 개별 국가의 발전이라는 특수한 조건에 부응하면서 발전했기 때문에 이러한 것을 무조건 수용해서는 안 된다"는 주장을 펼친데서 확인할 수 있다. 이를 통해 특정한 역사적 발전이 민주주의 선택과 그 유형에 지대한 영향을 준다는 확신을 마사리크가 가졌다는 것을 파악할 수 있다. 아울러 그는 체코슬로바키아식 민주주의 체제를 지향했는데 거기서는 대통령이 중재자 역할을 담당하는 일종의 절충적 의회가 정치 활동의 중심지로 부각되어야 한다는 것이다. 이 당시 마사리크가 제헌 과정에서 대통령제를 강력히 주장하지 않았던 것은 국내에 정치적 기반이 거의 없었기 때문이다. 또한 자신의 카리스마를 토대로 대중적 인기를 구가하던 '신격화된 존재'로서의 그가 평범한 정치가들과 더불어 활동할 수 없다는 자존심 역시 또 다른 이유로 제시될 수 있을 것이다.

---

54 마사리크는 1937년 9월 21일 생을 마감했다.

이렇게 도입된 '마사리크의 민주주의 체제'가 신생 독립국가인 체코슬로바키아에 가장 적합한 민주주의 체제로 평가되고 있지만 그것에 대한 반론 역시 적지 않다. 대통령의 헌법상 상징성에도 불구하고, 마사리크는 실제적으로 의회제 내에서 막강한 대통령제를 구현하기 위해 '흐라트(hrad)'[55]와 같은 기구나 '금요일의 인사들(patečnici)'과 같은 사조직을 통해 막후 영향력을 발휘하는 데 주저하지 않았다. 이러한 시도가 당시의 국내 정치 상황과 국제관계를 고려할 때 필요한 선택이라고 하겠지만, 결국 그는 사실상 종신 대통령의 신분으로 일종의 민주 독재를 지향했다.[56] 그는 자신의 카리스마와 인적 네트워크를 활용해 의회에 영향력을 행사했고, 자신이 지향한 민주주의로의 길을 다른 사람들이 추종하게끔 유도했다. 실제적으로 건국 초기 마사리크는 그의 측근이었던 베네시를 중심으로 단기적 독재를 시행하려고 했다. 이에 대해 훗날 마사리크는 "세계대전이 끝나고 국가를 건국한 후, 민주주의 체제를 시행하려고 결심했지만, 한시적인 독재 체제 역시 고려의 대상이었다. 독재 체제가 시행될 경우 의회가 제 기능을 수행하지 못하겠지만 이를 통해

204

---

55 흐라트는 체코어로 '성'인데, 대통령의 집무실이자 거처인 프라하 성을 의미한다.

56 헌법에서 대통령의 임기가 7년으로 명시되었고 연임 역시 가능하도록 했지만, 초대 대통령(마사리크)에 대해서는 이 조항이 적용되지 않았다. 그렇다고 해서 마사리크가 법적으로 종신 대통령직을 보장받았던 것은 아니었다. 그는 정상적인 선거를 통해 4번이나 대통령으로 선출되었다. 1918년 11월 14일 첫 번째 대통령 선거에서 단독후보로 나선 마사리크는 만장일치로 대통령에 선출되었다. 그리고 1920년 5월 27일의 대통령선거에서는 마사리크를 포함해 모두 4명이 입후보했지만 마사리크는 압도적인 표차로 당선되었고, 세 번째 대통령 선거인 1927년 5월과 1934년 5월 네 번째 대통령 선거에서도 마사리크는 절대다수의 지지를 받아 대통령으로 선출되었다.

향후 인민 통치가 가능해지고, 따라서 결국 민주주의가 가능해질 것 아닌가?'라고 술회하기도 했다.

　마사리크가 보장받은 대통령으로서의 권한은 다른 의회제 국가의 경우와 비교할 때, 매우 막강했다. 앞서 살펴본 바와 같이 마사리크 자신은 의회제보다는 대통령제를 선호했지만, 어쨌든 그가 수용한 의회제와 대통령의 제한적 권한 속에서 보다 많은 영향력을 발휘하고자 했다. 우선 마사리크는 1920년 개헌과 그 이후 계속된 수차례의 개헌 과정에서 흐라트를 통해 압력을 행사했고 거기서 자신이 보다 많은 권한을 가지기를 바랐다. 물론 당시 정당 지도자들은 대통령이 계속해서 상징적 존재로 남아 있기를 원했지만, 마사리크와 베네시는 다른 의회제 국가, 특히 영국의 입헌군주와 같은 상징적 인물보다는 좀 더 강력한 권한을 가져야 한다는 주장을 펼쳤던 것이다. 또한 마사리크는 자신에 대해 우호적인 언론계나 문화계 인사들을 이용하여 자신의 관점을 관철시키려고 했다. 비록 마사리크가 직접적으로 정치에 개입하지 않았지만 자신이 지향하는 중요한 안건들을 관철시키기 위해 개인적 친분이 있는 인물들을 의회에 진출시켜 영향을 행사하거나 또는 외부에서 조성된 여론을 활용하기도 했다. 이러한 마사리크의 간접적이지만 적극적인 정치 참여, 즉 그의 표현대로 비정치의 정치는 마사리크와 정당 지도자들 사이의 잦은 충돌을 야기시켰다.

　사실 마사리크와 국내 정치인들은 독립 이전에는 독립운동 중심지를 둘러싼 갈등(해외 대 국내), 독립 이후에는 정부 형태를 둘러싼 갈등, 정당 내부의 관료주의에 대한 마사리크의 비판과 그것들에 대한 정당들의 대응 등의 연장선상에 있었다. 심지어 체코슬로바키아 의회가 안정적이고 질서를 유지하던 당시에도, 마사리크는 의회의

5장　제국 존속에 대한 회의론 제기 : 마사리크의 민족자결론

능력을 의심했다. 마사리크는 의회제가 유일한 정치 과정이 아니며, 유권자의 정치 수준 향상에 필요한 효율적인 제도도 아니라고 판단했다. 앞서 살펴본 바와 같이 사실상 마사리크는 의회의 능력을 인정하지 않았고 의회 지도자들을 불신했기 때문에, 의회를 대신할 일종의 '그림자 의회' 역할과 내각을 대신할 '그림자 내각' 역할을 담당하는 초헌법적인 조직을 만들었고 그것은 흐라트로 대표되는 비공식적 조직으로 구체화되었다. 더군다나 마사리크는 여론을 대신하고 여론을 조성할 일종의 '그림자 여론' 역할을 담당하는 금요일의 인사들을 흐라트의 측면에 배치시켜 정상적인 정치 과정 및 결정 과정에서 자신의 영향력을 최대한 발휘했다.

흐라트는 대통령청(Kancelář prezidenta republiky), 베네시가 맡고 있던 외무부, 기타 친-마사리크계 인사들이 장악한 내무부 등을 통칭하는 의미로 사용된다. 마사리크를 정점으로 그에게 충성하는 정부조직을 묶은 흐라트는 국가 예산과 개인들의 기부금을 통해 자금을 조달했고, 친-마사리크계 언론과 출판사를 통해 자신들을 홍보하는 방법을 선택했다. 흐라트는 공식적으로 정해진 명칭도 아니며, 정상적인 국가기구도 아니었지만, 정보 수집 능력, 자금 조성 능력, 여론 조성 능력은 그 어떤 헌법 기구보다 뛰어나서, 사실상 일상 정치에서 가장 강력한 영향력을 행사했다.[57]

---

57 마사리크는 건국 직후인 1919년 대통령청을 신설하여 자신의 측근들을 포진시켰다. 명목상으로 대통령궁을 경호하고 대통령의 비서진을 구성한다는 것이지만, 실질적으로는 의회가 정상적으로 작동하지 않는 상태에서 마치 내각처럼 기능할 수 있게끔 만든 조직체였다. 대통령청에서는 국내외의 주요 동향을 분석해 대통령에게 보고하고, 대통령은 그것을 통해 자신의 역할을 결정하는 근거로 삼았다. 당시 의회가 대통령청이 마사리크를 군

신생 체코슬로바키아는 중부 유럽의 다른 국가들처럼 다민족국가였다. 1921년에 실시된 인구조사에 따르면 총인구 13,613,000명 중 체코인이 6,850,000명, 슬로바키아인이 1,910,000명으로 두 민족을 합한 인구가 전체 인구의 65.53%를 차지했고, 나머지 소수민족으로는 독일인 3,123,000명, 헝가리인 745,000명, 루테니아인, 우크라이나인, 러시아인을 합쳐서 46,000명이었다. 그런데 이들 소수민족들은 체코와 슬로바키아인들처럼 자신들의 학교를 가지면서 고유의 민족문화 발전을 위한 평등권을 누리고 있었으며, 정치적 생활에 있어서도 아무런 차별이 없었다. 1929년의 헌법은 이들에게 중부 유럽의 어떠한 국가들보다도 더 많은 자유와 권리를 보장했다. 그럼에도 불구하고, 민족문제는 당시의 체코슬로바키아 정부가 당면한 가장 어려운 문제 중의 하나였다. 자신들이 거주하고 있는 지역을 체코에서 분리시키려는 시도가 실패한 이후 독일인들은 체코슬로바키아 임시 국민회의의 참석을 거부하고, 오스트리아 의회 선거에 참여를 주장하면서 체코슬로바키아를 자신들의 국가로 인정하지 않으려고 했다. 체코 민족과 슬로바키아 민족 간의 관계도 매우

주로 만들었다고 비판할 정도로 마사리크 집권 당시 대통령청의 정치적 역할 및 영향력은 그 어떤 헌법 기관보다 막강했다. 흐라트를 구성하는 또 다른 기구는 외무장관 베네시가 주도하는 외무부였다. 당시 외무부는 3개 국으로 구성되었는데, 그중 제3국은 선전과 정보수집 임무를 담당했다. 이때 선전과 정보 수집은 명목상 국제무대에서 체코슬로바키아를 선전하고 국가를 위한 정보수집이었지만, 사실 제3국에서 더욱 더 중요시했던 것은 국내에서 흐라트를 홍보하고, 흐라트가 필요로 하는 정보를 수집해 제공하는 역할이었다. 따라서 제3국에서는 국가의 국제적 홍보를 위한 외국어 신문 발행은 물론 최대 출판사의 지분을 보유하면서 국내 언론을 통제하고 친-마사리크 성향의 언론, 특히 리도베 노비니(Lidové Noviny)를 간접적으로 지원했다.

미묘했다. 독립국가 쟁취라는 투쟁의 과정에서 구체화되기 시작한 체코슬로바키아 단일민족이라는 전제가 독립 이후에는 새로운 국면에 봉착하게 되었던 것이다. 당시 체코에 비해 정치적, 경제적, 문화적으로 매우 낙후된 슬로바키아인들은 체코인들의 독주를 못마땅해 했다. 더욱이 슬로바키아 고유의 역사와 현실을 도외시한 일부 체코 정치가들이 슬로바키아 민족 감정을 자극하여 결국에는 슬로바키아 자치 운동과 더불어 슬로바키아 분리주의 운동에 대한 단서도 제공했다. 물론, 당시 슬로바키아의 낙후된 교육, 행정, 경영, 투자 등에 대한 체코인들의 눈부신 활약과 공헌은 슬로바키아인들의 이러한 민족주의 감정에 가려서 제대로 평가를 받지 못한 점도 없지 않았다.

208

마리아 테레지아 이후 지속적으로 펼쳐졌던 비독일계 민족에 대한 홀대 정책은 3월혁명 이후 더 이상 지속할 수 없었는데 그것은 제국 내 비독일계 민족들인 체코 민족, 슬로바키아 민족, 슬로베니아 민족, 크로아티아 민족, 헝가리 민족, 폴란드 민족, 그리고 이탈리아 민족이 정치체제의 변경과 그것에 따른 제 민족의 법적·사회적 평등을 강력히 요구한 데서 비롯되었다. 이 당시 비독일계 민족들의 선각자들과 그들의 추종 세력은 그들 민족이 처한 상황을 정확히 알고 있었다. 따라서 이들은 독일 민족과 그들 민족 간의 관계를 재정립해야 한다는 주장을 펼쳤을 뿐만 아니라 그러한 관점에 대한 빈 정부의 무관심한 태도에 신랄한 비판을 가하는 데도 주저하지 않았다. 이에 따라 오스트리아 제국은 독일의 다른 국가들보다 어려운 상황에 놓이게 되었다. 뿐만 아니라 당시 독일의 통합 방안으로 등장한 대독일주의가 프랑크푸르트 국민의회에서 채택될 경우 필연적으로 야기될 오스트리아 제국의 해체 역시 오스트리아 제국의 입지를 크게 위축시키는 요인으로 작용했다. 그러나 이 당시 빈 정부는 이렇게 산적된 국내외적 문제들을 원만히 해결할 능력을 갖추지 못했을 뿐만 아니라 그 해결책 마련에도 매우 소극적이었다.

3월혁명 이후부터 정치 활동에 본격적으로 참여하기 시작한 오스트리아 제국 내 슬라브 정치가들 역시 헝가리 지방을 제외한 제국의 적지 않은 지역, 즉 독일 연방에 포함된 지역들이 통합 독일로 편입되는 것과 그것에 따라 야기될 오스트리아 제국의 붕괴를 가장 우려하고 있었다. 왜냐하면 이들은 통합 독일에서 그들 민족의 법적·사회적 지위가 향상되지 않고 오히려 격하될 가능성이 많다는 것을 예견했기 때문이다. 따라서 이들은 제국의 존속을 그들의 최우선 정책 내지는 과제로 설정했는데 그러한 것은 친오스트리아슬라브주의적인 관점에서 비롯되었다 하겠다. 5월 18일부터 활동을 시작한 프랑크푸르트 국민의회는 대독일주의 원칙에 따라 오스트리아 제국의 일부를 '신독일'에 편입시키는 절차를 논의하기 시작했다. 이에 따라 제국 내 슬라브 정치가들은 그것에 대한 대비책 마련에 나서게 되었고 프란티셰크 팔라츠키와 이반 쿠쿨레비치-사크신스키를 비롯한 일련의 슬라브 인사들이 그 해결의 실마리를 제공했던 것이다. 이후 슬라브 정치가들은 슬라브 민족회의 개최 필요성을 공식적으로 거론했고 그것을 실현시키는 데 필요한 방법을 구체적으로 강구하기 시작했다. 이러한 과정에서 슬라브 정치가들은 자신들의 민족을 우선시하려는 자세를 보였고 그러한 태도는 이들 간의 의견적 대립을 유발시키기도 했다. 아울러 프랑크푸르트 국민의회와 오스트리아 제국 내 독일인들의 반발 역시 민족회의 개최의 걸림돌로 작용했다. 그러나 슬라브 정치가들은 이러한 어려움들을 극복하고 자신들의 정치적 관점, 즉 연방체제의 도입을 구체적으로 논의하고 슬라브인들의 단결을 대내외적으로 알릴 최초의 민족회의를 개최했다. 팔라츠키, 샤파르지크, 하브리체크-보로프스키 등이 주도했던 슬라브 민족회의는 회의 기간 중에 친오스트리아슬라브적 입장을 명백히 밝혔다. 아울러 이 민족회의에 참여한 인사들은 빈 정부에 대한 그들의 정치적 요구들을 문서화했다. 슬라브 정치가들은 빈 정부가 프랑크푸르트 국민의회의 견해를 수용해서는 안 된다는 견해를 제시했을 뿐만 아니라 제국 내 제 민족의 법적·사회적 동등권을 보장하는 연방체제의 도입도 강력히 요구했다.

1848년 5월 15일에 제출된 돌격청원서에 따라 같은 해 7월 22일부터 제국의회가 활동을 펼치기 시작했다. 빈 제국의회에서 다룰 의제들 중에서 제국의 결속과 효율적 통치의 근간이 될 신헌법 제정이 가장 중요한 안건으로 부각되었다. 그러나 이에 앞서 제국의회는 연방체제와 중앙체제 중에서 어느 것을 오스트리아 제국에 도입해야 하나를 결정해야 했는데 그것은 제국 내 민족문제 때문에 쉽게 해결될 사안이 아니었다. 이미 제국의회가 개원되기 이전부터 슬라브 정치가들과 독일 정치가들은 이 문제로 날카로운 대립을 보이고 있었고 그것으로 인해 당시 제기된 헌법안들, 특히 슬라브 정치가들이 제시한 헌법 초안들은 빈 정부 및 독일 정치가들에 의해 거부되었다. 이에 따라 3월혁명 이후 부각된 민족문제는 미완의 과제로 남게 되었다.

1850년대 말부터 오스트리아 제국에서는 '이중체제'의 도입이 거론되기 시작했다. 그러다가 1866년 오스트리아와 프로이센 간의 형제전쟁에서 오스트리아가 패배함에 따라 이중체제의 도입은 구체화되었다. 이 당시 빈 정부는 오스트리아 제국에서 독일인들이 차지하는 비율이 21%에 불과하다는 것과 이러한 소수로 다수의 비독일계 민족을 효율적으로 통치할 수 없다는 사실도 인지했다. 따라서 이들은 통치 과정에서의 동반 민족을 고려하게 되었고 거기서 헝가리 민족을 파트너로 선정하게 되었던 것이다. 슬라브 정치가들, 특히 체코 정치가들은 이러한 빈 정부의 정책에 반발했고 그것은 이들 정치가들이 그동안 견지했던 친오스트리아슬라브주의마저 포기하게 되는 결정적인 요인이 되었다. 이 당시 이중체제의 영향을 직접적으로 받게 될 체코 정치가들은 이중체제로 인해 독일 민족과 헝가리 민족을 제국의 지배 민족으로 승격시킬 것이고 이들 민족에 대한 슬라브 민족의 법적·사회적 지위가 상대적으로 격하된다는 문제점을 지적했다. 슬라브 정치가들의 이러한 반발에도 불구하고 프란츠 요제프 1세는 1867년 3월 15일 오스트리아 제국의 이원화를 공식적으로 선포했고 그것에 따른 효력 발휘는 1867년 6월 12일부터 시작되었다. 이에 따라 독일 민족과 헝가리 민족은 제국 내에서 지배 민족으로 등장했고 이들 민족은 자신들에게 할당된 영역을 아무런 제한 없이 통치하게 되었다. 이후부터 슬라브 정치가들은 빈 정부와의 타협을 포기하고 오스트리아 제국이 아닌 다른 세력, 즉 러시아와 프랑스의 지원을 받아 자신들의 민족적 권리를 쟁취하고자 했으나 가시적인 성과를 거두지는 못했다.

1890년대에 접어들면서 마사리크, 카이즐, 그리고 크라마르시 등을 비롯한 일련의 정치가들이 등장했고 이들은 이전보다 현실적 상황에 비중을 두는 정치를 펼치려고 했다. 이들 중 카이즐과 크라마르시는 기존의 능동정치에 현실적 상황을 접목시킨 정치를 지향했다. 마사리크 역시 현실주의를 강조했는데 그것은 그가 보수적인 구체코당과 급진적인 신체코당의 중간 역할을 담당할 제3의 정치 세력을 구축하려고 한 것에서 확인할 수 있다. 제1차 세계대전이 발발한 이후 체코 정치가들의 대다수는 빈 정부의 정책을 지지했는데 그것은 이들이 전쟁 기간 중의 협력을 통해 체코 민족의 평등권 확보와 제국의 연방화가 더욱 앞당겨질 수 있다는 판단을 했기 때문이다. 그러나 마사리크는 이들과는 전혀 다른 관점을 가지고 있었다. 즉 그는 국내외 정세를 비교적 객관적으로 분석했고 거기서 그는 전쟁이 발발한 이상 오스트리아 제국 내에서 체코 문제를 해결할 수 없다는 것도 인지했던 것이다. 따라서 그는 반합스부르크 항쟁을 통해 체코 문제를 해결해야 한다는 생각을 가지게 되었고 그것을 실천하기 위한 구체적인 방법도 모색했다. 1916년 마사리크는 자신의 논문에서 기존 질서 체제의 붕괴와 그것을 대신할 새로운 질서 체제, 즉 민주주의 체제의 도입을 '세계혁명(Světová revolice)'으로 간주했다. 그리고 그는 세계혁명의 진행 과정에서 체코슬로바키아 공화국이 등장하게 될 것이라는 확신도 피력했다. 여기서 마사리크는 보헤미아 왕국에 포함되었던 지방들과 헝가리의 지배로부터 벗어날 슬로바키아가 통합해야 할 당위성을 도덕적 측면에서 찾고자 했다. 즉 그는 체코슬로바키아 공화국을 한 국가의 건설이 아닌 혁신이란 측면에서 접근하고자 했던 것이다. 마사리크는 이러한 접근을 통해 보헤미아 왕국의 긴 역사뿐만 아니라 향후 등장할 체코슬로바키아의 새롭고, 시대에 부합되는 민주주의적 정치제제도 부각시키려 했던 것이다.

213

M. Alexander, *Kleine Geschichte der böhmischen Länder*(Stuttgart, 2008)

A. Bachmann, *Lehrbuch der österreichischen Reichsgeschichte*(Prag, 1896)

J. Bahlcke, "Böhmen und Mähren", in: H.Roth(ed.), *Studienhandbuch Östliches Europa: Geschichte Ostmittel-und Südosteuropa*(Köln-Weimar-Wien, 2009)

B. Baxa, *Jednání o připojení zemí koruny české k německému Bundu*(Praha, 1979)

K. Bosil, *Handbuch der Geschichte der böhmischen Länder* Bd., Ⅳ(Stuttgart, 1968)

H. Brandt, *Europa 1815~1850*(Stuttgart, 2002)

P. Bugge, *Czech Nationbildung: National Selfperception and Politics 1780~1914*(Aarhus Univ. 1994)

Z.V. David, "The Clash of two Political Cultures", in: *East European Politics and Societies* 12~1(1998)

P. Demetz, *Prag in Schwarz und Gold*(München, 1998)

E. Emeliantseva, A.Malz, D.Ursprung, *Einführung in die osteuropäische Geschichte*(Zürich, 2009)

Friedrich Graf Dyem, Was soll in Österreich geschehen(Karlsbad, 1848)

F. Engehausen, *Die Revolution von 1848/49*(Paderborn, 2007)

M. Erbe, *Die Habsburger 1493~1918*(Stuttgart-Berlin-Köln, 2000)

E.T.v. Falkenstein, *Der Kampf der Tschechen um die historischen Rechte der böhmischen Krone im Spiegel der Presse 1861~1879*(Berlin, 1982)

H.P. Fink, *Österreich und die Slaven in der Publizistik der Slavophilen von den 40er Jahren des 19. Jahrhunderts bis zum Ausgleich*(Wien, 1973)

J. Fisch, *Europa zwischen Wachstum und Gleichheit 1850~1914*(Stuttgart,

2002)

E.J. Görlich, *Grundzüge der Geschichte der Habsburgermonatchie und Österreichs*(Darmstadt, 1980)

M. Görtemaker, *Deutschland im 19. Jahrhundert*(Opladen, 1989)

J. Hain, *Handbuch der Statistik des österreichischen Kaiserstaates*, Bd., 1(Wien, 1852)

P. Hanak(ed.), *Die Geschichte Ungrns*(Budapest,1988)

F. Herre, Maria Theresia(München, 2000)

─────, *Kaiser Franz Joseph von Österreich*(München, 2001)

G. Hildebrandt, *Die Paulskirche*(Berlin, 1985)

R. Hill, *Deutsche und Tschechen*(Opladen, 1986)

L. Jandásek, *Přehled-né dějíny Sokolstva*(Praha, 1923)

H. Kaelble, *Wege zur Demokratie. Von der Französischen Revolution zur europäischen Union*(Stuttgart─München, 2002)

Robert A. Kann, *Das Nationalitätenproblem der Habsburgermonarchie* Bd., I.(Graz─Köln, 1972)

Z.E. Kohut, "historical Setting", in: L.R. Mortimer(ed.), *Czechoslovakia: a country study*(Washington, 1989)

K. Kořalka, *Tschechen im Habsburgerreich und in Europa 1815~1914. Sozialgeschichtliche Zusammenhänge der neuzeitlichen Nationsbildung und der Nationalitätenfrage in den böhmischen Ländern*(Wien─München, 1991)

A. Klima, *Češi a Němci v revoluce 1848~1849*(Praha, 1988)

J. Křen,"Palackýs Mitteleuropavorstellung" in: *unabhängige Geschichtsschreibung in der Teschechoslowakai 1960~1980*(Hannover, 1980)

D. Langewiesche, *Europa zwischen Restauration und Revolution 1815~1849*(München, 1985)

H. Lehmann u. S.Lehmann, *Das Nationalitätenproblem in Österreich 1848~1918*(Götingen, 1976)

L. L'ubomir, *Slovensko v 20. storočí*(Bratislava, 1968)

O. Mahler, *Události pražské v červnu 1848*(Praha, 1989)

K-J. Matz, *Europa Chronik*(München, 1999)

G. Morava, *F.Palacký*(Wien, 1990)

A. Moritsch, *Der Austroslawismus*(Wien-Köln-Weimar, 1998)

M. Murko, *Deutsche Einflüsse auf die Anfange der böhmischen Romantik, Mit einem Anhang: Kollár in Jean und Wartburgfest*(Graz, 1897)

T. Nipperdey, *Deutsche Geschichte*(München,1985)

M. Novák, "Austroslavismus, přííspěpek k jeho pojetí v době předbřeznové", in: *Sborník archívních prací* 6/1(Praha, 1956)

J. Novotný, *Pavel Josef Šafarík*(Praha, 1971)

―――――, "Rakouská policie a politický vývoj v Čechách před r. 1848", in: *Sborník archívních prací* 3/1-2(Praha, 1953)

J. Opat, *Filozof a politik Tomáš Garrigue Masaryk 1882~1893*(Praha, 1987)

J. Opat, *Masarykiana a jiné studie 1980~1994*(Praha, 1994)

L.D. Orton. *The Prague Slav Congress of 1848*(New York, 1978)

F. Palacký, *Politisches Vermächtnis*(Prag, 1872)

―――――, *Österreichs Staatsidee*(Wien, 1972)

David W. Paul, *The Cultural Limits of Revolutionary Politics: Change & Continuity in Socialist Czechoslovakia*(New York, 1979)

J. Petráň, "Učené zdroje obrození", in: *Počátky českého národního obrození 1770~1791*(Praha, 1990)

D. Pieper, *Die Welt der Habsburger*(München, 2010)

C. Ploetz(ed.), *Der grosse Ploetz*(Köln, 1998)

F. Prinz, *Die Sudetendeutschen im Frankfurter Parlament*(München, 1963)

J.v. Puttkamer, "Ungarn", in: H.Roth(ed.), *Studienhandbuch Östliches Europa: Geschichte Ostmittel-und Südosteuropa*(Köln-Weimar-Wien, 2009)

―――――, "Slowakei/ Oberungarn", in: H.Roth ed., *Studienhandbuch*

Östliches Europa: Geschichte Ostmittel–und Südosteuropa(Köln–Weimar–Wien, 2009)

—————, "Tschechoslowakei, Tschechische Republik", in: H. Roth(ed.), *Studienhandbuch Östliches Europa: Geschichte Ostmittel–und Südosteuropa*(Köln–Weimar–Wien, 2009)

B. Rill, *Böhmen und Mähren: Geschichte im Herzen Mitteleuropas*(Gernsbach, 2006)

A. Rychlík, "Tschechoslawismus und Tschechoslowakismus", in: W.Koschmal ed., *Deutsche und Tschechen*(München, 2001)

Z. Šamberger, "Austroslavismus ve světle snah feudání reakce(Poznámky k jeho třídnímu charakeru a pojetí)", in: *Slovanské historické studies 16*(1988)

F. Seibt, "Bohemia. Problem und Literatur seit 1945", in: *Historische Zeitschrift*(1970) ⟨Sonderheft⟩

—————, *Deutschland und die Tschechen*(München, 1974)

T. Schieder, *Staatensystem als Vormacht der Welt 1848~1918*(Frankfurt–Berlin–Wien, 1975)

Z. Šimeček, "Výuka slovanských jazyků a slavistická studia v období českého národního obrození", in: *Slovanské historické studie* 12(1979)

Z. Sládek, *Slovanská politika Karla Kramáře*(Praha, 1971)

A. Springer, *Österreich nach der Revolution*(Leipzig–Prag, 1850)

K. Stloukal(ed.), *Rodinne listy Frantiska Palackeho dcere Mariia zeti F.L. Riegrovi*(Praha,1930)

C. Tilly, *Die europäischen Revolutionen*(München, 1999)

Z. Tobolka(ed.), *Karla Havlíčka Borovského politické spisy* I(Praha, 1901)

—————, *Politické dějiny ceskoslovenského národa*, Bd., I, II(Praha, 1932~1937)

H. Traub, "Ze života a působeni Egbĕrta hrabeta Belcrediho", in: *Česka revue* 10(1917)

──────, *O přípravách k slovanskému sjezdu roku 1848*(Praha, 1918)

O. Urban, *Die tschechische Gesellschaft 1848~1918*(Wien−Köln−Weimar, 1994)

F. Walter, *Die böhmische Charte vom 8. April 1848*(Prag, 1967)

A. Wandruszka, "Großdeutsche und Kleindeutsche Ideologie 1840~1871", in: Robert A. Kann ed., *Deutschland und Österreich*(München, 1980)

A. Wandruszka u. P. Urbanistsc ed., *Die Habsburgermonarchie*(1848~1918) Bd., III(Wien, 1980)

S. Wank, "Foreign Policy and Nationality Problem in Austria−Hungry 1867~1914", in: *Austrian History Yearbook* 3(1967)

R. Weishar, *Nationalitätenstaat und Nationalstaat im böhmisch−mährisch− schlesischen Raum. ein staatsrechtlich−rechthistorischer Überblick über den nationalen Kampf zwischen Deutschen und Tschechen*(Diss., Erlangen, 1956)

F. Weissensteiner, Große *Herrscher des Hauses Habsburg*(München, 1997)

G. Wollstein, *Das "Großdeutschland" der Paulskirche*(Düsseldorf,1977)

V. Žáček, *Slovanský sjezd v Praze roku 1848. Sbírka dokumentů*(Praha, 1958)

ㅎ

슬라브 정치가들이 제시한

오스트리아 제국의 존속 방안

김 장 수